中國學術思想 研究輯刊

六 編

林 慶 彰 主編

第 1 冊

《六編》總目

編 輯 部 編

先秦儒家政治理論研究

李 宗 定 著

花木蘭文化出版社

國家圖書館出版品預行編目資料

先秦儒家政治理論研究／李宗定 著 — 初版 — 台北縣永和市：
花木蘭文化出版社，2009〔民 98〕
目 2+142 面；19×26 公分
（中國學術思想研究輯刊 六編；第 1 冊）
ISBN：978-986-254-052-7（精裝）
1. 中國政治思想　2. 儒家　3. 先秦哲學
570.921　　　　　　　　　　　　　　　　　98015108

ISBN - 978-986-2540-52-7

9 789862 540527

中國學術思想研究輯刊
六 編 第 一 冊 　　　　　　　ISBN：978-986-254-052-7

先秦儒家政治理論研究

作　　者　李宗定
主　　編　林慶彰
總 編 輯　杜潔祥
出　　版　花木蘭文化出版社
發 行 所　花木蘭文化出版社
發 行 人　高小娟
聯絡地址　台北縣永和市中正路五九五號七樓之三
　　　　　電話：02-2923-1455 ／傳真：02-2923-1452
網　　址　http://www.huamulan.tw 信箱 sut81518@ms59.hinet.net
印　　刷　普羅文化出版廣告事業
封面設計　劉開工作室
初　　版　2009 年 9 月
定　　價　六編 30 冊（精裝）新台幣 50,000 元

《六 編》總 目

編輯部 編

《中國學術思想研究輯刊》六編　書目

綜　論
　第 一 冊　李宗定　先秦儒家政治理論研究
　第 二 冊　羅獨修　先秦兵家思想探源——以孫武、孫臏、尉繚為例
荀學研究專輯
　第 三 冊　魏元珪　荀子哲學思想
　第 四 冊　伍振勳　語言、社會與歷史意識——荀子思想探義
　第 五 冊　李瑩瑜　《荀子》內聖外王思想研究
道家思想研究專輯
　第 六 冊　陳育民　《老子》「嗇」字的義理分析－由「斂嗇」到「儉嗇」
　　　　　　　　　　之角度對老子思想體系進行重建
　第 七 冊　徐聖心　莊子「三言」的創用及其後設意義
　第 八 冊　施盈佑　王船山莊子學研究——論「神」的意義
法家思想研究專輯
　第 九 冊　朱心怡　秦法家思想之發展研究
　第 十 冊　黃裕宜　《韓非子》的規範思想——以倫理、法律、邏輯為論
　第十一冊　張靜雯　韓非法治思想研究
漢代學術思想研究專輯
　第十二冊　徐其寧　失衡的邏輯——以「吏階層」為進路論王充「疾虛
　　　　　　　　　　妄」之思想意涵

魏晉南北朝學術思想研究專輯

第十三冊　施拓全　北朝學術之研究

第十四冊　王岫林　魏晉士人之身體觀

第十五冊　林朝成　魏晉玄學的自然觀與自然美學研究

　　　　　盧建榮　魏晉自然思想研究

第十六冊　沈維華　魏晉言意思想研究

　　　　　鄭宜玟　陶淵明的生命哲學

唐代學術思想研究專輯

第十七冊　江政寬　皮日休的生平與思想──兼論其在唐宋之際思想變
　　　　　　　　　遷中的角色

宋代學術思想研究專輯

第十八冊　邱佳慧　《諸儒鳴道》與道學之再檢討

明代學術思想研究專輯

第十九冊　北見吉弘　陽明學與藤樹學之比較研究

　　　　　高瑋謙　王門天泉證道研究──從實踐的觀點衡定「四無」、
　　　　　　　　　「四有」與「四句教」

第二十冊　杜保瑞　劉蕺山的功夫理論與形上思想

第二一冊　李興源　晚明心學思潮與士風變異研究

第二二冊　袁光儀　晚明之儒家道德哲學與世俗道德範例研究──　劉
　　　　　　　　　蕺山《人譜》與《了凡四訓》、《菜根譚》之比較

清代學術思想研究專輯

第二三冊　林聰舜　明清之際儒家思想的變遷與發展

第二四冊　周芳敏　王船山「體用相涵」思想之義蘊及其開展

第二五冊　楊錦富　夏炘學記

第二六冊　洪鎰昌　康有為《孔子改制考》研究

中國佛教思想研究專輯

第二七冊　曾議漢　禪宗美學研究

第二八冊　簡凱廷　著為累根：嘉祥吉藏經解體系的理論預設及其詮經
　　　　　　　　　方法

第二九冊　尤惠貞　天臺宗性具圓教之義理根據及其開展之獨特模式

第三十冊　歐朝榮　宋初智圓與契嵩對儒學的回應

　　　　　邱敏捷　參禪與念佛──晚明袁宏道的佛教思想

《中國學術思想研究輯刊》六編
各書作者簡介・提要・目錄

第一冊　先秦儒家政治理論研究

作者簡介

　　李宗定，國立中正大學中文博士，國立成功大學中文碩士。現任實踐大學應用中文學系助理教授。著有碩士論文《先秦儒家政治理論研究》，博士論文《老子「道」的詮釋與反思——從韓非、王弼注老之溯源考察》，並發表關於道家、道教，以及文學社會學等學術論文十餘篇。

提　要

　　本論文主要闡明先秦儒家所提出的政治理論，以及在具體實行中遭遇到的問題。在儒家整個思想體系中，對於政治理論的設計及政治思想的建構，佔了極重要的一部分，孔子以「仁」為道德主體，人的價值，在於實踐「仁」。孟子繼承孔子的想法，更進一步明指性善之說，樹立儒家道德根源的主體性。孔孟對政治體制的設計為一「道德政治」，對個人與國家的關係可以「內聖外王」四字概括之。至於先秦最後一位大儒——荀子，則強調「禮」的重要，突顯禮治主義的客觀精神。本論文即針對先秦儒家的政治理論作一深入探討。各章大義如下，緒論：說明本論文的研究動機，以及研究範圍與各章大義。第一章：本章從歷史及思想傳承兩個角度，即利用內因外緣兩條線索來探討儒家政治理論生成的原因。第二章：儒家政治理論的最大特色在於以「道德」為思考中心，以道德修養貫穿個人與國家。這種獨特的思考模式，在面對政治時，仍以成就「仁」的德性為最初也是最終的依歸。本章說明「道德政治」及「內聖

外王」這兩個觀念的意義。第三章：儒家政治理論的缺陷最主要在於理想性格過高，對現實政治始終抱持一種樂觀的態度，無法清楚地區分政治行爲與倫理行爲，甚至於將二者合而爲一。在這種情形之下，儒家的政治理論終究無法完全地實施於現實社會，而必須引進其他學說或改變最初的理念來符合實際的需求。第四章：在面對現實政治上的難題，荀子能正視政治問題的現實面，而以較務實的角度提出各種主張。孟子承繼了孔子論「仁政」的內在理路，以「仁心」爲「仁政」的根源，而荀子則強調「禮治」的一面，重視現實的禮儀規範。故本章除了闡述荀子的「禮治主義」之外，還指出荀子與孔孟的異同，以及荀子不爲法家的原因。結論：將本論文作一總結，同時點出理想與現實之間，有著相對卻又相成的弔詭之處。

目　次

緒　論 1
　一、研究動機 1
　二、研究範圍與各章大義 3
第壹章　儒家政治理論源起 7
　第一節　孔子承繼周文別開新局 9
　　一、孔子「述而不作，信而好古」的歷史精神 10
　　二、堯舜傳說的儒家化 14
　第二節　上古社會形態在周代的變革 17
　　一、殷周國家社會形態的改變 18
　　二、「士」階層的流動 20
　第三節　周代社會秩序的建立 23
　　一、繼承制的轉變 —— 從昭穆至大小宗 24
　　二、宗教人文化 —— 天人關係的轉變 30
　　三、「禮」的本質及形式 37
　小結 42
第貳章　儒家政治理論的特色 43
　第一節　儒家政治理論的中心 —— 「道德政治」 ... 45
　　一、以仁爲本 46
　　二、重建政治秩序 49
　　三、重視人民 53

第二節 「內聖外王」的形成及意義 57
　　一、歷史發展與社會背景 58
　　二、思想內涵 62
　小結 67
第參章 孔孟政治理論實行的困難 69
　第一節 「道德政治」的問題 —— 倫理行爲與政治行爲無法區別 70
　第二節 「內聖」與「外王」的關係 74
　　一、「內聖」與「外王」難以達成 75
　　二、「內聖」與「外王」沒有必然的連結 78
　　三、必須由內聖之學開出「新外王」 81
　第三節 最後決策者的限制 86
　　一、最高的權力爲一人掌握 87
　　二、對統治者的要求過高 91
　小結 92
第肆章 先秦儒家政治理論的殿軍 —— 荀子 95
　第一節 「性惡」論是形成禮治主義的基本原因 97
　　一、生之所以然者 —— 性惡說之本質 98
　　二、化性起僞的根源 —— 認識心 100
　第二節 政治制度之設計 —— 禮治主義 104
　　一、禮義之源及其意義 104
　　二、王霸之辨 109
　　三、法後王的眞相 110
　第三節 君道與臣道 —— 君臣關係的建立 112
　　一、明分使群 —— 人盡其材的「正名」觀 112
　　二、君道 —— 兼具道德與智慧的聖王 115
　　三、臣道 —— 依禮事君 118
　第四節 富國、議兵及貴民之道 120
　　一、富國之道 —— 以富民爲基礎的經濟政策 121
　　二、議兵 —— 以仁義爲本的王者之兵 125
　　三、貴民 —— 民本思想的再闡發 127
　小結 129

結　論···131
參考資料···137

第二冊　先秦兵家思想探源——以孫武、孫臏、尉繚爲例

作者簡介

　　羅獨修，生於民國四十年四月十日。湖南邵陽人。家鄉爲武俠之發源地之一，寶慶仔至長沙打碼頭的故事不少湖南人耳熟能詳，平江不肖生之《江湖奇俠傳》有特別介紹。此地務農爲生之農民心目中之天堂是長沙商埠，洪揚之亂爲寶慶人開了另一條榮華富貴之路——投軍。因此占商埠經商與研究軍事爲縈繞於心之問題。閱讀廣泛，只要看得懂，於書無所不窺。制式教育對我一無影響，只以少數時間應付課業、考試。大學、研究所均就讀於文化大學，讀書爲輔，經商爲主。二年兵役得以親身體驗軍旅生活。退伍後做過搬運工、開過餐館，其後再入工廠做工，共十二年，生活閱歷堪稱豐富。後再讀博士班、任副教授、教授迄今。研究範圍主要爲軍事史、上古史、文獻學及史學方法等。

提　要

　　先秦諸子爲中國思想上之銘印，影響至深且巨。其淵源爲歷史之謎。本文透過兵家思想溯源，做爲瞭解此一複雜問題之基礎。

　　先秦兵家思想淵源未發之覆至夥，其犖犖大者爲：《孫子》是否如司馬遷所說爲《司馬法》之申述解說？《孫子》有無承繼兵陰陽、技巧、形勢之處？《孫子》是否源出管子？孫臏籌策龐涓究竟是事實抑或只是司馬遷之過度渲染？《孫臏兵法》下篇是否與孫臏有關？孫臏名列兵權謀家，何以其兵法中查無兵技巧之內容？孫臏籍隸齊人抑或楚人？其思想有無襲自孫武之處？孫臏貴勢名聞戰國時代，出土之《孫臏兵法》能否具體指實其貴勢之內容？《尉繚子》究竟屬雜家抑或兵家？尉繚思想是否源出商鞅？《尉繚子》名列兵形勢家，何以其內容完全不類《藝文志》對兵形勢之形容？尉繚究竟身處梁惠王之世抑或秦始皇之世？尉繚之尉與晉國尉之職掌是否有關？尉繚重將思想有無歷史上之淵源？

　　上述諸多謎團，本論文大體提出合理解釋。並進一步知悉先秦兵家愈是高明深邃之兵學思想，愈有久遠之歷史淵源。兵家之主幹思想實源出古之官守，

但其思想並不局限於古之官守，有些思想與作者之親身體驗或時代特性有密切關連。

目　次

第一章　先秦兵家思想淵源問題之回顧 ……………………………………… 1
第二章　孫武思想淵源之探討 ………………………………………………… 21
　第一節　概說 ………………………………………………………………… 21
　第二節　孫武生平與其思想淵源之關係 …………………………………… 23
　第三節　孫武思想源出歷史經驗者 ………………………………………… 27
　　一、始計、廟算之思想 …………………………………………………… 28
　　二、拙速思想 ……………………………………………………………… 28
　　三、狀況判斷 ……………………………………………………………… 29
　　四、死地則戰 ……………………………………………………………… 30
　　五、火攻 …………………………………………………………………… 30
　　六、用間 …………………………………………………………………… 31
　　七、勝強而益強 …………………………………………………………… 32
　第四節　孫武思想源出司馬法者 …………………………………………… 33
　　一、史、漢所述《孫子》與《司馬法》之關係 ………………………… 33
　　二、《孫子》與現存《司馬法》及其佚篇之繼承關係 ………………… 34
　　三、《孫子》可能源自《司馬法》或其他兵書之內容 ………………… 36
　　四、孫武與司馬穰苴之關係 ……………………………………………… 38
　第五節　孫武思想與管子思想類似部份之比較研究 ……………………… 39
　　一、新井白石認為《孫子》源出《管子》之依據及其批評 …………… 39
　　二、其他相關部份 ………………………………………………………… 43
　第六節　孫武思想源出兵形勢家者 ………………………………………… 44
　　一、形名之由來 …………………………………………………………… 44
　　二、軍事形名之由來 ……………………………………………………… 46
　　三、《孫子》之兵勢思想內容 …………………………………………… 48
　　四、《孫子》兵勢思想淵源 ……………………………………………… 48
　第七節　孫武思想源出兵技巧家者 ………………………………………… 51
　第八節　孫武思想源出兵陰陽家者 ………………………………………… 52
　　一、治氣 …………………………………………………………………… 53

二、以地利克敵制勝 54

三、重（全）生 57

第九節　本章小結 59

第三章　孫臏思想淵源之探討 61

第一節　概說 61

第二節　孫臏生平與《孫臏兵法》之關係 62

第三節　《孫臏兵法》下編與上編之關係 71

第四節　孫臏思想源出歷史經驗者 77

一、直接引證歷史部份 78

二、以代用戰具整陣而戰 78

三、殺士 80

四、篡卒 82

第五節　孫臏思想源出孫武者 82

一、各家有關孫臏思想源出孫武之簡略綜述 84

二、作者對此問題之看法 87

第六節　孫臏思想源出兵形勢家者 92

一、孫臏之兵形思想淵源 92

二、孫臏之兵勢思想淵源 105

第七節　孫臏思想源出兵技巧家者 113

第八節　孫臏思想源出兵陰陽家者 117

一、陰陽五行思想 117

二、依時而戰 117

三、延氣 119

第九節　本章小結 121

第四章　尉繚思想淵源之探討 123

第一節　概說 123

第二節　《尉繚》屬雜家之可疑 124

第三節　尉繚思想源出商鞅之無稽 131

第四節　尉繚思想源出職官者 138

四、布陣 158

五、率兵作戰 158

六、治賦 159

第五節　尉繚思想源出歷史經驗者 161

一、經卒之法 161

二、送死無憾 164

三、用兵以仁義爲本 168

四、獨出獨入以迅雷不及掩耳之動員速度亡國取城 ... 170

第六節　尉繚思想源出吳起者 174

一、兵將一體、同甘共苦 174

二、重人事、輕地利 175

三、教戰法 176

四、士氣 177

五、三軍爲一死賊 177

第七節　尉繚思想源出司馬法者 178

一、介者不拜 178

二、將軍居軍以國事爲重 179

三、作戰以仁爲本 180

四、軍無二令 180

五、嚴位 182

六、戰合之表 184

第八節　尉繚思想源出管子者 192

一、兵制必先定 192

二、以名責實 193

三、藏富於民 194

四、重令 194

五、什伍組織 195

第九節　尉繚思想源出孫武者 196

一、受命之論 197

二、背水陣 198

三、全生、重生與捨生而戰 198

四、畫地而守 199

五、殺之貴大 200

第十節　尉繚思想源出兵技巧家者⋯⋯⋯⋯⋯⋯⋯⋯⋯201
　一、便器械⋯⋯⋯⋯⋯⋯⋯⋯⋯⋯⋯⋯⋯⋯⋯⋯⋯⋯201
　二、蒙衝而攻、渠答而守⋯⋯⋯⋯⋯⋯⋯⋯⋯⋯⋯⋯202
　三、地小人眾、則築大堙以臨之⋯⋯⋯⋯⋯⋯⋯⋯⋯206
　四、水決敵軍⋯⋯⋯⋯⋯⋯⋯⋯⋯⋯⋯⋯⋯⋯⋯⋯⋯207
　五、度地建城立邑⋯⋯⋯⋯⋯⋯⋯⋯⋯⋯⋯⋯⋯⋯⋯207
第十一節　尉繚思想源出兵陰陽家者⋯⋯⋯⋯⋯⋯⋯⋯211
第十二節　本章小結⋯⋯⋯⋯⋯⋯⋯⋯⋯⋯⋯⋯⋯⋯⋯213
第五章　結　論⋯⋯⋯⋯⋯⋯⋯⋯⋯⋯⋯⋯⋯⋯⋯⋯⋯219
附　圖
　附圖一：騎兵圍獵攻戰圖⋯⋯⋯⋯⋯⋯⋯⋯⋯⋯⋯⋯⋯97
　附圖二：騎兵馬上持戟殺敵圖⋯⋯⋯⋯⋯⋯⋯⋯⋯⋯⋯97
　附圖三：臨衝呂公車圖⋯⋯⋯⋯⋯⋯⋯⋯⋯⋯⋯⋯⋯214
　附圖四：鉤撞車圖⋯⋯⋯⋯⋯⋯⋯⋯⋯⋯⋯⋯⋯⋯⋯215
　附圖五：懸簾圖⋯⋯⋯⋯⋯⋯⋯⋯⋯⋯⋯⋯⋯⋯⋯⋯216
　附圖六：懸戶圖⋯⋯⋯⋯⋯⋯⋯⋯⋯⋯⋯⋯⋯⋯⋯⋯217
附　錄
　附錄一　先秦重將制度表解⋯⋯⋯⋯⋯⋯⋯⋯⋯⋯⋯227
　附錄二　兒良貴後釋義⋯⋯⋯⋯⋯⋯⋯⋯⋯⋯⋯⋯⋯229
參考書目⋯⋯⋯⋯⋯⋯⋯⋯⋯⋯⋯⋯⋯⋯⋯⋯⋯⋯⋯⋯233
附錄：從《春秋》三傳看周人羈縻、統御諸侯之術⋯⋯257

第三冊　荀子哲學思想

作者簡介

　　魏元珪，民國四十五年畢業於台灣大學獲法學士學位，後繼入輔仁大學哲學研究所獲哲學碩士及國家哲學博士學位。前後歷任教於東吳大學、中原大學、國立陽明醫學院（現為陽明大學）、輔仁大學及東海大學等校。並曾擔任東海大學哲學系主任、哲學研究所所長等職。又兼任東海大學《中國文化月刊》社總編輯十餘年。力主海峽兩岸文化交流，打破固蔽之陋習。

　　著者 1998 年在東海大學哲學系教授退休，目下仍兼任東海大學哲學研究所教授以及靜宜大學通識中心等教職。前後擔任《道家哲學》、《易經哲學》、《中

國哲學史》、《西方古代哲學》以及《當代西方哲學》與《宇宙學》等課程（當代物理哲學）。

著者酷愛中西文學、詩詞，對中西歷代名詩人之作品深有涉獵，尤好英國詩人濟慈、白朗寧、艾略特等人之作品，力倡愛智、愛德之統合，乃本先師方東美博士之遺教，以哲者、先知、詩人相結合，以文學、哲學、歷史不可分離。

曾著有《當代文明之危機》、《人生步履》、《生命的透視》、《孟荀道德哲學》以及《老子思想體系》等書，晚近以文學、哲學觀點，出版了《生命默想錄》，對啓迪青年學子人生之路程，頗有裨益。

提　要

本書除緒論外共計十章六十七節，凡二十餘萬言，緒論部分敘述荀子之身世經歷及其時代背景，其與思孟學派之異同並著述傳經之貢獻。

第一章敘述荀子之知識方法及其論理法則，並其以經驗爲基礎之推理與思考。

第二章敘述荀子之天道宇宙觀，以明其天生人成，強調人爲之重要性，並破除災異與宿命思想之束縛，以明其天人分職之主張。更進而著重荀子天道思想與孔孟天道觀之比較，以明儒家天道思想之演變。

第三章敘述荀子之心性論，說明其對人性之基本觀點並與思孟學派之差異，更進而就道德形上學之觀點評述荀子人性論之優劣。

第四章敘述荀子之人生哲學與倫理思想，以明其大儒精神與群倫道德。並進而申論君子與小人之辨以及有關人生修養之法則。

第五章敘述荀子有關教育哲學之學說，以明其教育之主旨與目的、方法與步驟，以及隆禮師法之重要性，俾發揮荀子積極入世之教育萬能論之主張。

第六章敘述荀子之政治思想，以明其提倡禮治之主旨與內容以及立國治國之道，更進而說明荀子所強調之政治與道德之重要性，以及人治，禮治與法治之相互關係。

第七章敘述荀子之禮治思想與法家諸子之關係，並進而說明荀子有關法律哲學之諸般觀點。

第八章敘述荀子之軍事思想及其論國防、用兵、統帥、與治軍之原則。

第九章敘述荀子之主知主義與解蔽精神、及其評述十二子之主張，並予以公正之平議。

　　第十章說明荀學在我國學術思想文化上之價值與地位，及其根本精神與文化取向，並進而說明荀學精神對我國歷代學術上之影響，藉爲結論。

目　次

自　序

凡　例

緒論——荀子之學術背景 ………………………………………………… 1

　一、荀子之身世及其風格 ……………………………………………… 1

　二、荀子思想之源流暨與思孟學統之異同 ………………………… 5

　三、荀子著述與傳經 …………………………………………………… 8

第一章　荀子的知識方法論 …………………………………………… 11

　第一節　荀子思想的經驗基礎 …………………………………… 11

　第二節　荀子的論理法則 ………………………………………… 14

　　一、荀子名實觀的基本原則 …………………………………… 14

　　二、荀子論名實之間的關係 …………………………………… 17

　　三、論正名的困惑 ……………………………………………… 19

　第三節　荀子論名的定義和功用 ………………………………… 22

　第四節　荀子論思辨之原則 ……………………………………… 24

　第五節　荀子論謬誤的根由 ……………………………………… 28

　第六節　荀子對認識心的探討 …………………………………… 30

　第七節　荀子名學思想平議 ……………………………………… 33

第二章　荀子的天道思想 ……………………………………………… 37

　第一節　荀子天道思想的根本立場 ……………………………… 37

　　一、孔孟天道思想的回顧 ……………………………………… 37

　　二、荀子天道思想的根本立場 ………………………………… 38

　第二節　論天之分與天生人成 …………………………………… 40

　第三節　論聖人不求知天與所志於天者 ………………………… 42

　第四節　論治亂在人不在天 ……………………………………… 43

　第五節　破天人相應與災異說 …………………………………… 45

　第六節　論卜筮與知命問題 ……………………………………… 47

　　一、談卜筮之不足恃 …………………………………………… 47

　　二、談命運問題 ………………………………………………… 48

第七節　荀子天道思想與儒家傳統天道觀之比較⋯⋯⋯⋯⋯50

一、與孔子天命思想之比較⋯⋯⋯⋯⋯⋯⋯⋯⋯⋯⋯50

二、與孟子天道思想之比較⋯⋯⋯⋯⋯⋯⋯⋯⋯⋯⋯51

三、荀子天道思想之特徵與批判⋯⋯⋯⋯⋯⋯⋯⋯⋯53

第三章　荀子心性論的探討⋯⋯⋯⋯⋯⋯⋯⋯⋯⋯⋯⋯⋯57

第一節　荀子對人性的基本觀點⋯⋯⋯⋯⋯⋯⋯⋯⋯⋯57

一、性的定義與界說⋯⋯⋯⋯⋯⋯⋯⋯⋯⋯⋯⋯⋯⋯57

二、性之本質與功能兼論性情欲的相互關係⋯⋯⋯⋯58

三、荀子言性與告子之關係⋯⋯⋯⋯⋯⋯⋯⋯⋯⋯⋯59

第二節　荀子論心與性的關係⋯⋯⋯⋯⋯⋯⋯⋯⋯⋯⋯61

第三節　荀子論性惡之所本⋯⋯⋯⋯⋯⋯⋯⋯⋯⋯⋯⋯62

第四節　論心知之功能與化性起偽⋯⋯⋯⋯⋯⋯⋯⋯⋯67

一、論心知之功能⋯⋯⋯⋯⋯⋯⋯⋯⋯⋯⋯⋯⋯⋯⋯67

二、論化性起偽與趨善⋯⋯⋯⋯⋯⋯⋯⋯⋯⋯⋯⋯⋯70

第五節　從道德形上學觀點論性惡問題⋯⋯⋯⋯⋯⋯⋯73

第六節　性惡論的根本問題與批判⋯⋯⋯⋯⋯⋯⋯⋯⋯76

第七節　孟荀心性論的比較⋯⋯⋯⋯⋯⋯⋯⋯⋯⋯⋯⋯82

一、孟荀心觀的比較⋯⋯⋯⋯⋯⋯⋯⋯⋯⋯⋯⋯⋯⋯85

二、孟荀人性論基本觀點的比較⋯⋯⋯⋯⋯⋯⋯⋯⋯83

第四章　荀子的人生哲理與倫理思想⋯⋯⋯⋯⋯⋯⋯⋯⋯87

第一節　荀子的人觀⋯⋯⋯⋯⋯⋯⋯⋯⋯⋯⋯⋯⋯⋯⋯87

第二節　論天德與仁誠⋯⋯⋯⋯⋯⋯⋯⋯⋯⋯⋯⋯⋯⋯89

第三節　群道和人倫⋯⋯⋯⋯⋯⋯⋯⋯⋯⋯⋯⋯⋯⋯⋯91

第四節　論仁者之勇⋯⋯⋯⋯⋯⋯⋯⋯⋯⋯⋯⋯⋯⋯⋯96

第五節　論聖境⋯⋯⋯⋯⋯⋯⋯⋯⋯⋯⋯⋯⋯⋯⋯⋯⋯98

第六節　大儒精神與士君子之類別⋯⋯⋯⋯⋯⋯⋯⋯102

一、大儒精神⋯⋯⋯⋯⋯⋯⋯⋯⋯⋯⋯⋯⋯⋯⋯⋯102

二、士之類別⋯⋯⋯⋯⋯⋯⋯⋯⋯⋯⋯⋯⋯⋯⋯⋯103

三、君子與小人之辨⋯⋯⋯⋯⋯⋯⋯⋯⋯⋯⋯⋯⋯105

第七節　論禮與祭祀以及孝道之原則⋯⋯⋯⋯⋯⋯⋯108

一、禮之作用⋯⋯⋯⋯⋯⋯⋯⋯⋯⋯⋯⋯⋯⋯⋯⋯109

二、孝道之原則……………………………………………111

三、忠孝的標準……………………………………………111

第八節　荀子之心靈修養論………………………………112

一、論虛壹而靜與大清明…………………………………112

二、論治氣養心……………………………………………113

三、論心正形全……………………………………………114

第九節　論人生之榮辱……………………………………114

第十節　論仁者與知者兼論持盈保泰之道………………116

第十一節　論五儀…………………………………………118

第五章　荀子的教育哲學……………………………………121

第一節　論教育的主旨和目的……………………………121

第二節　論教育心理與功能………………………………123

第三節　論禮樂在心理教育中的作用……………………123

第四節　論教育的步驟和方法……………………………126

第五節　論知行之合一……………………………………129

第六節　因材施教與問學之道……………………………130

第七節　隆禮與師法………………………………………132

第八節　積極有爲的入世教育論…………………………133

第六章　荀子的政治哲學……………………………………135

第一節　荀子禮治思想的根源……………………………135

一、禮治的心理根源………………………………………135

二、禮治的道德根源………………………………………136

三、禮治的時代背景及其眞實意義………………………137

第二節　論人治禮治與法治………………………………138

第三節　論國家之治目的與立國之道……………………141

第四節　論政治之術與統馭原理…………………………143

一、政治之術………………………………………………143

二、統馭原理………………………………………………144

第五節　論政治與道德……………………………………148

第六節　論富國之道………………………………………151

一、欲望與節制……………………………………………151

二、生養與顯設 ……………………………………… 152

三、分工與專職 ……………………………………… 153

四、供需之平衡 ……………………………………… 153

五、交流與調節 ……………………………………… 154

六、開源節流 ………………………………………… 154

七、反聚斂與苛稅 …………………………………… 155

第七節　論法後王之制 ……………………………… 155

第七章　荀子禮治思想與法家 ………………………… 159

第一節　荀子思想中禮與法之關係 ………………… 159

第二節　荀子與法家諸子 …………………………… 163

一、荀子與管子 ……………………………………… 163

二、荀子與商鞅申不害 ……………………………… 167

三、荀子與韓非 ……………………………………… 169

四、荀子與李斯 ……………………………………… 173

第三節　荀子之法律思想 …………………………… 175

一、禮爲法之大分 …………………………………… 176

二、防罪重於治罪 …………………………………… 176

三、反報復主義的法律觀 …………………………… 177

四、法不能獨立存在 ………………………………… 178

五、禮法之目的在乎教化 …………………………… 178

第八章　荀子的軍事哲學 ……………………………… 181

第一節　論國防之基礎 ……………………………… 181

第二節　論用兵之道 ………………………………… 182

第三節　論統帥原理 ………………………………… 184

第四節　論將兵之術 ………………………………… 186

第五節　論戰爭原理與治軍之道 …………………… 189

第九章　荀子解蔽精神與對諸子的批評 ……………… 193

第一節　荀子對諸子批判的基本立場 ……………… 193

第二節　主知主義與解蔽精神 ……………………… 194

第三節　荀子對孔子之盛讚 ………………………… 198

第四節　論荀子對諸子的評判 ……………………… 200

一、論墨子蔽於用而不知文有見於齊無見於畸⋯⋯⋯⋯⋯201

二、論宋子蔽於欲而不知得，有見於少無見於多⋯⋯205

三、論慎子蔽於法而不知賢有見於後無見於先⋯⋯⋯209

四、論申子蔽於勢而不知知⋯⋯⋯⋯⋯⋯⋯⋯⋯⋯⋯⋯214

五、論惠子蔽於辭而不知實⋯⋯⋯⋯⋯⋯⋯⋯⋯⋯⋯⋯215

六、論莊子蔽於天而不知人⋯⋯⋯⋯⋯⋯⋯⋯⋯⋯⋯⋯220

七、論老子有見於詘無見於信⋯⋯⋯⋯⋯⋯⋯⋯⋯⋯⋯224

八、論子思與孟軻之過⋯⋯⋯⋯⋯⋯⋯⋯⋯⋯⋯⋯⋯⋯⋯226

九、荀子對他囂、魏牟、陳仲、史鰌等的批判⋯⋯⋯⋯231

十、荀子對子張子夏子游門人的批判⋯⋯⋯⋯⋯⋯⋯⋯234

十一、論荀子〈解蔽〉精神與〈非十二子〉平議⋯⋯⋯237

第十章　荀學精神及其在中國學術上的影響⋯⋯⋯⋯⋯⋯⋯241

第一節　荀學的根本精神及其文化取向⋯⋯⋯⋯⋯⋯⋯241

第二節　荀子對漢儒心性論的影響⋯⋯⋯⋯⋯⋯⋯⋯⋯244

一、董仲舒人性論與荀子⋯⋯⋯⋯⋯⋯⋯⋯⋯⋯⋯⋯⋯244

二、劉向人性論與荀子⋯⋯⋯⋯⋯⋯⋯⋯⋯⋯⋯⋯⋯⋯247

三、揚雄人性論與荀子⋯⋯⋯⋯⋯⋯⋯⋯⋯⋯⋯⋯⋯⋯247

四、王充人性論與荀子⋯⋯⋯⋯⋯⋯⋯⋯⋯⋯⋯⋯⋯⋯248

第三節　荀學對兩漢學術思想之影響⋯⋯⋯⋯⋯⋯⋯⋯249

一、荀子與陸賈⋯⋯⋯⋯⋯⋯⋯⋯⋯⋯⋯⋯⋯⋯⋯⋯⋯251

二、荀子與賈誼⋯⋯⋯⋯⋯⋯⋯⋯⋯⋯⋯⋯⋯⋯⋯⋯⋯252

第四節　唐宋學者對荀學之論述⋯⋯⋯⋯⋯⋯⋯⋯⋯⋯254

甲、唐代學者對荀子之論述⋯⋯⋯⋯⋯⋯⋯⋯⋯⋯⋯⋯255

一、韓愈對荀學之評述⋯⋯⋯⋯⋯⋯⋯⋯⋯⋯⋯⋯⋯⋯255

二、楊倞對荀子之評述⋯⋯⋯⋯⋯⋯⋯⋯⋯⋯⋯⋯⋯⋯257

三、魏徵對荀學之治要⋯⋯⋯⋯⋯⋯⋯⋯⋯⋯⋯⋯⋯⋯257

乙、宋代學者對荀子之論述⋯⋯⋯⋯⋯⋯⋯⋯⋯⋯⋯⋯258

一、蘇軾荀卿論⋯⋯⋯⋯⋯⋯⋯⋯⋯⋯⋯⋯⋯⋯⋯⋯⋯258

二、唐仲友〈荀子序〉之見解⋯⋯⋯⋯⋯⋯⋯⋯⋯⋯⋯259

三、張橫渠心性修養論與荀子⋯⋯⋯⋯⋯⋯⋯⋯⋯⋯⋯259

四、司馬光論荀子⋯⋯⋯⋯⋯⋯⋯⋯⋯⋯⋯⋯⋯⋯⋯⋯260

　　　　五、王安石論荀子 ………………………………………… 261

　　　　六、胡安定門人徐積〈荀子辯〉 …………………………… 261

　　　　七、石徂徠《讀荀子》 ……………………………………… 264

　　第五節　荀學與朱子思想 ……………………………………… 265

　　第六節　荀學與戴東原思想 …………………………………… 268

　　第七節　清代以來學者對荀學之研究 ………………………… 269

　　第八節　荀學在我國文化中的價值與地位 …………………… 272

參考書目 …………………………………………………………… 275

第四冊　語言、社會與歷史意識——荀子思想探義

作者簡介

　　伍振勳，一九六五年生，國立臺灣大學中國文學研究所碩士，國立清華大學中國文學研究所博士。現任國立臺灣大學中國文學系助理教授。研究領域：先秦諸子、儒家思想。專著有：《戰國時期道家與法家之「道——法」思想研究》（國立臺灣大學碩士論文）、《語言、社會與歷史意識——荀子思想探義》（原題《荀子「天生人成」思想的意義新探》，國立清華大學博士論文）；期刊論文，〈荀子的「身、禮一體」觀——從「自然的身體」到「禮義的身體」〉、〈兩種「通明意識」——莊子、荀子的比較〉、〈從語言、社會面向解讀荀子的「化性起偽」說〉、〈聖人敘事與神聖典範：《史記・孔子世家》析論〉等篇。

提　要

　　本書分別從「自然的總體」、「社會的總體」、「人格的總體」三個向度探討荀子思想的理論意義，觸及三個論題：

　　一是屬於主體哲學的論題。從「自然的總體」向度來看，荀子思想中的「禮」作為人類生活世界的意義根源，它不僅是行為規範，還是一種「宇宙觀」模式——其禮義論反映出「天生人成」的思想型態，關係著主體自覺的意義。學界對於荀子主體哲學的詮釋，多從意識層面切入，本文則轉從行為層面切入，藉著探討荀子的名言論、心術論旨趣，剖析其「禮宇宙觀」的理論勝義。

　　一是屬於社會學的論題。從「社會的總體」向度來看，荀子思想中的「禮」

作為一種社會規範，它不僅注重社會對個體的規訓，也強調社會化主體的自我發展——其禮義論藉「化性起偽」的人性塑造，說明社會的理性控制機制，以及社會自我的形成。學界對於荀子「化性起偽」說的詮釋，要在闡發「心性論——主體哲學」的理論意義，本文則嘗試透過「語用學——社會學」的視域以檢視其理論勝義。

一是屬於歷史哲學的論題。從「人格的總體」向度來看，荀子思想中的「禮」作為人格世界的精神要素，顯示儒者濃厚的歷史意識，以其知性感悟傳衍聖賢的人格精神——其禮義論具有歷史詮釋的內涵，觸及關於道德實踐之終極意義的扣問。本文藉由辨析孟子與荀子對於聖人、經典與言說的不同認知，探究兩人的歷史詮釋以及切身的社會實踐，以說明他們對於道德實踐之意義的不同感悟。

目　次

第一章　緒論——禮義論的三個向度與本論文討論的三個課題 ……………… 1
　一、生活世界與道德主體 ……………………………………………………… 2
　二、社會過程與個性發展 ……………………………………………………… 5
　三、人格世界與歷史意識 ……………………………………………………… 8
第二章　「天生人成」思想型態的意義——荀子的名言論、心術論與主體
　　　　哲學 …………………………………………………………………… 11
　第一節　「天人關係」的思想史考察 …………………………………………… 11
　一、巫史的天道觀與神聖性 …………………………………………………… 11
　二、春秋時期的兩種天道觀：「宇宙法則」 ………………………………… 13
　三、「哲學的突破」「人文的轉向」與荀子「天人之分」的觀念 ………… 18
　第二節　「天人之分」的歧解與荀子主體哲學的詮釋問題 ………………… 25
　一、「以人治天」與知性主體 ………………………………………………… 25
　二、「天人之分」與「天人合一」的糾結 …………………………………… 29
　三、「心、道二分」與行為主體 ……………………………………………… 34
　第三節　荀子的名言論與「禮宇宙觀」 ……………………………………… 39
　一、《荀子・正名篇》的旨趣：邏輯學→語意學→語用學 ………………… 41
　二、「名——言——道」的語意結構 ………………………………………… 43
　三、「禮宇宙觀」的勝意 ……………………………………………………… 51
　第四節　荀子的心術論與「足禮」的心靈世界 ……………………………… 55

一、「文學」與「修身」：從「法禮」到「足禮」‧‧‧‧‧‧55

二、心術論的三個層面‧‧‧‧‧‧60

第三章　「化性起偽」說探義──心性論外一章‧‧‧‧‧‧71

第一節　「化性起偽」說的語言基礎‧‧‧‧‧‧75

第二節　選擇：社會過程中的智能與情感‧‧‧‧‧‧85

第三節　外王之道：「總方而議」的立法者‧‧‧‧‧‧88

第四節　內聖之道：社會自我與道德人格‧‧‧‧‧‧94

第四章　聖人、經典與言說──孟子與荀子的歷史詮釋與社會實踐‧‧‧‧‧‧101

第一節　孟子：「由仁義行」的雄渾力量‧‧‧‧‧‧104

一、「行仁義」與「由仁義行」‧‧‧‧‧‧104

二、人格的「無限統一力」與流水隱喻‧‧‧‧‧‧107

第二節　荀子：「禮義文理」的人格世界‧‧‧‧‧‧110

一、「小行」、「中行」與「大行」‧‧‧‧‧‧110

二、孝悌：「性之」與「禮義」‧‧‧‧‧‧114

三、「積善成德」：《五行篇》的「德之行」‧‧‧‧‧‧119

第三節　孟子：《詩》《書》中的歷史意義與天命‧‧‧‧‧‧123

一、哲學的主觀性：「再現」歷史‧‧‧‧‧‧125

二、歷史的超越依據：天命‧‧‧‧‧‧127

三、天命與復古‧‧‧‧‧‧130

第四節　荀子：隆禮義而殺《詩》《書》‧‧‧‧‧‧133

一、五經：人類歷史的普遍經驗‧‧‧‧‧‧133

二、禮義：「文而類」的歷史精神‧‧‧‧‧‧137

第五節　孟子：歷史／天命向度的「集義」體驗──知言、養氣‧‧‧‧‧‧142

一、歷史／天命向度的「人禽之辨」‧‧‧‧‧‧142

二、作為「集義」體驗的「好辯」──知言、養氣‧‧‧‧‧‧145

第六節　荀子：歷史／社會向度的「文學」修養──言說與榮名‧‧‧‧‧‧151

一、「文學」修養：由「少言而法」到「多言而類」的言說‧‧‧‧‧‧152

二、「義命」與「義榮」‧‧‧‧‧‧155

第五章　結　論‧‧‧‧‧‧165

參考書目‧‧‧‧‧‧173

第五冊 《荀子》內聖外王思想研究

作者簡介

　　李瑩瑜，台灣省台中縣人，民國五十一年生。國立中興大學中國文學碩士。學術專長在於文學、小學、先秦諸子及佛教思想等方面。曾任教於高中，現於補教業及大學兼任講師。著作有與張靜雯合著之《中國文學史重點整理》（鼎茂出版社）、審訂《重現中國歷史》（漫拓文化出版社）等。

提　要

　　荀子於先秦諸子學說，傳遞至漢代經學之過程中，有其不可磨滅之功績，而其學說之影響，於秦、漢二代，可謂既深且遠。荀子之學術思想，乃集儒、法二者於一身者。其上繼孔子之業，下開秦、漢政治及學術思想之風，實為先秦諸子學說之總結者。孔子之所以周遊列國，乃欲以禮樂之道加之於政治之上，進而恢復西周之盛世。孔子未成之志業，可分為二大方向：一為仁，二為禮。此二者為孟子、荀子所承接者，於仁之部份，孟子先之；至於禮之部份，由荀子繼之，故荀子以禮為治國之終極原則。荀子與韓非思想之共通點，其中較為明顯者，是其二人皆以為君主必為有心治國之人，若有不然者，實為受學者邪說之影響。學者為求爵祿，以其學說左右君主之想法，使君主蔽於其說，而不信任有心治國之學者。故荀子以為，治國之先，必去游說者，此輩游說之人，為禮樂之道不能化者；而去游說者之標準，即為先王所制定之名分。是以外王之始必先正名，以先王之定名正諸子之邪說，是以非十二子，為外王統一思想之對象。荀子之性惡說，在於證明人之欲為善者，必待外學，而禮樂之道者，正為聖人之所制而導民之善者。故性惡必待師法然後正，化性必待起偽，因人之性好逸惡勞，故起偽之工夫，是人人必得為聖人之重要起點。荀子以為粹純用儒道者可王，雜用者可霸，二者一無者則亡。故或王霸或衰亡，端在於儒道之行否。而霸者為「信立」，王者為「義立」，王者之政乃在於霸者之基礎上，施用先王之禮樂教化，故荀子積極尋找當時之霸者，勸其用儒，行儒道，則王者可立而待也。

目　次

第一章　緒　論 ……………………………………………………………… 1
　第一節　研究之動機與目的 ……………………………………………… 1
　　一、研究之動機 ………………………………………………………… 1

二、研究之目的 ·······2

第二節　研究之方法與架構 ·······2

一、研究之方法 ·······2

二、研究之架構 ·······3

第二章　荀子之生平事蹟及著述 ·······5

第一節　荀子之生平事蹟 ·······5

一、始遊於齊 ·······6

二、二遊於齊 ·······6

三、由齊入秦 ·······7

四、由秦入楚 ·······7

五、去楚返趙 ·······8

六、終於楚 ·······8

第二節　荀子之著述 ·······9

一、《荀子》書之流傳 ·······9

二、荀子學說對後世之影響 ·······11

第三章　荀子思想形成之背景 ·······13

第一節　周朝體制之破壞 ·······13

一、封建制度之變動 ·······13

二、宗法制度之動搖 ·······17

第二節　各家學說之影響 ·······23

一、荀子與儒家 ·······23

二、荀子與法家 ·······24

三、荀子與稷下學者 ·······25

第三節　荀子禮治學說提出之動機 ·······27

一、荀子「內聖外王」學說之前承 ·······27

二、建立禮治架構之作用 ·······33

三、恢復周禮之目的 ·······34

四、理想中能行禮治之諸侯國 ·······38

第四章　荀子之內聖思想 ·······49

第一節　內聖之境界 ·······49

一、士人 ·······50

二、君子 ································· 52

三、聖人 ································· 54

第二節　內聖之修養 ························· 58

一、勤學修身 ···························· 58

二、解蔽辨惑 ···························· 70

三、化性起偽 ···························· 88

四、制天用天 ··························· 104

五、儒效 ····························· 110

第五章　荀子之外王思想 ······················ 117

第一節　正名及非十二子 ······················ 117

一、正名之功用 ·························· 118

二、後王之成名 ·························· 121

三、王者之制名 ·························· 124

四、非十二子 ··························· 136

第二節　重法愛民而霸 ······················· 150

一、國之所由起 ·························· 150

二、霸者之政 ··························· 153

三、霸者之治 ··························· 163

第三節　隆禮尊賢而王 ······················· 172

一、由霸入王 ··························· 172

二、王者之治 ··························· 178

三、王者之制 ··························· 188

四、王者之兵 ··························· 203

第六章　結　論 ························· 211

重要參考書目 ·························· 215

第六冊　《老子》「嗇」字的義理分析——由「斂嗇」到「儉嗇」之角度對老子思想體系進行重建

作者簡介

　　陳育民，臺灣臺北人，西元 1981 年 5 月 1 日生。畢業於國立中正大學中

國文學系、國立彰化師範大學國文學系碩士班，現就讀於國立暨南國際大學中國語文學系博士班。

曾參加財團法人三清道家道教文化基金會主辦之「第四屆2005年三清青年學者道家道教學術論文發表會暨論文比賽」，獲頒「碩士生道家類第三名」。目前已發表「老子」相關論文十餘篇。

如今博士論文研究方向將以解決碩士論文中的未竟之處開始，也即是將焦點擺在再持續探索「老子」領域裡還應具備重要意義，但卻仍被漠視而個人以爲急待開發的幾個關鍵性問題之上。最終，吾人期待如此不僅可彌補碩士論文未竟之憾，而完整還出老子思想最可能的原來面目，也藉以提供日後一己「老學史」研究時的扎實基礎。

提　要

本文從考察《老子》中至今仍未受重視的「嗇」此一觀念開始，以至於逐步建構出以「嗇」爲中心觀念的老子思想新體系爲結束。而本文重點在於發現若將《老子・五十九章》中之「嗇」字，放在《老子》全書中觀察，也即是由「以老解老」的方法來考慮，今可得出「嗇」字於老子思想中具備歸結全書大部份思想篇幅理論的關鍵地位，與蘊含豐富意義。又，此豐富意義還是源自老子由「農」而來的一套世界觀。本文最終就是以「嗇」爲中心觀念，而由「斂嗇」到「儉嗇」之角度對老子思想體系進行重建。

本文第一章爲緒論，其中即對研究動機、前人研究成果、研究方法、研究檢驗標準、研究目的、研究所據版本與步驟作一交待。第二章乃以「老子其人其書及其環境與經歷對老子提出『嗇』的影響」爲題，試圖在今日諸多新資料、新研究的基礎上，先對老子其人其書作出定位，以便用來回應本文視《老子》五千餘言爲老子親著之一個整體的態度，之後再據此而由「思想史的進路」仔細探討老子所處特定環境與經歷，對老子提出「嗇」有何決定性影響。第三至五章則由三種面向以對「嗇」字作一仔細、嚴密且全面的考察與分析。其中，在第五章裡更是得出《老子》中「嗇」字，具備歸結全書大部份思想篇幅理論的關鍵地位，與蘊含四種豐富意義。第六至七章，即是本文正式由「嗇」爲中心觀念統貫《老子》中其它觀念，以開展老子思想新體系的主要環節。而在前面第五章最後所歸納出「嗇」字的四種意義，將分別被歸入第六章「斂嗇」與第七章「儉嗇」的範圍。第六至七章便按照邏輯順序而從「斂嗇」到「儉嗇」的角度，逐步開展老子思想新體系。在第七章最後也順勢帶出老子思想的目

標。第八章乃全文結論及檢討，首先是綜述本文研究成果，其次點出老子思想
根源性之問題，與對本文作一自我檢討。

　　本文最終就以「嗇」爲中心觀念，而由「嗇」所具備的四種意義，統貫《老
子》中諸多觀念以逐步按照邏輯推論開展一套老子思想新體系，故以「嗇」爲
老子思想體系之中心觀念的嘗試，確實已有被開發的空間。而這當是再提出一
套老子以「嗇」作爲回應「周文疲弊」一挑戰之智慧，本文也期以此嶄新思維，
能刺激當代老學界不斷反省對老子思想體系固有之見解，以重新思考對老子思
想體系之中心觀念的說法，是否也「莫若嗇」呢？如果說本文在日後能逐漸被
確立此乃對老子思想詮釋一個更完善之架構，無疑將是本文研究價值的重要體
現之處。

目　次

周師益忠推薦序
自　序
第一章　緒論 ·· 1
　第一節　研究動機 ·· 1
　第二節　前人研究成果說明 ·· 4
　第三節　研究方法、檢驗標準與目的 ·· 8
　第四節　研究所據版本與步驟 ··· 20
第二章　老子其人其書及其環境與經歷對老子提出「嗇」的影響 ············· 25
　第一節　對老子其人其書的定位 ·· 25
　　一、老子其人其書的爭論回顧 ··· 27
　　二、對今本《史記‧老子列傳》的解讀 ··· 30
　　三、今本《史記‧老子列傳》的待修正處 —— 老子爲「陳」人 ········· 47
　第二節　春秋「陳」之環境與其日後經歷對老子的影響 —— 老子提
　　　　　出「嗇」之外在背景和內在制約 ··· 50
　第三節　結語 ··· 67
第三章　「嗇」字意義淵源探討 ·· 69
　第一節　前言 —— 「嗇」字版本辨正：「嗇」不作「式」 ················· 69
　第二節　「嗇」字探義 ··· 70
　第三節　先秦諸子對「嗇」字意義的使用 ··· 73
　　一、管子 ··· 73

二、晏子 ……………………………………………… 76

三、文子 ……………………………………………… 78

四、荀子 ……………………………………………… 80

五、韓非 ……………………………………………… 81

六、呂不韋（主編）………………………………… 83

第四節 結 語 ……………………………………… 85

第四章 「嗇」字意義源流演變探賾 …………………… 87

第一節 老學簡史 ── 歷代老學家之選取說明 …… 87

一、先秦老學 ……………………………………… 89

二、兩漢老學 ……………………………………… 91

三、魏晉南北朝老學 ……………………………… 92

四、唐代老學 ……………………………………… 94

五、宋金代老學 …………………………………… 99

六、元代老學 ……………………………………… 101

七、明代老學 ……………………………………… 102

八、清代老學 ……………………………………… 103

九、現當代老學 …………………………………… 106

第二節 歷代老學家對「嗇」字的體會 …………… 109

一、先秦：文子、韓非 …………………………… 109

二、兩漢：嚴遵、河上丈人（偽托）…………… 109

三、魏晉南北朝：王弼 …………………………… 110

四、唐代：唐玄宗、杜光庭、陸希聲 …………… 111

五、宋金代：陳景元、蘇轍、宋徽宗、朱熹、寇才質 … 111

六、元代：吳澄、何道全 ………………………… 113

七、明代：明太祖、薛蕙、釋德清 ……………… 114

八、清代：張爾岐、清世祖（掛名）、宋常星、段玉裁、魏源 … 115

九、現當代：唐君毅、嚴靈峰、陳鼓應、王邦雄 … 116

第三節 結語 ……………………………………… 117

第五章 「嗇」字意義考察與分析 …………………… 121

第一節 由《老子・五十九章》的結論性質論「嗇」字關鍵地位 ……… 121

第二節 《老子》中「嗇」字蘊含的四種意義 ── 一套「農的世界觀」

······································132

一、收斂義·································133

二、積藏義·································133

三、愛惜義·································135

四、儉義···································135

第三節　結語·······························136

第六章　老子的「斂嗇」思想·······················139

第一節　引論·······························139

第二節　老子思考的起點 —— 侯王之「心」需「重積德」·····144

第三節　侯王之「心」何以外放與其無「德」的代價·······148

第四節　如何根治侯王外放之「心」與其無「德」危機 ——「王法

自然之天道」的收斂行為···············153

第五節　結語·······························162

第七章　老子的「儉嗇」思想·······················165

第一節　引論·······························165

第二節　得以「保樸」的想法 —— 侯王對「身」之愛惜·····166

第三節　侯王「愛身」後而儉省「財貨」又「不欲見賢」的表現····177

第四節　侯王對「言」之儉約以至於「不言、無為」 ——「多言數

窮，不如守中」的身教模範···············191

第五節　結語·······························196

第八章　結論·······························203

第一節　本文研究成果綜述·······················203

第二節　檢討······························210

一、對老子思想的檢討 —— 老子思想根源性之問題·······210

二、本文自我檢討·······························211

參考文獻·······································215

附　錄·······································243

附錄一：本文所據集唐本《老子》經文················243

附錄二：攻讀碩士學位期間已發表「老子」相關論文·········255

第七冊　莊子「三言」的創用及其後設意義

作者簡介

徐聖心，祖籍廣東蕉嶺，1965 年生於臺灣彰化，1998 年獲臺灣大學中文所博士，現任該校中國文學系副教授。學術領域爲先秦儒學、莊子與莊子學史、明末清初三教會通、中國美學史、中國夢文化。

已發表論文有〈偶然性・再現・生命實相——蘇軾〈後赤壁賦〉釋旨〉，〈「莊子尊孔論」系譜綜述——莊學史上的另類理解與閱讀〉，〈先秦關於「人與國家」主題論述的兩種型態——從韓非子對儒家的批評談起〉，〈《孟子》「天下之言性」章異疏會詮及其人性論原則〉，〈宗炳〈畫山水序〉及其「類」概念析論〉，〈陰陽神化與繼善成性——宋明儒對〈繫辭・上傳〉第五章第一節的闡釋〉，

〈晚明佛家「孝道觀」探析——以《梵網經》註釋爲中心〉，〈火・爐・土・均——覺浪道盛與無可弘智的統攝之學〉，〈王船山《論語》詮釋之「應病予藥」喻辨——兼與方以智藥病說之比較〉……等。

提　要

歷來對道家的語言觀，已有既定的通解，即「道絕名言」，「道不可道」，然而本論文試圖證明：《莊子》中有異於通解的語言層面——道言。道言的使用，或有多種樣式，而莊子直接的暗示，見於〈寓言〉、〈天下〉兩篇，即寓言、重言、巵言三種言。三言乃莊子回應孔子、老子，與惠施、公孫龍之語言觀，有所批判繼承反省超越，而首先創用的表法。此表法的特色，在於由道的體證直接發聲，故爲「道」之呈示，不只是擬仿於道而已。亦即，若必曰道絕名言，則體道者唯能嗌啞不言而已。若其必言而又主道絕名言，則其言說時亦必與道隔絕，此則否定體道之實踐意義。兩者皆不當理。

論文共分四章。第一章導論，論證道言之發現，及其與三言之關係，並說明論文方法與選例因由。第二章以〈逍遙游〉、〈人間世〉、〈齊物論〉爲例，說明三言呈現風貌之特色。第三章分析〈寓言〉篇所隱涵三言的後設意義，並與前一章的結果相對照。第四章則延伸出兩方面的討論，一是類比於詩性語言的創作法（即賦比興），一是藝術作品的閱讀反應（即象罔）。歸結於：三言即體道者之融合道於生活之一側面，並暗示著人棲居於世必然開展的三個面向：一是人與宇宙神秘性之交通，而深化吾人之生命；一是人與歷史之融通，與現世責任之擔負，而厚積吾人之生命；一是人與萬物品類之和諧感通，而豐富吾人之生命。

目 次
序 言

第一章　導論──「道言」之發現與「三言」之意義 ················ 1

　　§1-1　問題之緣起 ·································· 1

　　§1-2　莊子「言」與「三言」相關論著考察 ··············· 4

　　§1-3　從孔子「予欲無言」到老子的語言表達 ············· 6

　　§1-4　惠施與「辯者」的語言觀 ····················· 14

　　§1-5　莊子中的語言問題與「三言」的提出 ············· 19

　　§1-6　三言作為創造性的意義與「造物」的類比 ·········· 29

　　§1-7　選例因由與論述方式 ························ 33

第二章　三言的創用──範例解析 ······················ 39

　第一節　以寓言為主的範例──〈逍遙遊〉解析 ·········· 39

　　§2-1　寓言造型與三言迭用 ························ 39

　　§2-2　「階次遞進」的文章設計 ····················· 48

　　§2-3　論寓言所依的雙重結構 ····················· 50

　第二節　以重言為主的範例──〈人間世〉解析 ·········· 51

　　引言 ·· 51

　　§3-1　孔子、顏回與葉公──儒者情懷與反省 ·········· 54

　　§3-2　孔子與隱者──道家的回應 ·················· 61

　　§3-3　重言人物形象「多重性格」的意義 ·············· 65

　第三節　以卮言為主的範例──〈齊物論〉 ············· 67

　　引言 ·· 67

　　§4-1　〈齊物論〉的自我解構──吾喪我 ·············· 69

　　§4-2　〈齊物論〉論旨的建立──「以明」的歷程 ········· 72

　　§4-3　論卮言的對稱形式 ························· 81

　第四節　論三言的其他形式與篇章構成 ··············· 83

　　§5-1　論三言的其他形式 ························· 83

　　§5-2　論「三言」的篇章構成 ······················ 87

　第五節　小結：論文章風格所呈示之「道」 ············· 96

第三章　三言的後設意義 I ──〈寓言〉篇解析 ············· 101

　第一節　寓言的後設分析 ························· 101

§6-1　言者與寓言：「寓」表言者的創作心靈活動 …………… 101

§6-2　寓言與讀者：以寓言爲廣 ……………………………… 109

§6-3　莊子寓言與其他寓言之比較 …………………………… 112

第二節　重言的後設分析 ………………………………………… 118

§7-1　言者與重言：「重」表言者居遊之特殊場域 ………… 118

§7-2　重言與讀者：以重言爲眞 ……………………………… 122

第三節　巵言的後設分析 ………………………………………… 125

§8-1　巵言比例：十一與十十 ………………………………… 125

§8-2　「巵」義疏辨：「巵」表言者體合天道之圓德 ……… 126

§8-3　巵言日出：和以天倪 …………………………………… 130

§8-4　巵言無言：「言」之齊與不齊 ………………………… 131

§8-5　巵言曼衍：萬物皆種也 ………………………………… 135

§8-6　巵言旨歸：天均 ………………………………………… 141

第四節　小結：三言的交互關係 ………………………………… 144

第四章　三言的後設意義 II──綜論 …………………………… 147

第一節　三言與賦比興 …………………………………………… 147

§9-1　賦比興舊釋述要 ………………………………………… 147

§9-2　三言與賦比興的類比與差異 …………………………… 154

第二節　論「象罔」的意義 ……………………………………… 158

§10-1　「象罔」辨義 ………………………………………… 158

§10-2　象罔作爲心靈特性及其美學意義 …………………… 160

結論──「風格即思想自身」 …………………………………… 167

參考書目 …………………………………………………………… 171

第八冊　王船山莊子學研究──論「神」的意義

作者簡介

　　施盈佑，1976 年生，臺灣臺南人。畢業於中興大學中國文學系夜間部（1995年 7 月～1999 年 7 月）、靜宜大學中國文學系碩士班（2002 年 7 月～2006 年 7 月），現爲東海大學中國文學系博士班研究生（2006.9~），研究領域以王船山思想爲主要範疇。著有〈再探王逸《楚辭章句》之注釋型態〉、〈王船山莊學之研究：論「神」的核心意義〉、〈從《論語微子篇》管窺孔子「隱」之眞實義涵〉、

〈船山莊學之研究：探析「凝神」之飽滿義涵〉、〈王船山《詩經》學之開展運用：試析《宋論》中的「主體——《詩》——歷史」〉、〈戴震「理」觀的一個面向：從「後儒以理殺人」談至「分理」的人道貞定〉、〈論《射雕英雄傳》的郭靖：以《中庸》「擇善而固執之者也」作爲詮解視野〉〈女性、自覺、解放、困境：李元貞《女人詩眼》的四重協奏曲〉、〈王船山《詩廣傳》義理研究：以「由用證體」之「情」論「人道」的豁顯〉、〈從〈擁也〉詮解《論語》之「中庸」〉等。

提 要

王敔替《莊子解》增註之時，曾解「其神凝」以爲「三字一部南華大旨」。林文彬亦言船山所體證之莊學，實「可以一神字爲貫穿」。誠如王、林二人所述，「神」可謂是契入船山莊學之關鍵，而且筆者更以爲「神」的義理，正可豁顯出船山與眾不同的匠心獨運。不過，令筆者感到疑惑的是，前賢雖然已體察此義理精要，但是卻無人詳加闡釋。因此，筆者嘗試透過推衍論証的過程，勾勒出船山莊學以「神」爲核心的義理系統。

全文將論証分成三大部份：其一是「船山莊學之核心觀點－論『神』」，首先從氣論神，申明「神」雖源自於「氣」，然而卻非等同。「神」蘊含普遍性及特殊性，「普遍性」是指人人皆具有「神」，此「神」非是神人、聖人或至人所獨具。「特殊性」是指「人道」之特殊性，意即天人合一之應然之自主能動性，此是「人」與「物」的顯然差異。其次，論証「神」的核心意義，筆者藉由「神——心知——形」及「神——明——知」兩條路徑進行詮釋。無論是何種路徑，皆可體證船山莊學實以「神」爲義理之樞紐。此部份的研究成果，即是將「神」爲義理核心的觀點，透過論証推理，使其不再只是想當然而之事。

其二，「論凝神－境界與活動不二」主要是廓清「凝神」的義涵。首先是說明「凝神」之「凝」，非是「欲」、「持」或「執」，而是「自定」，或者是「不可失而勿守」之意。此凝神之「凝」，一是凝存「神」之本然狀態，二是澄清不屬於「神」的外來雜質。其次，則分就「體用不二」、「遊」探究「凝神」，發見「凝神」之義涵，不僅是架構在境界與活動的不可割裂性；更重要的是，船山莊學所謂的「凝神」之義理，顯然是含載人與天地萬有之絕對和諧。

其三是「以『神』通解莊書的價值意義——論融通孔、莊之『德』」，此論乃以前述論証爲基礎之開展議題。前述已然處理船山莊學以「神」爲義理核心

之事實，然而船山爲何以「神」作爲義理核心？筆者以爲船山乃是藉由「神」疏通各個義理環節，最終轉化成一套船山所體證的完善義理。此處提舉「德」進行論証，此「德」的詮釋方式，乃是一種關注於最根本之通義之德，實可轉化出一套融通孔、莊之德觀，甚至可提供融通各家各說之可能。要言之，船山莊學以「神」解通莊書，其價值是在重新界定義理概念，此種重新界定有助於消解各家彼此間的相互對立或衝突。

總而言之，全文論証不僅廓清船山以「神」解通莊書，更申明船山莊學並非只是單純揀取一個「概念」貫穿整個詮釋系統。在以「神」爲核心的義理系統中，船山莊學重新界定義理概念，進而形成一套船山所體證的完善義理。因此，船山莊學以「神」爲核心的詮釋基點，實是有別於一般解注莊書者，可謂是匠心獨運的詮釋型態。又，透過「神」這個核心概念，對於船山莊學作一整體性之觀照，而非割裂式的分解閱讀，意即提供船山莊學研究的另一種切入視野。

目　次

第一章　緒　論 ………………………………………………………………… 1
　第一節　船山與船山莊學 ………………………………………………… 1
　　一、船　山 ……………………………………………………………… 1
　　二、船山莊學 …………………………………………………………… 2
　第二節　研究動機 ………………………………………………………… 3
　第三節　研究方法 ………………………………………………………… 5
　第四節　研究概況 ………………………………………………………… 6
　　一、台灣的船山研究 …………………………………………………… 6
　　二、大陸的船山研究 …………………………………………………… 8
　第五節　研究綱要 ………………………………………………………… 11
第二章　船山莊學之核心觀點 ── 論「神」 …………………………… 15
　第一節　前人論船山義理之「神」 ……………………………………… 16
　　一、曾昭旭《王船山哲學》 …………………………………………… 17
　　二、張立文《船山哲學》 ……………………………………………… 18
　　三、陳來《詮釋與重建：王船山的哲學精神》 ……………………… 19
　　四、林文彬《王船山莊子解研究》 …………………………………… 20
　　五、嚴壽澂《近世中國學術通變論叢》 ……………………………… 21

第二節　從「氣」論「神」……………………………………23

　　一、氣與神之關係………………………………………25

　　二、神之普遍性及特殊性………………………………28

第三節　以「神」爲核心樞紐…………………………………34

　　一、論「神 —— 心知 —— 形」之關係………………35

　　二、論「神 —— 明 —— 知」之關係…………………46

第四節　本章結論………………………………………………55

第三章　論凝神 —— 境界與活動不二………………………57

第一節　論凝神之「凝」………………………………………58

第二節　從「體用不二」論「凝神」…………………………65

第三節　從「遊」論「凝神」…………………………………75

第四節　本章結論………………………………………………89

第四章　以「神」通解莊書的價值意義 —— 論融通孔、莊之「德」………91

第一節　前人對船山莊學中孔莊問題的見解…………………93

　　一、以儒通莊之說………………………………………93

　　二、自立一宗之說………………………………………96

第二節　論「德」之意涵………………………………………99

第三節　論「德者自得」………………………………………107

第四節　論形名之德……………………………………………116

　　一、形之德………………………………………………116

　　二、名之德………………………………………………121

第五節　本章結論………………………………………………130

第五章　結　論…………………………………………………131

參考書目…………………………………………………………135

附　錄……………………………………………………………143

　　附錄一：船山生平大事紀及重要著作………………143

　　附錄二：王船山《詩經》學之開展運用 —— 試析《宋論》中的「主
　　　　　　體 ——《詩》—— 歷史」……………………147

後　記……………………………………………………………167

第九冊　秦法家思想之發展研究

作者簡介

朱心怡，高雄人，國立清華大學中文博士，國立中山大學中文碩士，國立清華大學中文學士。研究領域爲先秦諸子思想。曾任國立中山大學華語中心老師、美國聖路易華盛頓大學東亞語文學系交換中文講師，教導外國人初級與中級華語。目前爲私立實踐大學應用中文系專任助理教授，國立臺灣大學中文系兼任助理教授，講授現代文學。

提　要

法家思想的興起，與春秋以來宗法失序、商業發展、貴族陵夷、學術下移等時代背景密切相關。戰國初期，法家人物開始以實際變法者的姿態躍升政治舞臺，帶給戰國的政治型態巨大的衝擊。三晉地區雖然以其四戰背景與重商傳統，最早發展出獨特的重法文化，但往往隨著人亡政息，未能竟功。只有秦國在變法上最爲徹底，終於成功將秦國改造成稱霸西戎的強國，最後甚至併滅六國，一統天下，法家思想也因此成爲秦國政治思想的主流。有鑑於歷來研究法家思想之專著雖多，卻未有一部專書全面性的論述秦國的法家思想。本論文即以討論秦國的法家思想的發展爲主。以商鞅等人的實際變法政策，綜合秦國的出土文獻《睡虎地秦墓竹簡》，來分析法家思想在秦國的發展過程。並根據秦律從重法治、嚴刑重罰、重吏治和重農戰等四方面，來驗證法家思想在實地施行上的落實程度。希望藉由本論文，能對法家思想在秦國的發展過程有更完整的說明，並釐清秦朝覆亡的原因，並非法家之過；法家之政，也非如世傳嚴苛，而有其勸民安國之效。

目　次

第一章　前　言 …………………………………………………………… 1
　第一節　寫作緣起 …………………………………………………… 1
　第二節　各章大意 …………………………………………………… 2
第二章　先秦法家興起的歷史背景 …………………………………… 7
　第一節　禮治崩解 …………………………………………………… 8
　第二節　法治漸興 …………………………………………………… 14
　第三節　學術流通 …………………………………………………… 20
　第四節　社會變動 …………………………………………………… 26

第五節　經濟發展 ……………………………………………… 35

第三章　三晉法家的出現 ………………………………………… 45

第一節　變法運動 ……………………………………………… 46

第二節　三晉出法家原因探微 ………………………………… 58

第三節　地理風俗 ……………………………………………… 66

第四章　法家與秦的結合 ………………………………………… 71

第一節　商鞅入秦的契機 ……………………………………… 72

第二節　商鞅變法的主要內容 ………………………………… 79

第三節　商鞅變法成效與後續之秦政 ………………………… 99

第五章　睡虎地秦墓竹簡中的法家思想 ………………………… 117

第一節　竹簡秦律之年代與源起 ……………………………… 118

第二節　秦簡所呈現的法家思想之一──重法治 …………… 127

第三節　秦簡所呈現的法家思想之二──嚴刑重罰 ………… 132

第四節　秦簡所呈現的法家思想之三──重吏治 …………… 144

第五節　秦簡所呈現的法家思想之四──重農戰 …………… 152

第六章　秦法家與諸子的關係 …………………………………… 165

第一節　秦孝公前與秦孝公變法時期 ………………………… 167

第二節　秦孝公後至秦始皇統一天下時期 …………………… 175

第三節　秦始皇統一天下以後時期 …………………………… 206

第七章　結　論 …………………………………………………… 215

參考書目 …………………………………………………………… 225

第十冊　《韓非子》的規範思想──以倫理、法律、邏輯為論

作者簡介

　　黃裕宜，1976 年出生於臺灣桃園縣，2008 年取得臺灣大學哲學博士學位。主要研究領域為先秦法家哲學，研究興趣除中國哲學外，關於西方哲學中的倫理學、認識論與美學亦有涉獵。曾任臺灣大學哲學系助教、臺灣大學共同教育委員會助理、行政院國家科學委員會研究助理以及世新大學通識教育中心兼任講師。

提　要

　　本論文以「《韓非子》的規範思想」作爲研究主題，試圖以《韓非子》文本佐以黃老之學的其他相關文本作爲本論題相關研究的材料。全文以倫理、法律、邏輯三大面向加以探討《韓非子》的規範思想。其中析論《韓非子》爲學界所廣泛注意的法、術、勢三大政治哲學的核心主張，其實都可以涵括在倫理、法律與邏輯三大規範的研究領域中。筆者試圖透過中西哲學比較的方法，即藉由相應於倫理、法律與邏輯三大規範思想而形成的三門西方學科，如倫理學、法理學與邏輯學之思想、主張，與《韓非子》文本相互比較、激盪，突顯《韓非子》與西方倫理學、法理學與邏輯學這三門規範學科在思想上的同、異之處。

　　《韓非子》的君術思想含藏豐富的倫理思想，經由本文的研究與開發可以充分澄清、修正所謂韓非「否定道德」或「反道德」的「非道德主義」主張。在道德起源的問題方面，筆者認爲其人性的主張並非「性惡論」，而應屬於一種本能傾向的「自然人性論」。《韓非子》的法律規範思想，則呈顯出其法理學思想竟結合西方自然法與法實證主義兩種表面上似乎格格不入的學說，此爲《韓非子》法學的一大特色。另外，本文嘗試解決《韓非子》關於君王面臨法律的公平性、普遍性時，如何統合公利和私利此類道德抉擇的問題。在邏輯規範方面，韓非提出「參驗必知之術」並要求形、名必須符合彼此對應、一致的關係，是一種結合西方哲學中對應論與實用論的眞理觀。如此要求實用的目的同樣表現在論辯原則上「以法禁辯」之主張。正因爲過於偏重以功用作爲政治操作的最高指導原則，如此便導致純粹抽象的科學知識、形式邏輯知識難以充分地發展。本論文以倫理、法律與邏輯三大規範的面向來研究《韓非子》，也正符合太史公對韓非「喜刑名法術之學，而其歸本於黃老」的評判。

目　次

第一章　緒　論…………………………………………………………………… 1
　第一節　研究動機與目的……………………………………………………… 1
　第二節　研究方法與範圍……………………………………………………… 2
　第三節　文獻回顧與本論題的價值…………………………………………… 6
　第四節　本文內容概要………………………………………………………… 15
第二章　規範的意涵與本質……………………………………………………… 19

第一節　規範的定義 …………………………………………… 20

第二節　規範思想與其他學科的關係 ………………………… 21

第三節　中國古代規範思想的類型 …………………………… 23

第三章　規範的形上基礎 ………………………………………… 39

第一節　萬物之始 ……………………………………………… 40

第二節　是非之紀 ……………………………………………… 47

第三節　德者內也 ……………………………………………… 56

第四章　倫理規範 ………………………………………………… 61

第一節　「非道德主義」的省思 ……………………………… 61

第二節　道德的起源 …………………………………………… 68

第三節　倫理原則的價值預設 ………………………………… 75

第四節　政治規範的倫理原則 ………………………………… 85

第五節　道德德目之界說 ……………………………………… 105

第五章　法律規範 ………………………………………………… 117

第一節　法的定義 ……………………………………………… 118

第二節　法的性質 ……………………………………………… 123

第三節　法源依據 ……………………………………………… 130

第四節　立法原則 ……………………………………………… 132

第五節　法律後果 ……………………………………………… 143

第六章　邏輯規範 ………………………………………………… 153

第一節　名、辯與邏輯 ………………………………………… 154

第二節　形名關係 ……………………………………………… 157

第三節　辯說規範 ……………………………………………… 167

第四節　矛楯之說 ……………………………………………… 173

第七章　結　論 …………………………………………………… 179

參考資料 …………………………………………………………… 185

第十一冊　韓非法治思想研究

作者簡介

　　張靜雯，台北市人，民國六十三年生。國立中興大學中國文學碩士。學術專長在於文學、先秦諸子及佛教思想等方面。曾任教於高中，現於補教業及大

學兼任講師。著作有與李瑩瑜合著之《中國文學史重點整理》（鼎茂出版社）。

提　要

　　韓非之學術思想在歷史上之功蹟，主要表現在對前期法家之法治思想，作一集大成之重整。法家人士之法治思想，也是至韓非手中，始成爲一完整之體系，並由純然實用性進入了思想性，成爲一思想性與實用性緊密之結合體。

　　韓法治思想核心，在於由道生法，終而由法返道。君主上體天道，下因人情而制定法度，來作爲自己及臣民所遵循之標準。因爲要達到預期之效果，在實用性之前提下，以勢位之強制力，以術之運用方法，來使民齊一。但是在臣吏皆能於法制之下，安居樂業，各盡其職之後，即可由法而歸返於道，所有之人皆於法制之下，而不知法制爲何，此時君主即可拱手而治。

　　法、術、勢三者，爲韓非法治思想之作用。韓非以爲君主必有人設之勢，才可以令行禁止，所以其採用愼到之勢論，加上商君之法，兼以申不害之術，三者融合運用，以此避免商君用法不用術，申不害用術不用法之患。法、術、勢三者，爲韓非提出以供君主之所用，故爲其法治思想之實際作用。

　　前期之法家理論，如管仲之法治理論是爲齊桓公所用，吳起爲楚悼王所用，李克爲魏文侯所用，商君爲秦孝公所用，以上諸人皆有實際施政經驗，所以其法治理論較偏向實用部份；然而韓非因無實際施政經驗，是純爲理論派學者，因此韓非法治理論乃就前期法家施行後之結果，做爲其法治理論之修正。如此一來，韓非之法治理論不僅有完整之理論基礎以供推行之指導，更有前期法家實際變法治國之例子，以作爲君主經國理民之用，於是此種體用互補之關係，奠定了韓非集法家思想大成之地位。

目　次

第一章　緒　論…………………………………………………………………1
　第一節　研究之動機與目的…………………………………………………1
　　一、研究之動機……………………………………………………………1
　　二、研究之目的……………………………………………………………3
　第二節　研究之方法與架構…………………………………………………4
　　一、研究之方法……………………………………………………………4
　　二、研究之架構……………………………………………………………4

第二章　韓非之生平事蹟及著述 ⋯⋯⋯⋯⋯⋯⋯⋯⋯⋯⋯ 7

　第一節　韓非之生平事蹟 ⋯⋯⋯⋯⋯⋯⋯⋯⋯⋯⋯⋯⋯ 7

　　一、生平概況 ⋯⋯⋯⋯⋯⋯⋯⋯⋯⋯⋯⋯⋯⋯⋯⋯⋯ 7

　　二、生卒年之問題 ⋯⋯⋯⋯⋯⋯⋯⋯⋯⋯⋯⋯⋯⋯⋯ 11

　第二節　韓非之著述 ⋯⋯⋯⋯⋯⋯⋯⋯⋯⋯⋯⋯⋯⋯⋯ 14

　　一、《韓非子》名稱及篇數 ⋯⋯⋯⋯⋯⋯⋯⋯⋯⋯⋯ 14

　　二、《韓非子》之流傳 ⋯⋯⋯⋯⋯⋯⋯⋯⋯⋯⋯⋯⋯ 15

第三章　韓非法治思想產生之時代背景 ⋯⋯⋯⋯⋯⋯⋯⋯ 19

　第一節　歷史時局影響 ⋯⋯⋯⋯⋯⋯⋯⋯⋯⋯⋯⋯⋯⋯ 19

　　一、戰國大勢 ⋯⋯⋯⋯⋯⋯⋯⋯⋯⋯⋯⋯⋯⋯⋯⋯⋯ 19

　　二、韓國處境 ⋯⋯⋯⋯⋯⋯⋯⋯⋯⋯⋯⋯⋯⋯⋯⋯⋯ 21

　第二節　各國改革導因 ⋯⋯⋯⋯⋯⋯⋯⋯⋯⋯⋯⋯⋯⋯ 22

　　一、齊國改革之因 ⋯⋯⋯⋯⋯⋯⋯⋯⋯⋯⋯⋯⋯⋯⋯ 22

　　二、魏、趙之改革 ⋯⋯⋯⋯⋯⋯⋯⋯⋯⋯⋯⋯⋯⋯⋯ 23

　　三、楚國之改革 ⋯⋯⋯⋯⋯⋯⋯⋯⋯⋯⋯⋯⋯⋯⋯⋯ 29

　　四、秦國之改革 ⋯⋯⋯⋯⋯⋯⋯⋯⋯⋯⋯⋯⋯⋯⋯⋯ 29

第四章　韓非法治思想之淵源 ⋯⋯⋯⋯⋯⋯⋯⋯⋯⋯⋯⋯ 33

　第一節　黃老學派 ⋯⋯⋯⋯⋯⋯⋯⋯⋯⋯⋯⋯⋯⋯⋯⋯ 33

　　一、黃老學派源起 ⋯⋯⋯⋯⋯⋯⋯⋯⋯⋯⋯⋯⋯⋯⋯ 33

　　二、稷下學者與黃老學說之關係 ⋯⋯⋯⋯⋯⋯⋯⋯⋯ 38

　　三、黃老學派之法治思想 ⋯⋯⋯⋯⋯⋯⋯⋯⋯⋯⋯⋯ 42

　第二節　韓非對《老子》思想之發揮 ⋯⋯⋯⋯⋯⋯⋯⋯ 55

　　一、道論 ⋯⋯⋯⋯⋯⋯⋯⋯⋯⋯⋯⋯⋯⋯⋯⋯⋯⋯⋯ 55

　　二、法論 ⋯⋯⋯⋯⋯⋯⋯⋯⋯⋯⋯⋯⋯⋯⋯⋯⋯⋯⋯ 61

　　三、術論 ⋯⋯⋯⋯⋯⋯⋯⋯⋯⋯⋯⋯⋯⋯⋯⋯⋯⋯⋯ 64

　　四、勢論 ⋯⋯⋯⋯⋯⋯⋯⋯⋯⋯⋯⋯⋯⋯⋯⋯⋯⋯⋯ 65

　　五、君論 ⋯⋯⋯⋯⋯⋯⋯⋯⋯⋯⋯⋯⋯⋯⋯⋯⋯⋯⋯ 66

　第三節　法家學說影響 ⋯⋯⋯⋯⋯⋯⋯⋯⋯⋯⋯⋯⋯⋯ 75

　　一、管子之法治思想 ⋯⋯⋯⋯⋯⋯⋯⋯⋯⋯⋯⋯⋯⋯ 76

　　二、商君之法治思想 ⋯⋯⋯⋯⋯⋯⋯⋯⋯⋯⋯⋯⋯⋯ 92

　　三、申不害之用術思想 ⋯⋯⋯⋯⋯⋯⋯⋯⋯⋯⋯⋯⋯ 95

　　四、慎到之重勢思想 …………………………………………… 98

　　五、其他法家 …………………………………………………… 98

　第四節　荀子學說之影響 ……………………………………… 101

　　一、性惡論 ……………………………………………………… 101

　　二、天論 ………………………………………………………… 103

　　三、法論 ………………………………………………………… 106

　　四、術論 ………………………………………………………… 108

第五章　韓非法治思想之應用 ………………………………… 113

　第一節　處勢 …………………………………………………… 114

　　一、勢之性質 …………………………………………………… 114

　　二、韓非重勢之理由 …………………………………………… 116

　　三、主之處勢 …………………………………………………… 118

　　四、御下之勢 …………………………………………………… 121

　第二節　任　法 ………………………………………………… 129

　　一、明法 ………………………………………………………… 129

　　二、人主之用法 ………………………………………………… 135

　　三、臣民之準則 ………………………………………………… 141

　第三節　用　術 ………………………………………………… 146

　　一、術之性質 …………………………………………………… 146

　　二、人主自持之術 ……………………………………………… 148

　　三、人主所以治國之術 ………………………………………… 153

　　四、人主之患 …………………………………………………… 161

　　五、人主除患之術 ……………………………………………… 163

　第四節　法術勢之相互關係 …………………………………… 171

　　一、法術之互用 ………………………………………………… 171

　　二、法術勢之互用 ……………………………………………… 175

　　三、韓非之理想治世 …………………………………………… 176

　　四、韓非理想治世之體現 ……………………………………… 177

第六章　結　論 ………………………………………………… 187

重要參考書目 …………………………………………………… 189

第十二冊　失衡的邏輯──以「吏階層」為進路論王充「疾虛妄」之思想意涵

作者簡介

徐其寧，1978 年生，臺北人。國立東華大學中文系碩士班畢業，現就讀國立清華大學博士班。

提　要

在王充研究上，不論是大陸學者，或台灣學界，幾乎都集中在才性、命定、氣、歷史思想、無神論等思想議題，或是由胡適開啓的對王充講求實證方法的方法論討論上，這樣一套幾乎已經定型的研究模式，已經造成王充研究的擁擠，但許多本質性的問題卻還是沒有解決。包括我們還是不知道，「虛妄」到底是什麼，王充「疾虛妄」的重點與目的究竟何在。

本文嘗試從吏階層的展開，討論王充思想之形成與特色，實際是有吏者維護社會秩序，以及儒者批判社會亂象的雙重性格。希望透過與王充息息相關的「吏階層」中，還原當時的場域，讓王充思想與當時社會有對話的空間，而不再只是王充個人的思想獨白，從而理解王充《論衡》之旨「疾虛妄」者，實涵攝了民間與知識份子二階層。在民間，王充藉由批判百姓寧遵時宜之忌而棄理性的生活態度，展現他具有教化、正俗的循吏表徵。在知識份子階層，王充強調求眞與重用，對時人喜增語誇言以悅心的浮誇之風表達不滿。

至於王充的宣漢說，以及對漢代祥瑞的肯定態度，突顯的並不是他一己的媚漢心態，而是反對人為的操弄災異、假借天體「異」，混亂施政方向，並期望豐富的漢代文人、著作祥瑞等「人事」徵候，使治世基準能以「文人為用」。

在「疾虛妄」的有效性上，儘管王充積極的透過講求實證的方式，企圖達到辨別虛實，疾除虛妄的目的，然而他儒與吏的雙重身分，在儒者強調批判，吏者追求社會秩序穩定之下，屢屢相衝突而消減其效用，使王充的判斷往往流於常識，並有失衡的傾向。再者，他並沒有提出一套更穩固的解決方式，也使其「疾虛妄」思想在「破」的層面要大於「立」的層面，亦使其思想明顯產生偏移。因此儘管王充針對民眾過分追求趨吉避凶的心理，提出命定主張，希望遏止民眾只顧遵循時宜之忌，求一己之福，卻未能說明理性的教化政策，是否能對民眾提供相同的心靈安撫作用。

本文屏除一般以點的「個人」、單一連接的論述，而改以「面」的方式鋪

展王充「疾虛妄」的思想意涵，期望提出一種更符合王充思想產生之「起點」，對思想家有更豐富的理解。

目 次

第一章 緒 論 ……………………………………………………………… 1
　第一節 王充著書動機及目的 ……………………………………… 1
　第二節 王充「疾虛妄」之指稱及《論衡》論述方式 ……………… 5
　　一、「疾虛妄」之指稱 …………………………………………… 5
　　二、《論衡》之論述方式 ………………………………………… 7
　第三節 研究方法 …………………………………………………… 10
　　一、既有研究成果之檢討 ……………………………………… 10
　　二、研究進路 …………………………………………………… 15
　　三、研究步驟 …………………………………………………… 20
第二章 從「吏階層」論王充思想之形成背景 ……………………… 23
　第一節 地方官吏之選任 …………………………………………… 25
　　一、選任標準及養成教育 ……………………………………… 26
　　二、王充論擇吏標準 …………………………………………… 29
　第二節 仕進制度 …………………………………………………… 33
　　一、仕進管道與察舉制度 ……………………………………… 34
　　二、仕進障礙與考課制度 ……………………………………… 39
　第三節 吏之職務與王充思想之形成背景 ………………………… 44
　　一、吏之職務 …………………………………………………… 46
　　二、王充思想之形成背景 ……………………………………… 49
第三章 除魅與正俗 …………………………………………………… 51
　第一節 政權的危機：天道與治道的衝突 ………………………… 52
　　一、風俗與治道 ………………………………………………… 52
　　二、天道與治道之衝突 ………………………………………… 56
　第二節 社會秩序的建立 …………………………………………… 59
　　一、天道自然論 ………………………………………………… 60
　　二、人的現實存在問題：對生、死焦慮、恐惑心態的論述 …… 62
　第三節 正俗與教化標準 …………………………………………… 90
　　一、禍福與王充命論 …………………………………………… 91

二、判斷的標準 ··· 104

第四章　去偽與求真 ··· 107

第一節　知識階層與浮誇之風 ·· 108

一、知識階層的虛妄風氣 ··· 109

二、章句之學與王充的知識體系 ································· 113

第二節　反「神」後的知識構建 ···································· 118

一、尚「智」論 ·· 119

二、對鴻儒、通人重視之意涵 ···································· 124

三、諸子著作的價值 ··· 128

第五章　「疾虛妄」與宣漢：王充宣漢說正當性的辯難 ···· 135

第一節　政治道統 ··· 136

一、受命論 ·· 136

二、政權與政期 ·· 138

三、道與勢 ·· 140

第二節　王充之天人感應論 ··· 144

一、陰陽五行論概述 ··· 144

二、災異的政治意涵 ··· 145

三、王充的政治天人論 ·· 149

第三節　王充貴今賤古思想述評 ···································· 152

一、祥瑞及其意涵 ·· 153

二、吏階層中的祥瑞意涵 ··· 156

第六章　「疾虛妄」方法之有效性 ··································· 161

第一節　王充知識論與知的問題 ···································· 161

一、知識論中之先知問題 ··· 161

二、王充之認識論 ·· 165

第二節　「疾虛妄」的有效性問題 ································· 170

一、適偶論 ·· 171

二、驗證論 ·· 174

三、推類而論 ·· 174

四、二元論 ·· 175

五、氣化流行論 ··· 177

　　六、命定論……………………………………………………177

　第三節　思想譜系與王充思想定位……………………………179

　　一、儒家思想…………………………………………………181

　　二、雜家思想…………………………………………………187

第七章　結　論……………………………………………………191

徵引書目……………………………………………………………193

第十三冊　北朝學術之研究

作者簡介

　　施拓全，1967 年生。國立高雄師範大學國文系博士班畢業，目前任職國立高雄餐旅學院通識教育中心，教授文藝寫作、茶道文化等課程，著作有：《秦代金石與書法研究》、《北朝學術研究》及〈范仲淹〈岳陽樓記〉之「感官情境」析論〉、〈儒學在北朝漢化中之重要發展〉、〈人品與茶品－試論「茶人」一詞的普遍性涵義〉等十數篇文學、經學、茶道相關論文，目前以茶文化爲研究重點。

提　要

　　胡政權憑藉武力入主中原，其施政理念與政策推行，對漢人文化之影響可謂大矣！就北方學術之發展而論，傳統之治學觀念及特點，在胡、漢民族之相互關係中，整體學風之演變趨勢及春秋學之發展，乃本論文之研究宗旨。茲就本論文之各章要點概述如下：

　　第一章〈緒論〉：論述本文之研究範圍與內容，資料之運用及其限制，及研究本文之主要課題。

　　第二章〈五胡十六國之儒學發展及其影響〉：論述胡人「夷夏觀念」對於漢化之影響，及胡主在學術上之造詣；並探究十六國推行儒學之狀況，尤以河西儒者對北朝學術之影響爲然。

　　第三章〈北方經學以鄭玄爲主之原由探討〉：就「玄學誤國之借鑒」、「重視禮教之利國」、「質樸守舊之個性」、「讖緯思想之信仰」諸因素，探討鄭玄經學在北方盛行之原由。

　　第四章〈北朝「夷夏觀」與學術文化之關係〉：探討北朝以漢文化爲正統之「夷夏觀」，落實在漢化政策與尊崇漢儒之情形；並論述北地漢儒「以夏變

夷」之觀念作爲，及其在史書中「夷夏辨別」之立場。

第五章〈儒學在漢化中之重要發展〉：論述北魏、北齊、北周諸胡主推行儒學之狀況與消長原由，及胡皇族之治學情形；並考察當代典籍之整理與儒學之著作成果。又北學與南學之比較亦本章之要點。

第六章〈北朝「儒釋融合」之趨向與影響〉：探究胡主崇信佛教之目的，及漢儒於「儒釋融合」過程中，因「守儒反佛」與「援儒入釋」之不同態度所產生之相關問題；並論述「儒釋融合」之學術意義。

第七章〈北朝政治與經術之結合〉：探討「經世觀念」對北朝政治之影響，及經術在政治上之具體實踐；並論述結合儒法之「春秋決獄」在當代法治上之意義。

第八章〈北朝春秋學之發展及其特質〉：論述三傳之門派承傳及其消長原由，及當代儒者治春秋學之特點；又探討南北學術交流對北方學術之影響，並就左傳「服杜爭議」之消長，闡明南北學術統一之趨勢。

第九章〈酈道元《水經注》引「春秋經文」考〉：論述酈道元注《水經》之觀念與方法，以考察其治學特色與北朝中期學風發展之「相應」關係；並探究《水經注》引「春秋地名」之意義與價值。

第十章〈結論〉：總結本論文各章之要點。

目　次

第一章　緒　論 ……………………………………………………………… 1
　第一節　本文之研究範圍與內容 ………………………………………… 1
　第二節　本文之資料運用及其限制 ……………………………………… 3
　第三節　研究本文之主要課題 …………………………………………… 5
第二章　五胡十六國之儒學發展及其影響 ……………………………… 11
　第一節　夷夏之辨與五胡漢化 ………………………………………… 12
　　一、五胡之夷夏觀 …………………………………………………… 13
　　二、五胡漢化之影響 ………………………………………………… 16
　第二節　胡主之學術造詣 ……………………………………………… 20
　第三節　十六國儒學之推行狀況 ……………………………………… 23
　第四節　河西儒者對北朝學術之影響 ………………………………… 28
　　一、河西儒者之學術 ………………………………………………… 29
　　二、河西學術對北朝之影響 ………………………………………… 31

第五節　結　語⋯⋯⋯⋯⋯⋯⋯⋯⋯⋯⋯⋯⋯⋯⋯⋯⋯⋯⋯32

第三章　北方經學以鄭玄為主之原由探討⋯⋯⋯⋯⋯⋯35

　第一節　玄學誤國之借鑒⋯⋯⋯⋯⋯⋯⋯⋯⋯⋯⋯⋯⋯35

　第二節　重視禮教之利國⋯⋯⋯⋯⋯⋯⋯⋯⋯⋯⋯⋯⋯38

　第三節　質樸守舊之個性⋯⋯⋯⋯⋯⋯⋯⋯⋯⋯⋯⋯⋯41

　第四節　讖緯思想之信仰⋯⋯⋯⋯⋯⋯⋯⋯⋯⋯⋯⋯⋯42

　第五節　結　語⋯⋯⋯⋯⋯⋯⋯⋯⋯⋯⋯⋯⋯⋯⋯⋯⋯46

第四章　北朝「夷夏觀」與學術文化之關係⋯⋯⋯⋯⋯49

　第一節　胡政權之漢化措施及其崇儒政策⋯⋯⋯⋯⋯50

　　一、漢化之具體措施⋯⋯⋯⋯⋯⋯⋯⋯⋯⋯⋯⋯⋯⋯50

　　二、漢儒與胡政權之關係⋯⋯⋯⋯⋯⋯⋯⋯⋯⋯⋯⋯51

　第二節　崔浩與北地漢儒「以夏變夷」之觀念⋯⋯⋯53

　　一、漢儒「重夏輕夷」之態度⋯⋯⋯⋯⋯⋯⋯⋯⋯⋯54

　　二、崔浩「以夏變夷」之文化意義⋯⋯⋯⋯⋯⋯⋯⋯55

　第三節　當世史書之夷夏觀⋯⋯⋯⋯⋯⋯⋯⋯⋯⋯⋯⋯57

　　一、《十六國春秋》、《魏書》以北魏為正統之史觀⋯57

　　二、《水經注》「重漢輕胡」之觀念⋯⋯⋯⋯⋯⋯⋯59

　第四節　結　語⋯⋯⋯⋯⋯⋯⋯⋯⋯⋯⋯⋯⋯⋯⋯⋯⋯60

第五章　儒學在漢化中之重要發展⋯⋯⋯⋯⋯⋯⋯⋯⋯63

　第一節　胡政權推行儒學之政策⋯⋯⋯⋯⋯⋯⋯⋯⋯64

　　一、北魏時期⋯⋯⋯⋯⋯⋯⋯⋯⋯⋯⋯⋯⋯⋯⋯⋯⋯64

　　二、北齊時期⋯⋯⋯⋯⋯⋯⋯⋯⋯⋯⋯⋯⋯⋯⋯⋯⋯68

　　三、北周時期⋯⋯⋯⋯⋯⋯⋯⋯⋯⋯⋯⋯⋯⋯⋯⋯⋯69

　第二節　胡宗室之治學狀況⋯⋯⋯⋯⋯⋯⋯⋯⋯⋯⋯⋯71

　　一、北魏時期⋯⋯⋯⋯⋯⋯⋯⋯⋯⋯⋯⋯⋯⋯⋯⋯⋯72

　　二、北齊時期⋯⋯⋯⋯⋯⋯⋯⋯⋯⋯⋯⋯⋯⋯⋯⋯⋯73

　　三、北周時期⋯⋯⋯⋯⋯⋯⋯⋯⋯⋯⋯⋯⋯⋯⋯⋯⋯74

　第三節　整理典籍與儒學之著述⋯⋯⋯⋯⋯⋯⋯⋯⋯75

　　一、蒐書與校書⋯⋯⋯⋯⋯⋯⋯⋯⋯⋯⋯⋯⋯⋯⋯⋯75

　　二、北朝學者之經學著述⋯⋯⋯⋯⋯⋯⋯⋯⋯⋯⋯⋯78

　第四節　私人之講學⋯⋯⋯⋯⋯⋯⋯⋯⋯⋯⋯⋯⋯⋯⋯78

第五節　北學與南學之比較⋯⋯⋯⋯⋯⋯⋯⋯⋯⋯⋯⋯⋯⋯⋯⋯⋯80

第六節　結　語⋯⋯⋯⋯⋯⋯⋯⋯⋯⋯⋯⋯⋯⋯⋯⋯⋯⋯⋯⋯⋯86

第六章　北朝「儒釋融合」之趨向與影響⋯⋯⋯⋯⋯⋯⋯⋯⋯⋯⋯⋯89

第一節　胡主崇佛之原由及目的⋯⋯⋯⋯⋯⋯⋯⋯⋯⋯⋯⋯⋯⋯89

一、胡主尊「佛爲戎神」⋯⋯⋯⋯⋯⋯⋯⋯⋯⋯⋯⋯⋯⋯⋯89

二、胡主盛崇佛教⋯⋯⋯⋯⋯⋯⋯⋯⋯⋯⋯⋯⋯⋯⋯⋯⋯90

第二節　「守儒反佛」與「援儒入釋」之現實意義⋯⋯⋯⋯⋯⋯⋯93

一、漢儒反佛之意義⋯⋯⋯⋯⋯⋯⋯⋯⋯⋯⋯⋯⋯⋯⋯⋯93

二、儒釋融合之相關問題⋯⋯⋯⋯⋯⋯⋯⋯⋯⋯⋯⋯⋯⋯95

第三節　「儒釋融合」之學術意義⋯⋯⋯⋯⋯⋯⋯⋯⋯⋯⋯⋯⋯102

一、學者兼通儒釋之學⋯⋯⋯⋯⋯⋯⋯⋯⋯⋯⋯⋯⋯⋯102

二、傳注漸趨義疏⋯⋯⋯⋯⋯⋯⋯⋯⋯⋯⋯⋯⋯⋯⋯⋯104

第四節　結　語⋯⋯⋯⋯⋯⋯⋯⋯⋯⋯⋯⋯⋯⋯⋯⋯⋯⋯⋯105

第七章　北朝政治與經術之結合⋯⋯⋯⋯⋯⋯⋯⋯⋯⋯⋯⋯⋯⋯107

第一節　經世政風下之經術意義⋯⋯⋯⋯⋯⋯⋯⋯⋯⋯⋯⋯108

一、博學致用之經術觀念⋯⋯⋯⋯⋯⋯⋯⋯⋯⋯⋯⋯⋯109

二、以史經世之意義⋯⋯⋯⋯⋯⋯⋯⋯⋯⋯⋯⋯⋯⋯⋯110

第二節　經術之具體實踐⋯⋯⋯⋯⋯⋯⋯⋯⋯⋯⋯⋯⋯⋯⋯111

一、禮教制度之實踐⋯⋯⋯⋯⋯⋯⋯⋯⋯⋯⋯⋯⋯⋯⋯111

二、孝道觀念之提倡⋯⋯⋯⋯⋯⋯⋯⋯⋯⋯⋯⋯⋯⋯⋯112

第三節　「春秋決獄」之政治意義⋯⋯⋯⋯⋯⋯⋯⋯⋯⋯⋯⋯113

一、北朝律法與儒家之關係⋯⋯⋯⋯⋯⋯⋯⋯⋯⋯⋯⋯113

二、「春秋決獄」之經世意義⋯⋯⋯⋯⋯⋯⋯⋯⋯⋯⋯116

第四節　結　語⋯⋯⋯⋯⋯⋯⋯⋯⋯⋯⋯⋯⋯⋯⋯⋯⋯⋯⋯117

第八章　北朝春秋學之發展及其特質⋯⋯⋯⋯⋯⋯⋯⋯⋯⋯⋯⋯119

第一節　春秋三傳之門派承傳與消長⋯⋯⋯⋯⋯⋯⋯⋯⋯⋯120

一、三傳之承傳狀況⋯⋯⋯⋯⋯⋯⋯⋯⋯⋯⋯⋯⋯⋯⋯121

二、三傳消長之原由⋯⋯⋯⋯⋯⋯⋯⋯⋯⋯⋯⋯⋯⋯⋯125

第二節　學者治春秋之傾向⋯⋯⋯⋯⋯⋯⋯⋯⋯⋯⋯⋯⋯⋯129

一、就從師觀念而論⋯⋯⋯⋯⋯⋯⋯⋯⋯⋯⋯⋯⋯⋯⋯132

二、就治學特點而論⋯⋯⋯⋯⋯⋯⋯⋯⋯⋯⋯⋯⋯⋯⋯134

　　　三、就講授、論學而言‥‥‥‥‥‥‥‥‥‥‥‥138
　　第二節　左傳服杜學之爭議及其消長‥‥‥‥‥‥‥139
　　　一、「服杜爭議」之始末及《春秋傳駁》之成書‥‥140
　　　二、青州杜注與「服杜爭議」之關係‥‥‥‥‥‥142
　　　三、南北學術之交流與「服消杜長」之趨勢‥‥‥143
　　　四、南北儒學之統一與劉炫之春秋學‥‥‥‥‥‥146
　　第四節　結　語‥‥‥‥‥‥‥‥‥‥‥‥‥‥‥‥151
第九章　酈道元《水經注》引「春秋經文」考‥‥‥‥‥153
　　第一節　《水經注》引「春秋經文」條例‥‥‥‥‥154
　　　一、標題例‥‥‥‥‥‥‥‥‥‥‥‥‥‥‥‥‥155
　　　二、稱詞例‥‥‥‥‥‥‥‥‥‥‥‥‥‥‥‥‥157
　　　三、引文例‥‥‥‥‥‥‥‥‥‥‥‥‥‥‥‥‥157
　　　四、引文與經文之校正‥‥‥‥‥‥‥‥‥‥‥‥158
　　第二節　《水經注》引「春秋地名」考‥‥‥‥‥‥159
　　　一、考證地名之依據‥‥‥‥‥‥‥‥‥‥‥‥‥159
　　　二、地名位置之考證‥‥‥‥‥‥‥‥‥‥‥‥‥161
　　　三、地名軼聞之探求‥‥‥‥‥‥‥‥‥‥‥‥‥166
　　第三節　訓釋「春秋地名」之原則與條例‥‥‥‥‥168
　　　一、訓釋原則‥‥‥‥‥‥‥‥‥‥‥‥‥‥‥‥168
　　　二、訓釋條例‥‥‥‥‥‥‥‥‥‥‥‥‥‥‥‥169
　　第四節　結　語‥‥‥‥‥‥‥‥‥‥‥‥‥‥‥‥171
第十章　結　論‥‥‥‥‥‥‥‥‥‥‥‥‥‥‥‥‥173
參考書目‥‥‥‥‥‥‥‥‥‥‥‥‥‥‥‥‥‥‥‥179

第十四冊　魏晉士人之身體觀

作者簡介

　　王岫林，1973 年生，高雄人，國立中山大學中國文學博士。主要研究方向為魏晉思想，發表碩士論文《由「適性安命」到「達生肆情」——西、東晉士人應世思想之轉折》、博士論文《魏晉士人之身體觀》。另發表學術論文十餘篇，散文隨筆散見於報章。

提　要

　　魏晉士人由世變、時變、空間之變的三重之變中，體認生命的無常，結合當時自適、貴我之思想，發展出重身與樂生二理路，爲魏晉身體觀之基調。

　　魏晉承續漢代以來的氣化論，與形神合一之思想，闡釋身心一體的整全之身體觀。氣流動於體內而形成身心的中介，並向外擴及身體與自然的關係上，人身自成一整全之小體，透過情感與氣的流動，而與自然之大體有著共鳴或感應。

　　魏晉士人以禮樂爲自然之體現，人身則爲人文與自然之體現場域。郭象以「適在體中」釋禮樂與身之關係。禮樂以一種「適」體之狀態而制作，並以一種「適」自然之道的方式，溝通天、地、人之關係，使之和諧而共存。當禮無法適體時，士人轉而以身體作爲工具而反抗僵化之禮，一方面造成對禮緣人情之反思；亦形成對社會的改造與反饋。士人對於自我與身體的意識之高揚，使得身體與社會的關係，爲一主動而非受制的關係。

　　士人於體察世變與明白天賦質性的不可移易之際，安於「中人」之性分，於其中求其理想與逍遙。士人於「達生」之際，「貴我」而「寧作我」，並以「適性安命」之思想應世順變。

　　本文共分七章，第一章〈緒論〉闡述研究動機及研究方法，並對相關研究成果有所回顧與整理。本文以探討魏晉士人之身體觀，亦需於此對「身體」一詞作一定義。魏晉之身體，呈現爲一涵括文化與思想影響之身體氛圍，爲一體現思想與文化之場域。個人之身體與其精神、思維息息相關，形體與精神，爲一雙向流通之管道，爲一整全身體之概念。是以魏晉之身體觀點的建構，含攝精神義（意識）、形軀（生理）義、自然氣化義、與社會義，並以士人重情而寬容身體之欲望，使身體亦含攝欲望義。

　　第二章〈魏晉的重身思想〉，以一「變」之觀點觀照魏晉士人之重身思想。士人由亂離之時代背景而產生濃厚之憂生意識，並以對自我之自覺，由憂生，轉而惜生、貴身，養生爲其貴身思想之體踐；在心態上則表現爲遺生而忘憂，而後「生爲可樂」，後「形是我有」，由樂生之途，掌握現世身體之存在感。士人以心境上或形體上之轉變以應世變，於世之變動中，尋求身體與心態上之常。

　　重身思想亦體現於士人對外在儀容的高度關懷之上。儀以表體，可以表小體；亦可以示大體。個體的儀容之變，往往反映出國家制度之傾頹。魏晉士人

以寬緩舒適且華麗之儀容觀，區別於儒家以禮教喻體與道家崇尚自然本真之儀容觀。對身體欲望之寬容與崇尚自然，使當代之儀容觀呈現出一種衣以「適」體的重身思想，及樂生思維表現出的奢華之儀容觀；以玉喻體與體自為美之思想，突顯出當代的特殊美學化身體觀點。

第三章〈整全而流動之體〉闡述由漢代以來的氣化觀點所衍生的形、氣、神一體觀，以天、地、人皆為氣之化成，氣的流動為身體與天地自然間之管道，人身與天體間有著符應。此種整全而流動的身體觀點，亦體現於魏晉時期的養生與文學藝術觀點中。身體為精神之展現場域，士人於通徹玄理後，精神氣韻往往流貫於體。這種整全與流動的關係，亦體現於自然之大體與人身之小體上，二者間存在著情之感應；此外，對真情的重視與對自然之欲的容許，使人之小體與自然之大體間，有著相應之頻率。士人於洞察生非我有之際，以樂生與重情，掌握現世身體之存在感。

第四章〈身體與社會〉主要探討身體與社會的關係，其可以是正面而積極地交接；亦可以是反面地抗拒。身體可以是積極地入世以達致社會讚譽或名聲之顯揚；抑或以身體的反抗，達致對社會規範的拒斥。身體以其入世與反抗，一方面受社會之模塑；一方面亦再造了社會之新型態。

禮作為身體與社會間的橋樑，對身體有著規範作用。緣情以制禮為先秦禮之本義，禮至後代而愈形僵化，使禮儀與禮義分行。魏晉士人以對身體的重視，及禮樂源於自然的看法，使其反思禮之真意，於禮中重載自然之情，使禮情兼重，禮身合一。

第五章〈反社會的變型之體〉以身體於性別與社會中的位置為探討重點。魏晉性別身體之展現，表現在男女兩性於性別角色建構上的模糊，有男性陰柔化與女性主外、悍妒之風的型態出現。士人於禮教規範中的兩性位置之錯置，一方面造成兩性關係之改易；另一方面，亦對社會進行重構與反饋。在性別身體之外，士人透過其醜怪的狂放之體，與隱士身體的去社會化，表現出對社會的拒斥或相迎。

第六章〈魏晉的理想身體〉探討魏晉士人理想身體之建構。魏晉以氣質論身，使聖人身體的建構帶有先天質性之限制而不可學致，聖人之身體意向表現為一中和的質性之體。

聖人之體難以企及，士人轉而面對己身的「中人」之質性，並於此尋求其理想身體的建構。士人欣然接受其處「中」之質性，貴其自然本真之體，對自

我身體持肯定與欣賞之態度。對中人之理想身體的建構，表現爲一重眞而貴我，並隨順本然性分的順性安命思想。士人重視自然本性之抒發與對欲望的寬容，既要長壽久生，亦要求現世之樂，遂將理想寄托於對仙化身體之想望。士人對己身天賦質性之接受與欣賞，以「體自爲美」之觀點，構成魏晉時期獨特而多元的審美觀。

　　第七章〈結論〉總結全文。魏晉士人重身惜身之身體觀，緣於對世變與「形非我有」之體認。以心態與形體之轉變，以應萬化，郭象講忘憂而後生爲可樂，張湛講達生肆情，均與魏晉士人緣世變而及時行樂之思維遙相呼應。在這種「隨時而變，無常也」之思想下，士人以其身心與世變同其流，身體與自然同其俯仰，於順應世變之中求身心之保全。

　　在萬變爲一，萬物皆一的思想下，士人亦以「一」的觀點闡釋身體，身體之小體全爲一體，而身體處於天地中，亦與天地爲一，這種整全一體而流動相通的身體觀，爲魏晉身體觀之基調。身體爲一精神、形軀、氣化自然、社會交融之體，精神與形軀於人體內合一，又與外在之自然、社會交融爲一，以氣溝通肉體與精神，以情綰合自然與禮教，呈現爲一種自然與名教，精神與肉體之完美和諧。

目　次

第一章　緒　論 ……………………………………………………………… 1

　第一節　研究旨趣與時代界定 …………………………………………… 1

　第二節　「身體」釋義 …………………………………………………… 4

　第三節　前人研究成果之回顧 …………………………………………… 9

　第四節　研究方法與論文結構 …………………………………………… 12

第二章　魏晉的重身思想 …………………………………………………… 17

　第一節　留戀現世的身體 ………………………………………………… 18

　　一、譬如朝露，去日苦多——憂生之嗟 ……………………………… 20

　　二、且趨當生，奚遑爾後——及時行樂的身體觀 …………………… 25

　　三、士當身名俱泰——隨順身體之欲 ………………………………… 30

　　四、欲望的消解與擴充 ………………………………………………… 34

　第二節　身體與容行 ……………………………………………………… 37

　　一、心無是非而不變其容 ……………………………………………… 37

　　二、轉化形體以順世變 ………………………………………………… 39

三、精神充於體而形變……………………………………41

第三節　魏晉儀容觀………………………………………45

一、衣以表體——禮教下的身體規範………………………46

二、儀以觀世——魏晉身體的美學化經營…………………50

三、寬緩而奢華——魏晉儀容觀所展現的身體意象………53

四、以玉喻體——玉化的身體………………………………60

小結…………………………………………………………65

第三章　整全而流動之體…………………………………69

第一節　形、氣、神一體觀………………………………72

一、形神相與為一冥………………………………………73

二、整全之一體……………………………………………78

三、天人相應而通為一氣…………………………………81

第二節　形神兼養以全身之身體觀………………………87

一、修形保神………………………………………………88

二、形神兼養………………………………………………91

第三節　文學藝術中的一體之身體觀……………………95

一、以形寫神………………………………………………97

二、身體全為踐形之所……………………………………101

第四節　大體與小體的融貫——流動之體………………103

一、憑情以會通——以「情」縮合的流動之體…………104

二、負氣以適變——從「形非我有」到「形是我有」…111

小結…………………………………………………………118

第四章　身體與社會………………………………………121

第一節　身體的工具性……………………………………124

一、入世的身體……………………………………………124

二、反抗的身體……………………………………………139

第二節　禮身關係…………………………………………153

一、禮樂為自然之體現……………………………………155

二、禮身分離………………………………………………160

三、禮身合一………………………………………………165

小結…………………………………………………………173

第五章　反社會的變型之體 ·· 175
　第一節　異於常統的性別身體——性別位置的錯置 ············· 176
　　一、男性身體 ·· 178
　　二、女性身體 ·· 189
　第二節　反社會化的變體 ·· 200
　　一、支離其形的醜怪身體——失序的身體之意象 ············· 201
　　二、隱以求其志——「隱士」身體的空間特質 ··············· 205
　　小結 ·· 211
第六章　魏晉的理想身體 ·· 215
　　一、聖人身體不可學不可致 ·· 217
　　二、中和之體 ·· 220
　第二節　理想身體與現實身體的接榫——中人的理想身體 ····· 224
　　一、任真貴我 ·· 225
　　二、順性而適變 ·· 227
　　三、仙化身體的想望 ·· 229
　　四、體自為美——質性之為美 ······································ 234
　　小結 ·· 235
第七章　結　論 ··· 237
引用文獻 ··· 243

第十五冊　魏晉玄學的自然觀與自然美學研究

作者簡介

　　林朝成，台灣宜蘭人，台灣大學哲學博士。主要研究領域為魏晉玄學、中國佛學、倫理學和美學，著有《佛學概論》、《護生與淨土》、《移民社會與儒家倫理》、《魏晉玄學的自然觀與自然美學研究》等專著，當前的研究方向著重在環境哲學的跨領域研究與審議民主在台灣的實踐經驗。

　　林博士曾任仰山文教基金會秘書長，現任成功大學中文系教授、成功大學藝術中心教育組組長、社區大學全國促進會理事長。

提　要

　　本文應用文本詮釋與分析哲學的方法，旨在探討魏晉自然觀與自然美學的

建構。「自然觀」與「自然美學」的研究，不只是中國哲學史、美學史的意義而已，中國自然美感意識的早熟與豐富的自然審美感受，玄學提供了根本的理論與推動的力量，因此，深入探索其中的觀點，仍足以和現代美學對話，提供活的思想資源。

本文從「自然」的界說，證成「自然」是個後設語言，必有實質的原則，才有後設的反省與主體虛境界的修為。本文由文本的分析，嘗試從聖人理想人格、天之自然與人的自然三個構面探索玄學自然觀的類型與發展。這些類型各有理據，反應了玄學自然觀的發展歷程和其自主的哲學思想。

自然美學則以音樂美學和山水美學為探討的範圍。音樂美學以「和」為審美理想，然而玄學意義的「和」並不具有「樂通倫理」的內涵，而是以自然形上美學和「神氣自然」為理據，其所開創的自律美學，不可只視為客觀形式美學，而是莊學「恬淡無欲、自然清淨」音樂精神的發揮。

山水美學以「神」為核心論題。顧愷之「傳神寫照」的確立，建立了中國人物畫的審美原則。山水美學進一步突破人物傳神的侷限，提出山水形質存在，必能接受「神」的顯現與作用的論點，因此，山水的美感可以用「神」的領會來表達。宗炳「神」的概念以佛對山水，提出「寫山水之神」和「暢神」的山水美學理想。王微則以情對山水，提出「明神」的主張，為山水的傳情功用，奠定美學的基礎。

總結以上論述，本文提出對魏晉自然美學的綜合評價與美學的定位。

目　次

緒　論 ……………………………………………………………………………… 1
第一章　魏晉玄學的自然觀及其發展 ……………………………………………… 5
　第一節　「自然」的界說 ………………………………………………………… 6
　第二節　「自然觀」的層次結構 ………………………………………………… 9
　第三節　王弼的無為自然觀 ……………………………………………………… 11
　第四節　嵇康的神氣自然觀 ……………………………………………………… 17
　第五節　郭象的獨化自然觀 ……………………………………………………… 23
　第六節　慧遠的感應自然觀 ……………………………………………………… 29
第二章　音樂的情感特徵與審美理想 ……………………………………………… 33
　第一節　前　言 …………………………………………………………………… 33
　第二節　〈樂記〉思想辨析 ……………………………………………………… 34

一、音樂的「表情」說⋯⋯⋯⋯⋯⋯⋯⋯⋯⋯⋯⋯⋯34

二、音樂的「象德」說⋯⋯⋯⋯⋯⋯⋯⋯⋯⋯⋯⋯⋯37

三、音樂的天人感應說⋯⋯⋯⋯⋯⋯⋯⋯⋯⋯⋯⋯41

第三節 〈樂論〉思想辨析⋯⋯⋯⋯⋯⋯⋯⋯⋯⋯⋯43

一、對〈樂記〉的繼承與轉化⋯⋯⋯⋯⋯⋯⋯⋯43

二、自然形上美學的重新評價⋯⋯⋯⋯⋯⋯⋯⋯46

三、「以悲爲樂」說的批判⋯⋯⋯⋯⋯⋯⋯⋯⋯⋯48

第四節 〈聲無哀樂論〉辨析⋯⋯⋯⋯⋯⋯⋯⋯⋯⋯50

一、序 言⋯⋯⋯⋯⋯⋯⋯⋯⋯⋯⋯⋯⋯⋯⋯⋯⋯50

二、秦客「聲有哀樂」的論據⋯⋯⋯⋯⋯⋯⋯⋯51

三、東野主人「聲無哀樂」的論據⋯⋯⋯⋯⋯⋯55

四、「聲無哀樂」與養生⋯⋯⋯⋯⋯⋯⋯⋯⋯⋯⋯63

第五節 餘 論⋯⋯⋯⋯⋯⋯⋯⋯⋯⋯⋯⋯⋯⋯⋯⋯⋯65

第三章 傳神、暢神與降神⋯⋯⋯⋯⋯⋯⋯⋯⋯⋯⋯⋯⋯69

第一節 前 言⋯⋯⋯⋯⋯⋯⋯⋯⋯⋯⋯⋯⋯⋯⋯⋯⋯69

第二節 顧愷之「傳神」說析論⋯⋯⋯⋯⋯⋯⋯⋯⋯71

一、「以形寫神」釋疑⋯⋯⋯⋯⋯⋯⋯⋯⋯⋯⋯⋯71

二、「傳神寫照」說析義⋯⋯⋯⋯⋯⋯⋯⋯⋯⋯⋯74

三、創作方法論：遷想妙得⋯⋯⋯⋯⋯⋯⋯⋯⋯81

第三節 宗炳「暢神」說析論⋯⋯⋯⋯⋯⋯⋯⋯⋯⋯84

一、釋「道」⋯⋯⋯⋯⋯⋯⋯⋯⋯⋯⋯⋯⋯⋯⋯⋯84

二、「寫山水之神」析義⋯⋯⋯⋯⋯⋯⋯⋯⋯⋯⋯89

三、暢神說的旨意⋯⋯⋯⋯⋯⋯⋯⋯⋯⋯⋯⋯⋯⋯93

第四節 王微「降神」說析論⋯⋯⋯⋯⋯⋯⋯⋯⋯⋯95

一、山水畫是獨立的藝術畫科論⋯⋯⋯⋯⋯⋯⋯96

二、情對山水的美學觀⋯⋯⋯⋯⋯⋯⋯⋯⋯⋯⋯101

第五節 結 語⋯⋯⋯⋯⋯⋯⋯⋯⋯⋯⋯⋯⋯⋯⋯⋯⋯102

結 論⋯⋯⋯⋯⋯⋯⋯⋯⋯⋯⋯⋯⋯⋯⋯⋯⋯⋯⋯⋯⋯⋯⋯105

參考書目⋯⋯⋯⋯⋯⋯⋯⋯⋯⋯⋯⋯⋯⋯⋯⋯⋯⋯⋯⋯⋯⋯109

附錄一 唯美的眼光與形式的追求——宗白華美學思想初探⋯⋯115

附錄二 自然、形象與性情——通過現代畫論戰重看徐復觀的美學思想⋯131

魏晉自然思想研究

作者簡介

盧建榮，美國西雅圖華盛頓州立大學歷史系博士，現任中國文化大學史學系教授，並兼任中央研究院歷史語言研究所研究員，國立台北大學歷史研究所和佛光大學歷史研究所教授。

主要學術領域是中國古代／台灣當代文化史，在此已出版六部專書，仍在量產中。此外，並旁及社會史〔著有《咆哮彭城》（台北：五南，2008）、《聚斂的迷思：唐代財經技術官僚雛形的出現與文化政治》（台北：五南，2009）〕、軍事史〔著有《曹操》（台北：聯鳴，1981）、《入侵台灣》（台北：麥田，1999）〕，以及思想史〔著有《顏氏家訓：一位父親的叮嚀》（台北：時報，1981）、《劉獻庭》（台北：商務，1978）〕，加總專書有十三部，各色文章百餘篇。作者是台灣本地提倡新文化史以及敘述史學的重要旗手和發軔者，兩岸多有文章指出其地位。

提　要

從曹魏以迄東晉（西元 240-380 年）的政治流變中，出現皇權穩定、政權鼎革、以及皇權旁落強人這三種政治類型。處身這個政治變遷劇烈的思想家開始產生對人為設施的文化不管用的集體心理傾向，這就是本書所說的自然思想流布的現象。有思想家模糊了文化和自然的互不統屬性，而將文化置於自然的次一位階；有思想家針對政客的口是心非，而出之以全面懷疑文化中的政制和道德；有思想家在高標自然聲中，或承認政制尚堪一用，或只認定在天意允許下道德或有可用處。

目　次

再版序

第一章　導　論 ………………………………………………………………… 1

第二章　從正面來界定王、郭、張的自然思想 …………………………… 27

　第一節　由正面來界定王弼自然思想的義蘊 ………………………… 27

　第二節　由正面來界定郭象自然思想的義蘊 ………………………… 35

　第三節　由正面來界定張湛自然思想的義蘊 ………………………… 41

第三章　從反面來界定王、郭、張的自然思想 …………………………… 47

　第一節　反對人為 ……………………………………………………… 47

　　第二節　無爲政治 …………………………………………………………… 57

　　第三節　文化懷疑論 ………………………………………………………… 67

　　第四節　歷史偶然觀 ………………………………………………………… 84

　　第五節　歷史命定觀 ………………………………………………………… 86

　　第六節　郭、張自然思想內在矛盾之疏解 ………………………………… 89

第四章　阮籍、嵇康的自然思想 ……………………………………………… 95

　　第一節　上古時代名教是自然的 …………………………………………… 96

　　第二節　上古以下歷史名教是不自然的 ………………………………… 100

　　第三節　在不自然的名教世界中的自處之道 …………………………… 103

　　第四節　餘　論 …………………………………………………………… 109

第五章　結　論 ……………………………………………………………… 115

表一　魏晉自然思想背景暨譜系流變表 ……………………………………… 9

後　記 ………………………………………………………………………… 119

參考書目 ……………………………………………………………………… 121

第十六冊　魏晉言意思想研究

作者簡介

　　沈維華。國立臺灣師範大學國文學系碩士。曾任國小教師，國立臺灣師範大學國文學系助教。現任臺灣師範大學國文學系講師。專長：老莊思想。授課科目：外系大一國文、散文選及習作及四書等課程。著有：《魏晉言意思想研究》、〈王弼「得意忘象」說析論〉、〈莊子、向郭、支遁之逍遙觀試析〉、〈從形影神談陶淵明的生死觀〉、〈《莊子・德充符》釋義〉及〈試論《莊子》的言意困境與審美超越〉等論文。

提　要

　　本文論題是「魏晉言意思想研究」。首章說明本文研究的動機、研究的方法，以及前人研究的成果。第二章介紹魏晉言意思想的學術淵源爲《老子》、《莊子》、《易傳》三玄。先秦道家老子以「道可道，非常道；名可名，非常名」發其端，說明常道不可說，可說者即非常道。莊子則在繼承老子的基礎上，有言：「可以言論者，物之粗者；可以意致者，物之精也。言之所不能論，意之所不能察致者，不期精粗焉。」從言到意到道，莊子層層遞進，最後臻於「超言意」

境，達到先秦道家言意思想的高峰。至於儒家《周易・繫辭傳》則提及：「書不盡言，言不盡意」點出「言不盡意」語源之所出。因此歐陽建才會說：「世之論者，以爲言不盡意，由來尙矣。」此爲「緣起部」。第三章分別析論魏晉各家的言意觀，如荀粲的「言象不盡意論」、管輅的「微言妙象盡意論」、王弼的「忘言忘象得意論」、嵇康的「言非意」、歐陽建的「言盡意論」、郭象的「寄言出意」、張湛的「言意兼忘」、張韓的「不用舌論」與庾闡的「蓍龜論」等言意思想，對其殊義及勝義進行探討，構成本論文主要內容。此爲「析論部」。第四章說明「言不盡意」對魏晉文學及佛學的影響。最後，對魏晉言意之辨之「言盡意」與「言不盡意」二論出發，對其語言所涉及的眞理領域（外延眞理與內容眞理）及「不可說」的問題，加以說明，並回顧、反省本文。

目　次

第一章　緒　論 ……………………………………………………………… 1

　第一節　問題的緣起 ……………………………………………………… 1

　第二節　研究的方法 ……………………………………………………… 3

　第三節　前人的研究成果 ………………………………………………… 5

第二章　言意之辨的淵源 …………………………………………………… 7

　第一節　老子的言意觀 …………………………………………………… 9

　　一、老子之道 …………………………………………………………… 10

　　二、道之不可言說性 …………………………………………………… 12

　　三、老子言說之特色 …………………………………………………… 16

　　四、小結 ………………………………………………………………… 21

　第二節　莊子的言意觀 …………………………………………………… 22

　　一、道可道，亦不可道 ………………………………………………… 22

　　二、言意三部曲 ………………………………………………………… 25

　　三、詭辭爲用 …………………………………………………………… 29

　　四、小結 ………………………………………………………………… 35

　第三節　《易傳》的言意觀 ……………………………………………… 35

第三章　魏晉言意理論探討 ………………………………………………… 39

　第一節　荀粲的言意思想 —— 言象不盡意論 ………………………… 39

　第二節　管輅的言意思想 —— 微言妙象盡意說 ……………………… 43

　第三節　王弼的言意思想 —— 忘言忘象得意論 ……………………… 45

一、「以無爲本」的本體論 46

二、王弼老學的言意觀 48

三、王弼易學的言意觀 55

第四節　嵇康的言意思想 —— 偶然的言意關係 62

一、聲無哀樂論 63

二、「言非意」的言意觀 69

第五節　歐陽建的言意思想 —— 言盡意論 72

第六節　郭象玄學的方法論 76

一、寄言出意 76

二、跡冥論 77

三、詭辭爲用 81

第七節　張湛的言意觀 —— 言意兼忘 83

一、玄學貴無說 84

二、去知忘言 88

第八節　「不用舌論」與「蓍龜論」 91

一、張韓的「不用舌論」 91

二、庾闡的「蓍龜論」 93

第四章　魏晉言意之辨的影響 95

第一節　文學言意觀 96

一、陸機 —— 文不逮意 96

二、劉勰 —— 情在詞外 97

三、鍾嶸 —— 文盡意餘 100

四、陶淵明 —— 欲辨已忘言 101

第二節　佛學言意觀 104

一、支道林的言意觀 104

二、僧肇的言意觀 107

三、禪宗的言意觀 110

第五章　結　論 113

第一節　魏晉玄學的方法論 113

第二節　關於「不可說」 118

第三節　本文之回顧與反省 119

參考書目 …………………………………………………………………… 123

陶淵明的生命哲學

作者簡介

鄭宜玟，東海大學哲學系博士班，東海大學哲學系碩士、東海大學哲學系學士、國立中興大學外文系學士。現爲靜宜大學、朝陽科技大學兼任講師。專長領域爲魏晉玄學、中國美學、道家哲學、生命哲學、柏拉圖哲學、英美文學。已發表論文爲〈從齊克果對蘇格拉底「反諷」的批評論柏拉圖之「愛」〉（2008年）、〈阮籍「達莊論」的莊學思想〉（2008 年）、〈巴塔耶的色情理論〉（2009年）。

提　要

摒棄傳統陶詩以田園詩之研究方向不論，本論文擬就生命哲學之義理方面深入探究其奧義。在研究方向上，本論文將陶公詩文概分爲「田園詩」與「非田園詩」兩大類，於「非田園詩」中，析論其是否寓寄生命哲學；於「田園詩」中，以傳統田園詩的分析爲原始基礎，進一步檢視其樂天知命、融契自然之意境中所寓寄的弘道心聲，是否亦爲生命哲學之展現。另外，從陶淵明的生平及時代背景當中，簡述魏晉時期在哲學發展中之重要性，以及魏晉哲學（玄學）開展過程的特殊背景。

陶淵明的生命哲學，思想來源主要有四：一、儒家思想；二、道家思想；三、玄學思想；四、自己的創獲。此外，就陶淵明詩對生命哲學產生之作用加以分析，以探討陶詩對各家學派所產生的融合之作用、對美學上的進一步思考之課題，以及對認識論或心理學上的作用之探討。

本論文對於陶淵明的生命哲學之主題展現，以陶詩內容爲區分，概略處理了七大生命課題：一、仕、隱抉擇。二、生命意義。三、生死之學。四、家庭教育。五、感惠冥報。六、人格平等。七、文化擔當。

陶淵明於仕、隱抉擇上，選擇謝仕返耕、保性全眞之路。於生命意義上，揭顯主體創造、融入自然，則生命無盡之道。於生死之學上，勉人惜生、好活，而以達觀、知命，超脫死亡之蔭。於家庭教育上，採開放、引導式的身教重於言教之方式。於感惠冥報上，肯定受惠必報，精誠之至、冥報可能之諦。於人格平等上，標揭生命無價、人格等貴、四海同胞之義。於文化擔當上，以固窮

志節、心靈創造來傳世代相續之弘道火苗，庶文化之慧命長流不竭，挺顯捨我其誰之文化擔當。

目　次

第一章　緒　論 1
　　第一節　研究動機 1
　　第二節　生命哲學的特質 3
第二章　陶淵明之生平與時代背景 5
　　第一節　時代背景 5
　　第二節　陶淵明之生平 7
第三章　〈閑情賦〉的謝仕返真之人生哲學 11
　　第一節　〈閑情賦〉所隱藏之千古難解的主題 11
　　第二節　主文分析 12
　　第三節　徵引旁證 14
第四章　〈自祭文〉所呈現的生死學 19
　　第一節　導　言 19
　　第二節　陶潛的生死學 20
　　第三節　〈自祭文〉所含生死學之分析 23
第五章　〈形影神贈答釋〉所揭顯的生命哲學——對生命盡與不盡兩層意義
　　　　　的探索 27
　　第一節　〈形贈影〉之解析 28
　　第二節　〈影答形〉之解析 30
　　第三節　〈神釋〉之解析 31
　　第四節　本章小結 35
第六章　〈乞食〉所展現的放達、任運與知命之人生境界與生活美學 37
　　第一節　引　言 37
　　第二節　主文分析 37
　　第三節　綜結本詩旨趣 40
第七章　〈飲酒〉第二、第九、第廿所展現的固窮志節與文化擔當 41
　　第一節　〈飲酒・二〉之解析 41
　　第二節　〈飲酒・九〉之解析 42
　　第三節　〈飲酒・廿〉之解析 43

第八章　〈責子詩〉〈與子儼等疏〉〈家書〉所展現的「生命無價」與「生命
　　　　平等」觀 45
　　第一節　〈責子〉詩之解析 45
　　第二節　〈與子儼等疏〉之解析 46
　　第三節　〈家書〉之解析 47
第九章　〈五柳先生傳〉的自我形象所揭示之生命哲學 51
　　第一節　〈五柳先生傳〉的自我形象 52
　　第二節　〈五柳先生傳〉的主題思想 53
　　第三節　〈五柳先生傳〉所揭示的生命哲學 54
第十章　結　論 57
　　第一節　來自儒家思想者 57
　　第二節　來自道家思想者 58
　　第三節　來自玄學思想者 59
　　第四節　來自自己的創獲 60
參考書目 63

第十七冊　皮日休的生平與思想——兼論其在唐宋之際思想變遷中的角色

作者簡介

江政寬，美國紐約大學歷史系博士班研究、國立成功大學歷史學博士，現任國立中山大學通識教育中心助理教授。教學研究之餘，亦從事翻譯，譯有《法國史學革命》、《新文化史》、《歷史學與社會理論》、《後現代歷史學》、《馬丹蓋赫返鄉記》、《永樂皇帝》、《何謂歷史》等書。

提　要

本書試圖通過對皮日休的研究，揭示晚唐思想的部分面相，以及中唐儒家復興所延續下來的某些趨勢。書中側重於重構皮日休的生活世界，以及他的思想和時代的關連，鋪陳的重點包括日休進士及第前的遊歷和干謁活動，藉此勾勒晚唐科舉考試的某些面貌和舉子的情狀；亦包括他對儒家經典的觀點，他同中唐以降的古文運動、新春秋學風、新樂府詩運動的關係，以及他的社會政治評論；以此闡明他的思想中那些理念是他獨到的見解，以及那些看法是反映時

代的心態和思想趨勢。本書並非一般意義的文學家傳記，主要的目的乃是通過皮日休的生平和思想，考察唐宋之際思想變化的某些趨勢。因此，本書的論述雖以皮日休爲中心，然而，書中所討論的議題之開展，則是扣合到這些思想的變遷趨勢。

　　本書的篇章架構除導言、結語外，共分六章。第一章，中唐的士人與學術思想氛圍，分述古文運動與新春秋學；第二章介紹皮日休的早年生活，附及其交友考述；第三章說明皮日休寓吳時期的生活以及離吳後的晚年事跡，其死因亦有考論，附及其交友考述；四、五兩章分別探討皮日休的思想，包括他的儒道觀、社會政治思想、淑世濟民的詩歌精神之繼承、對釋老的態度以及後期思想的道家傾向。第六章從王通復興、孟子學的興起及韓愈地位的上升等三個角度來論述皮日休在唐宋之際思想變遷中所扮演的角色。附錄並蒐錄皮日休作品補遺與輯評以及今人研究目錄。

目　次

導　言 …………………………………………………………………… 1
第一章　中唐的士人與學術思想氛圍 ………………………………… 5
　第一節　古文運動 ……………………………………………………… 6
　第二節　新春秋學 ……………………………………………………… 8
第二章　早年生活 ……………………………………………………… 15
　第一節　世　系 ………………………………………………………… 16
　第二節　生平與童年 …………………………………………………… 19
　第三節　鹿門隱讀 ……………………………………………………… 21
　第四節　尋求仕進 ……………………………………………………… 22
　附　錄　交友考述 ……………………………………………………… 28
第三章　吳中唱遊與晚年事跡 ………………………………………… 31
　第一節　吳中生活 ……………………………………………………… 32
　第二節　死因探考 ……………………………………………………… 38
　附　錄　交友考述 ……………………………………………………… 42
第四章　皮日休的思想（一） ………………………………………… 49
　第一節　儒道觀 ………………………………………………………… 49
　　一、「道」與「古」 ………………………………………………… 50
　　二、爲政之道 ………………………………………………………… 56

　　　三、立身處世之道 …………………………………………… 58
　　第二節　社會政治思想 ……………………………………… 60
　　　一、君臣關係 ………………………………………………… 61
　　　二、統治者與被統治者 …………………………………… 65
　　　三、社會政治評論 ………………………………………… 69
第五章　皮日休的思想（二）………………………………… 77
　　第一節　淑世濟民的詩歌精神之繼承 …………………… 77
　　第二節　對釋老的態度 …………………………………… 82
　　第三節　後期思想的道家傾向 …………………………… 85
第六章　唐宋之際思想變遷中皮日休的角色 …………… 95
　　第一節　王通復興 ………………………………………… 96
　　第二節　孟子學的興起 …………………………………… 103
　　第三節　韓愈地位的上升 ………………………………… 110
結　語 …………………………………………………………… 115
參考書目 ……………………………………………………… 119
附　錄 …………………………………………………………… 131
　　附錄一　皮日休作品補遺與輯評 ……………………… 131
　　附錄二　今人研究目錄 ………………………………… 136
後　記 ………………………………………………………… 141

第十八冊　《諸儒鳴道》與道學之再檢討

作者簡介

　　作者邱佳慧，畢業於中國文化大學史學研究所博士班，於蔣義斌（曾任臺北大學歷史系主任）教授指導下，先後完成碩論《道學運動中的劉安世》與本著（博論），順利取得博士資格，作者多年來關注於宋代學術思想史的相關議題，積極參與相關學術團體，如宋代史料研讀會、年輕學者論文精進會等，亦於期間發表過數篇文章，包括〈由墓誌銘看二成對婦女的書寫〉、〈從「請銘」與「撰銘」探究宋代社會的倫常關係〉與〈從《諸儒鳴道》看道學家對文字語言的省思與應用〉，目前擔任臺北醫學大學通識教育中心助理教授一職。

提　要

這篇論文的主要目的，是透過《諸儒鳴道》這部上海圖書館館藏的珍貴資料，重新檢討道學運動發展的軌跡及其蘊含的精神。《諸儒鳴道》之所以珍貴，並不僅止於她以孤本姿態保留了許多比現存宋人文獻更爲可靠一手的版本，更因爲他爲道學運動開闢了一個全新的視角，吸引許多海內外學界學者開始投注研究心力於此，並回頭檢視道學運動的學術成果。本文藉由分析這部作品，總結出一些論點。

第一，《諸儒鳴道》將道學多元化的面貌表露無疑，也修正了狹隘的道學定義，《諸儒鳴道》收錄道學家的標準，提醒我們應當用更爲包容的態度從事研究工作，道學運動多元化的特性，展現在道學家的人際關係網絡之上，以《諸儒鳴道》和《宋元學案》的資料相互對比，可以發現整個道學運動遠比我們所理解的更爲複雜和豐富，道學群體彼此之間的交流，包括講學、游學、會講、授徒等等，他們透過學術活動從而使學術思想相互激盪，讓學術內涵更爲精進，由此，也可以推知當時的學術關係網絡是綿密而交錯的，道學家們很清楚彼此之間的學術關係，但對研究道學運動者而言，這些關係並不十分容易定義，站在研究的角度上來說，正因爲「多元化」的面貌，正名「道學」與「道學家」這個工作更顯必要和重要。同樣在這個點上，《諸儒鳴道》更提供了一個新的「道學譜系」，這個譜系所包含的道學家包括涑水學派司馬光、劉安世；朱熹長久以來攻詰的學者張九成；以及名不見經傳的江民表、潘殖等人，上述諸位均不含括於朱熹所宗主的道統之中，換句話說，集理學之大成的朱熹並未收錄他們於《伊洛淵源錄》中，這其中反映出一個情況，那就是朱熹對早期道學譜系有所修正，他剔除了原先在道學運動中實際參與的司馬光等人，朱熹這項修正的舉動背後隱含著雙方經史觀認知的差異性，是故以司馬光爲首的重史派，在學術競爭的過程中，被朱熹抽離掉，隨後，道學自身發展及後人學者的研究中，這些道學家就漸漸被忽略和遺忘了，幸虧，《諸儒鳴道》保留這些人的重要文獻，也還原了當時某些程度的原貌，突顯了重新評價某些道學家定位的價值，並回應了朱熹的道譜。

第二，《諸儒鳴道》證明了道學家的心學，是落實在「即道體即工夫」的修養之中，這或許能修正傳統學界認爲道學就是只談性理的偏狹見解。道學運動在宋朝雖然三番兩次遭受打擊，但是他們並未銷聲匿跡，道學家們反而在最基礎的底層中，持續推動和實踐道學的宗旨，從《諸儒鳴道》所收的道學家，

他們的生平事蹟，可茲佐證，例如他們不約而同地在吏治上多有傑出的表現，江民表和劉安世都曾經擔任過諫官，他們以不惜丟官的正直表現，獲得他人讚許，也同樣受人尊敬，朱熹就曾經表述過他對江民表的諫官行為很是佩服，劉安世高風亮節的行為，也換得「諫官當如劉安世」這樣的美稱，又如周敦頤安貧樂道地擔任縣官，專心治理地方事務，即使無法當官，也能回歸到從學和自我修身的生活，又或者共同致力於地方教育事業，從他們關懷社會底層的實際行跡，足以說明他們並不是打著「心性道德」的高帽旗幟，亦不是標誌著「內聖外王」的空泛口號，尤其是《諸儒鳴道》中的這些道學家，其儒學思想有別於其他時代的儒學表述，他們把心性、道體和實踐修養功夫結合在一起，而這種完美融合是道學家透過不斷自我錘鍊與修正檢驗後的精髓，他們在最實際的運作中，求取最廣泛的效用，這些是儒學對社會場域中的秩序最深刻的堅持。

綜前所述，《諸儒鳴道》的確提供了一個新的角度，檢視道學，本文透過《諸儒鳴道》提出這些有別於傳統的見解，對整個道學研究領域和我個人而言，這都只是一個起點，雖然猶有未逮，但仍然可以作為研究的開端，讓這個開端能夠朝著更好的方向前進。

目　次

第一章　緒　論 ……………………………………………………………… 1
　第一節　研究旨趣與方法 ………………………………………………… 1
　　一、研究動機 …………………………………………………………… 1
　　二、研究主題與方法 …………………………………………………… 4
　第二節　《諸儒鳴道》是怎樣的一部書 ………………………………… 6
　　一、《諸儒鳴道》的版本與流傳 ……………………………………… 6
　　二、《諸儒鳴道》的內容 ……………………………………………… 12
　第三節　研究成果回顧與道學再定義 ………………………………… 18
　　一、研究成果綜述 …………………………………………………… 19
　　二、「道學」再定義 ………………………………………………… 24
第二章　《諸儒鳴道》與道學譜系的比較 …………………………… 33
　第一節　《宋元學案》與《伊洛淵源錄》的比較 …………………… 33
　　一、《宋元學案》學者關係的表述 ………………………………… 34
　　二、《伊洛淵源錄》所建立的譜系 ………………………………… 41
　　三、《宋元學案》與《伊洛淵源錄》的差異 ……………………… 44

第二節 《伊洛淵源錄》與《諸儒鳴道》的比較 ····················· 45
　　一、道學譜系中的諸儒 ··· 45
　　二、「道學運動」中被遺忘的諸儒 ··································· 48
　　三、《諸儒鳴道》所呈現的「道學運動」 ··························· 52
第三節 司馬光在《諸儒鳴道》中的地位 ······························ 56
　　一、司馬光與「道學運動」 ··· 56
　　二、朱熹對司馬光的評價 ··· 58
　　三、司馬光的重要性 ··· 62
第三章 《諸儒鳴道》收錄作品的體裁意義 ···························· 65
第一節 儒家對文字語言的反省 ······································· 65
　　一、對文字的省思 ··· 66
　　二、對語言的省思 ··· 75
　　三、心的影響 ··· 77
第二節 語錄體裁的應用與精神 ······································· 80
　　一、語錄的發展 ··· 80
　　二、語錄的定義與意義 ··· 82
　　三、語錄的應用 ··· 88
第三節 鳴道的方式 ··· 94
　　一、鳴道與教學活動 ··· 94
　　二、鳴道的意義 ··· 98
　　三、鳴道與語錄 ·· 101
第四章 《諸儒鳴道》的心學與《中庸》和《易經》 ·················· 103
第一節 宋儒心學發展的背景 ·· 104
　　一、與佛教對話 ·· 104
　　二、《鳴道集說》反映出儒佛對心性主題的關注 ···················· 108
　　三、研究《易經》與《中庸》 ······································ 114
第二節 結合《中庸》與易學 ·· 123
　　一、周敦頤與張載 ·· 124
　　二、二程及其弟子楊時與謝良佐 ···································· 127
　　三、司馬光及其弟子劉安世 ·· 132
　　四、江民表、潘殖、劉子翬、張九成 ······························ 136

　　第三節　從心發展功夫論⋯⋯⋯⋯⋯⋯⋯⋯⋯⋯⋯⋯⋯146

第五章　《諸儒鳴道》論心學宗旨⋯⋯⋯⋯⋯⋯⋯⋯⋯151

　　第一節　心性之學爲儒學傳統⋯⋯⋯⋯⋯⋯⋯⋯⋯⋯151

　　第二節　諸儒對已發未發命題──中和論的探究⋯⋯⋯155

　　　　一、以「未發」爲性，以「已發」爲心⋯⋯⋯⋯⋯157

　　　　二、以「未發」爲心之體、以「已發」爲心之用⋯⋯162

　　第三節　對已發未發的關鍵──戒愼恐懼的探究⋯⋯⋯166

　　第四節　對群體的關懷⋯⋯⋯⋯⋯⋯⋯⋯⋯⋯⋯⋯⋯170

　　　　一、個人與群體的關係⋯⋯⋯⋯⋯⋯⋯⋯⋯⋯⋯171

　　　　二、即道體即功夫⋯⋯⋯⋯⋯⋯⋯⋯⋯⋯⋯⋯⋯174

第六章　結　語⋯⋯⋯⋯⋯⋯⋯⋯⋯⋯⋯⋯⋯⋯⋯⋯⋯177

參考書目⋯⋯⋯⋯⋯⋯⋯⋯⋯⋯⋯⋯⋯⋯⋯⋯⋯⋯⋯185

附表一　《諸儒鳴道》諸儒關係圖⋯⋯⋯⋯⋯⋯⋯⋯⋯219

第十九冊　陽明學與藤樹學之比較研究

作者簡介

　　（日）北見吉弘，中國文化大學中國文學研究所博士課程畢業，育達商業技術學院專任助理教授。研究領域爲中國現代文學、台灣文學。發表的論文有〈巴金短篇小說集《神鬼人》的主題及其表達手法〉、〈探討巴金小說中的正面人物形象〉、〈巴金在早期短篇小說裡的美女塑造〉、〈大鹿卓小野性崇〉、〈口子描農業移民像〉、〈王陽明的立志論〉等，其著有《商場基本日本語會話》、《戀愛日本語》《台昔話》等。喜歡的動物是貓、烏龜和無尾熊。

提　要

　　《陽明學與藤樹學之比較研究》此研究透過比較之方法，了解王陽明與中江藤樹之間思想的不同，並由中日陽明學（或心學）各自不同特色，以更深刻的探求日本陽明學之原形。中江藤樹（1608-1648）是日本德川時代初期的唯心主義的思想家，跟王陽明一樣批評朱子，倡導自己新的學說。因其人心爲主體的理論，後來被稱之爲日本陽明學之始祖。可是因爲中日間的社會、時代、文化背景及人物的性格、生活、處境等的不同，在思想上也有顯然的差異。

　　本書之撰述，首先說明王陽明、中江藤樹兩者的思想內容與其人生經歷及

其社會、政治、學術、時代等背景，再以此做比較研究之主要參考基礎，進而探討兩者之特徵。旨在敘述王陽明學與藤樹學之性質，說明陽明對藤樹之影響及藤樹學之形成，進而爲探求兩個學說的同意處。

目　次

序　論
第一章　王陽明之思想 ……………………………………………………… 1
　第一節　王陽明之簡史 …………………………………………………… 1
　第二節　時代與學術背景 ………………………………………………… 5
　　一、時代背景 …………………………………………………………… 5
　　二、學術背景 …………………………………………………………… 6
　第三節　王陽明之思想 …………………………………………………… 7
　　一、心即理 ……………………………………………………………… 7
　　二、知行合一 ………………………………………………………… 12
　　三、事上磨練 ………………………………………………………… 18
　　四、致良知 …………………………………………………………… 22
第二章　中江藤樹之思想 ……………………………………………… 29
　第一節　中江藤樹之簡史 ……………………………………………… 29
　第二節　時代背景與儒學之興起 ……………………………………… 33
　　一、近世封建時代 …………………………………………………… 33
　　二、江戶時代之儒家 ………………………………………………… 34
　　三、江戶時代儒學家之地位與儒學之意義 ………………………… 35
　第三節　藤樹思想之發展 ……………………………………………… 37
　　一、萌芽時期（～二十七歲，大洲藩士時代） …………………… 38
　　二、發展時期（二十七歲～三十七歲） …………………………… 46
　　三、成熟時期（三十七歲～） ……………………………………… 59
　第四節　中江藤樹之思想 ……………………………………………… 64
　　一、《大學》之解釋 ………………………………………………… 64
　　二、「致良知」之解釋 ……………………………………………… 71
　　三、本體與工夫 ……………………………………………………… 71
　　四、三教合一之思想 ………………………………………………… 80
第三章　陽明學與藤樹學之比較 ……………………………………… 83

第一節　中江藤樹之轉入王學⋯⋯⋯⋯⋯⋯⋯⋯⋯83

　　一、重視主體⋯⋯⋯⋯⋯⋯⋯⋯⋯⋯⋯⋯⋯83

　　二、陽明思想之受容⋯⋯⋯⋯⋯⋯⋯⋯⋯⋯84

　　三、時代背景⋯⋯⋯⋯⋯⋯⋯⋯⋯⋯⋯⋯⋯88

第二節　中江藤樹對王學之了解⋯⋯⋯⋯⋯⋯⋯88

　　一、心即理⋯⋯⋯⋯⋯⋯⋯⋯⋯⋯⋯⋯⋯⋯89

　　二、知行合一⋯⋯⋯⋯⋯⋯⋯⋯⋯⋯⋯⋯⋯89

　　三、事上磨鍊⋯⋯⋯⋯⋯⋯⋯⋯⋯⋯⋯⋯⋯90

　　四、致良知⋯⋯⋯⋯⋯⋯⋯⋯⋯⋯⋯⋯⋯⋯91

第三節　「致良知」說之比較⋯⋯⋯⋯⋯⋯⋯⋯93

第四節　對《大學》論釋之比較⋯⋯⋯⋯⋯⋯⋯96

　　一、八條目⋯⋯⋯⋯⋯⋯⋯⋯⋯⋯⋯⋯⋯⋯97

　　二、三綱領⋯⋯⋯⋯⋯⋯⋯⋯⋯⋯⋯⋯⋯105

第五節　「本體」與「工夫」⋯⋯⋯⋯⋯⋯⋯⋯110

第六節　實踐主義觀點上之比較⋯⋯⋯⋯⋯⋯119

第七節　人生背景⋯⋯⋯⋯⋯⋯⋯⋯⋯⋯⋯⋯122

第八節　與王龍溪之關係⋯⋯⋯⋯⋯⋯⋯⋯⋯123

第九節　萬物一體思想之比較⋯⋯⋯⋯⋯⋯⋯127

結　論⋯⋯⋯⋯⋯⋯⋯⋯⋯⋯⋯⋯⋯⋯⋯⋯⋯135

參考文獻⋯⋯⋯⋯⋯⋯⋯⋯⋯⋯⋯⋯⋯⋯⋯⋯139

王門天泉證道研究——從實踐的觀點衡定「四無」、「四有」與「四句教」

作者簡介

高瑋謙，1965 年生，高雄市人。臺灣師範大學國文系畢業（1989），中央大學哲學研究所碩士（1993），中國文化大學哲學研究所博士（2007）。曾任師大附中國文科專任教師、世新大學通識教育中心兼任講師，現任南華大學哲學系專任助理教授。主要研究領域為宋明理學，並已發表相關學術論文十數篇。

提　要

「王門天泉證道」是儒家思想發展史上一大公案，其中有關「四句教」之

義理詮解直接牽涉到王陽明思想之宗趣與定位的問題，而王龍溪「四無」說與錢緒山「四有」說之爭辯所衍生出來關於「本體」、「工夫」的探討，也持續籠罩了晚明的整個思潮，成爲陽明後學主要的問題意識。故對此一論題進行深入地研析，實具有不容忽視的價值在。本文嘗試從「實踐的觀點」重新檢討天泉證道上的種種問題，希望能在儘量不修改文獻的前提下，透到文句背後去體貼每個說話者心中的理境，把天泉證道之本來面貌呈顯出來。其中主要檢討了牟宗三先生與王財貴先生的說法，以便對比出問題之關鍵所在。牟先生其實是依理論的觀點去分析問題者，故其說法雖自成體系，但大多不符合文獻，恐未必眞能相應於天泉證道之實情。王先生則一方面雖已能從實踐的觀點抉發出龍溪「四無」說之精義，但另一方面卻又回到牟先生理論的觀點去看陽明合會「四無」與「四有」的問題，此已不自覺地混用了兩種詮釋的觀點，而造成其系統內部之不協調。本文則一路貫徹實踐的觀點，發現不僅處處能與文獻貼合，而且於義理上亦能融洽無礙。故既闡明了龍溪「四無」說爲何可作爲一種接引上根人之教法與工夫，同時也釐清緒山「四有」說何以未嘗悟得本體，並且確立陽明「四句教」如何是中人上下無不接著之宗旨。透過以上諸義之衡定，王門天泉證道之眞相明矣！

目　次

第一章　導　論 ··· 1
第二章　天泉證道之始末及其在思想史上的意義 ······················ 5
　第一節　天泉證道之始末 ··· 5
　第二節　天泉證道在思想史上的意義 ······························ 18
第三章　王龍溪「四無」說與錢緒山「四有」說之爭辯 ············· 31
　第一節　爭辯的焦點 ··· 31
　第二節　王龍溪「四無」說之思想內涵 ··························· 35
　第三節　錢緒山「四有」說之思想內涵 ··························· 49
第四章　王陽明對「四無」說與「四有」說之合會 ·················· 65
　第一節　「悟得本體」與「未嘗悟得本體」 ····················· 66
　第二節　「頓悟工夫」與「漸修工夫」 ··························· 69
　第三節　「上根人之教法」與「中根以下人之教法」 ··········· 78
　第四節　王陽明「四句教」之「宗旨」 ··························· 84
第五章　結　論 ·· 93

參考書目⋯⋯⋯⋯⋯⋯⋯⋯⋯⋯⋯⋯⋯⋯⋯⋯⋯⋯⋯⋯⋯⋯⋯⋯⋯⋯⋯⋯⋯⋯⋯97

第二十冊　劉蕺山的功夫理論與形上思想

作者簡介

　　杜保瑞。最高學歷：臺灣大學哲學研究所博士（1993.05）。現職：臺灣大學哲學系副教授。學術專長：宋明理學、中國哲學方法論。

　　已出版專著有：

1989.02，《劉蕺山的功夫理論與形上思想》，（臺灣大學哲學研究所碩士論文）。

1993.06，《論王船山易學與氣論並重的形上學進路》，（臺灣大學哲學研究所博士論文）。

1995.02，《莊周夢蝶》。臺北：書泉出版社。（北京：華文出版社 1997.04）

1995.07，《反者道之動》。臺北：鴻泰出版社。（北京：華文出版社 1997.04）

1999.08，《功夫理論與境界哲學》。北京：華文出版社。

2000.08，《基本哲學問題》。北京：華文出版社。

2005.04，《北宋儒學》。臺北：臺灣商務印書館。

2007.01，《莊周夢蝶莊子哲學》。臺北：五南圖書公司。（新版）

與陳榮華合著，2008.01，《哲學概論》。臺北：五南圖書公司。

提　要

一、研究主題：

　　本論文以對劉蕺山的哲學思想作一基礎的且全面的理解為目標，經整理後，發覺劉蕺山哲學思想的重點在為儒學建立厘想的功夫理論，並由之發展出一套相應的形上思想。是故以「劉蕺山的功夫理論與形上思想」為論文題目，並分功夫理論與形上思想兩篇以進行討論。

二、內容提要：

　　第一篇研究劉蕺山的功夫理論，並找出慎獨、誠意、主靜立人極三套功夫理論為其畢生所談之重點。首先。劉蕺山的慎獨理論是在整個中庸思想背境上蘊育出來的，是故本文則從獨的本體理論，及對中庸思想的詮釋入手，以討論蕺山皂慎獨功夫理論。其次，誠意理論又是在對大學義理內涵的詮釋，並藉此以與前儒辯論的過程中發展出來的，故本文從意的本體理論及藉

誠意說以詮釋大學及批評陽明四句教及良知說的討論，來說明蕺山的誠意功夫理論。最後。主靜立人極功夫理論是蕺山深契於周濂溪思想內涵而承續並發揮的，故本文則藉此以檢別蕺山所有其它功夫理論，並配合濂溪太極圖說及通書二書之詮釋以完整地討論主靜立人極功夫。以上即本論文研究劉蕺山功夫理論三條主軸。

　　第二篇研究劉蕺山的形上思想，並指出形上思想乃功夫理論建立成熟後皂必然發展，而其形上思想特徵則歸約爲「一元流行的氣化宇宙論」、「形上形下合一的世界觀」及「融貫的本體論」三項，並從中指出在形上關係，並由之破除生死執著及除去私我之見，最後總合前篇功夫理論之討論及形上思想之規模，而指出蕺山功夫理論的特色，即在建立一套「見微知著」「一染即掃」「由中導和」的復性功夫綱領。

目　次

緒　論 ……………………………………………………………………………… 1
第一篇　劉蕺山的功夫理論
第一章　導　論 ………………………………………………………………… 7
第二章　從慎獨說到《中庸》詮釋系統的建立 ………………………… 11
　第一節　蕺山詮釋《中庸》思想的理論脈絡 ………………………… 11
　第二節　慎獨功夫的理論入徑 ………………………………………… 12
　　一、以靜存說慎獨 …………………………………………………… 13
　　二、以《大學》八目說慎獨 ………………………………………… 14
　　三、以所有儒學功夫義理說慎獨 …………………………………… 16
　　四、以《中庸》識天命之性及致中和說慎獨 ……………………… 18
　第三節　慎獨說的重要理論內容 ……………………………………… 19
　　一、由獨說慎獨的本體及功夫 ……………………………………… 20
　　二、獨體思想的義理開展 …………………………………………… 24
　　三、獨知思想的批評與展開 ………………………………………… 29
　　四、從獨位再釋獨 …………………………………………………… 36
　第四節　蕺山對《中庸》首章其它思想之詮釋 ……………………… 37
　　一、性、道、教 ……………………………………………………… 38
　　二、不睹不聞 ………………………………………………………… 41
　　三、隱見顯微 ………………………………………………………… 43

四、喜怒哀樂 46

五、已發、未發、中和 51

六、致中和與天地位萬物育 60

第三章　從誠意說到《大學》詮釋系統的建立 65

第一節　蕺山詮釋《大學》思想的理論脈絡 65

第二節　從知止說詮釋《大學》經文 66

一、以知止攝三綱 67

二、以知止攝八目 68

三、以修身爲本 69

第三節　從誠意說到《大學》詮釋系統之開展 71

一、由修身爲本到誠意爲本的理論推衍 71

二、格致與誠意功夫的兩層意義 73

三、誠意說中之八目關係 77

四、誠意說中之誠意與意的本體理論 80

第四節　蕺山對四句教及良知說的批評 89

一、蕺山對四句教的批評 90

二、蕺山對「良知說」的批評 103

第四章　從主靜立人極到周濂溪詮釋系統的建立 115

第一節　蕺山詮釋濂溪思想的理論脈絡 115

第二節　主靜立人極 116

一、立人極的義理說明 116

二、主靜功夫之概念釐清 120

第三節　與主靜立人極相關之功夫思想 124

一、無欲故靜 124

二、主敬 127

三、涵養與省察 132

第四節　蕺山對《太極圖說》的詮釋 138

一、無極而太極 140

二、一陰一陽之謂道 141

第五節　蕺山對《通書》的詮釋 148

一、誠 148

　　　二、幾 ……………………………………………………… 151

第五章　結　論 …………………………………………………… 157

　　第二篇　劉蕺山的形上思想

第一章　導　論 …………………………………………………… 173

第二章　一元流行的氣化宇宙論 ………………………………… 175

　　第一節　理在氣中的氣化宇宙論 …………………………… 175

　　第二節　氣化流行的實義 …………………………………… 177

　　第三節　氣化流行中之天人感應之道 ……………………… 180

　　第四節　感應之道的形式條件——虛而能應 ……………… 182

第三章　形上形下合一的世界觀 ………………………………… 187

　　第一節　形上形下合一 ……………………………………… 187

　　第二節　道器合一 …………………………………………… 189

　　第三節　性氣合一 …………………………………………… 190

第四章　人在形上學理論中的定位 ……………………………… 193

　　第一節　同理的人與天地萬物的關係 ……………………… 194

　　第二節　同體的人與天地萬物的關係 ……………………… 196

　　第三節　破生死觀及除私我見 ……………………………… 198

　　第四節　人在形上學理論中的定位 ………………………… 202

第五章　融貫的本體論 …………………………………………… 207

　　第一節　人心與道心合一 …………………………………… 208

　　第二節　心性合一 …………………………………………… 209

　　第三節　心之性情 …………………………………………… 211

　　第四節　本體融貫 …………………………………………… 212

第六章　形上思想中的功夫理論特色 …………………………… 217

　　第一節　惡在宇宙論中缺乏存在基礎 ……………………… 218

　　第二節　氣化流行中功夫作用過程的宇宙論意義 ………… 224

　　第三節　功夫理論中之特色 ………………………………… 227

　　　一、功夫與本體不分 ……………………………………… 227

　　　二、體用合一 ……………………………………………… 229

　　　三、功夫之一貫 …………………………………………… 230

第七章　結　論 …………………………………………………… 231

主要參考書目⋯⋯⋯⋯⋯⋯⋯⋯⋯⋯⋯⋯⋯⋯⋯⋯239
附　錄⋯⋯⋯⋯⋯⋯⋯⋯⋯⋯⋯⋯⋯⋯⋯⋯⋯⋯⋯241
　　附錄一　劉蕺山著〈中庸首章大義〉全文⋯⋯⋯⋯⋯241
　　附錄二　劉蕺山著作年代簡表⋯⋯⋯⋯⋯⋯⋯⋯⋯243

第二一冊　晚明心學思潮與士風變異研究

作者簡介

李興源

學歷：國立高雄師範大學國文系學士。國立高雄師範大學教育研究所碩士。國立高雄師範大學國文系博士。

經歷：高雄市高雄中學教師、組長。高雄市小港高中主任、校長。

現職：高鳳數位內容學院助理教授。

著作：《劉蕺山教育思想之研究》（碩士論文）、《晚明心學思潮與士風變異研究》（博士論文）、〈劉蕺山「誠意之學探析」〉（《中國國學》第十七期）、〈宋明新儒學哲理化述要〉（高雄師大國文系《問學》第四期）。

提　要

本論文探討晚明心學思潮與士風變異兩個變項，一方面闡述各自的衍化，另方面剖析其交互作用，最後闡明其對整個時代風氣之影響。

明代自神宗萬曆起，衰兆漸趨明顯，皇帝荒廢政務、貪婪無度，仕宦集團朋必黨爭、徇私內耗，政府機制毀壞，社會價值崩解，至思宗崇禎十七年（西元 1644），明代淪亡。其間質變過程，本論文將引用史典，考索別見，宏觀時局，微觀士人，詳加論述。

史家認為「明之亡，實亡於神宗」，蓋晚明政治，自萬曆十四年，皇三子出生後，「立國本」之爭議幾乎貫串整個萬曆朝；社會則是一個「民貧世富」的時代；文化上是儒、釋、道及西方天主教之間互斥互納的過程。學術思潮由理學到心學的震盪，加入了釋道的哲理及自我深化的探究。而陽明心學強調「心」的無所不包，「良知」的無所不能，王門後學據此發揚，尤其王畿一系及王艮的泰州學派，擴張了陽明心學影響的範圍，卻也導致末流之恣肆空疏。

晚明士人生存在一個詭譎多變、失節失序的政治環境中，必須面對並選

擇自己所安的生存樣貌。對於爲政任事、行止出處、人生受用都需要重新斟酌。要折衝廟堂或退隱山林；要堅持士人之道或屈服皇帝之勢；要爭是非或爭立場；要繼續廟堂文學，或走向性靈的範疇等等，對於當時士人是一項嚴峻的考驗。

晚明是一個由輝煌走向頹敗的時代，也由頹敗醞釀另一開始的契機，如狄更斯《雙城記》裏所謂：「這是一個最壞的時代，也是一個最好的時代。」晚明如此，現代也如此。如果這種時代的到來是歷史的偶然，那麼，就思考如何避免發生；如果是歷史的必然，就思考如何有效救治。

目　次

第一章　緒　論……………………………………………………………………… 1
　第一節　研究動機與目的……………………………………………………… 2
　第二節　研究主題義界………………………………………………………… 5
　　一、晚明斷限………………………………………………………………… 5
　　二、心學商榷………………………………………………………………… 7
　　三、士風釋義………………………………………………………………… 9
　第三節　文獻探討與研究方法……………………………………………… 11
　　一、文獻探討………………………………………………………………… 11
　　二、研究方法及限制………………………………………………………… 16
第二章　晚明心學思潮轉型之時代背景………………………………………… 19
　第一節　政治氛圍…………………………………………………………… 19
　　一、張居正之務實改革……………………………………………………… 19
　　二、君臣交爭，綱紀陵夷…………………………………………………… 24
　　三、政局與心學發展………………………………………………………… 34
　第二節　社會風氣…………………………………………………………… 36
　　一、城鎮興起，商業發達…………………………………………………… 37
　　二、規範鬆弛，僭越爲常…………………………………………………… 41
　　三、礦稅災禍，民變蠭起…………………………………………………… 47
　第三節　文化取向…………………………………………………………… 53
　　一、三教合一………………………………………………………………… 53
　　二、中西文化交流…………………………………………………………… 60
　　三、心學與天學「具存深意」的文化心態………………………………… 66

第三章　晚明心學思潮之衍化⋯⋯⋯⋯⋯⋯⋯⋯⋯⋯⋯71

　第一節　陽明之心學體系⋯⋯⋯⋯⋯⋯⋯⋯⋯⋯⋯⋯71

　　一、朱學到王學之轉變⋯⋯⋯⋯⋯⋯⋯⋯⋯⋯⋯⋯72

　　二、陽明心學主要內涵⋯⋯⋯⋯⋯⋯⋯⋯⋯⋯⋯⋯77

　　三、四句教的影響⋯⋯⋯⋯⋯⋯⋯⋯⋯⋯⋯⋯⋯⋯83

　第二節　王門後學之思想革新⋯⋯⋯⋯⋯⋯⋯⋯⋯⋯85

　　一、異端的價值意義⋯⋯⋯⋯⋯⋯⋯⋯⋯⋯⋯⋯⋯86

　　二、日用之學⋯⋯⋯⋯⋯⋯⋯⋯⋯⋯⋯⋯⋯⋯⋯⋯93

　　三、自得之說⋯⋯⋯⋯⋯⋯⋯⋯⋯⋯⋯⋯⋯⋯⋯⋯99

　　四、貴真之情⋯⋯⋯⋯⋯⋯⋯⋯⋯⋯⋯⋯⋯⋯⋯⋯105

　第三節　遺音與前奏 —— 王學末流之歷史意義⋯⋯115

　　一、晚明心學的禪宗化⋯⋯⋯⋯⋯⋯⋯⋯⋯⋯⋯⋯115

　　二、開啟明末清初的經世之學⋯⋯⋯⋯⋯⋯⋯⋯⋯121

第四章　晚明士風之曲變⋯⋯⋯⋯⋯⋯⋯⋯⋯⋯⋯⋯127

　第一節　人生價值的轉化⋯⋯⋯⋯⋯⋯⋯⋯⋯⋯⋯⋯127

　　一、「退無營業，進靡階梯」 —— 人生價值的重新選擇⋯⋯128

　　二、「廷論紛呶，物議橫生」 —— 廟堂的折衝⋯⋯133

　　三、「朝列清班，暮幽狴獄」的憂懼與棲息之調整⋯⋯144

　第二節　生活形貌的展現⋯⋯⋯⋯⋯⋯⋯⋯⋯⋯⋯⋯155

　　一、聞風景附 —— 熱衷講學之態⋯⋯⋯⋯⋯⋯⋯156

　　二、玩物采真 —— 古雅品味之追求⋯⋯⋯⋯⋯⋯162

　　三、孤雲山岫 —— 骨剛情膩之超然⋯⋯⋯⋯⋯⋯169

　　四、癲有真色 —— 聲色犬馬之逐⋯⋯⋯⋯⋯⋯⋯176

　第三節　小品文的異端色彩⋯⋯⋯⋯⋯⋯⋯⋯⋯⋯⋯183

　　一、創作心態的轉折 —— 「脫棄陳骸，自標靈采」⋯⋯186

　　二、多元化的審美追求 —— 「各極其變，各窮其趣」⋯⋯199

第五章　晚明心學與士風變異之反思⋯⋯⋯⋯⋯⋯⋯211

　第一節　正統與異端的辯證 —— 美惡不掩，各從其實⋯⋯211

　　一、學術異端的衍化⋯⋯⋯⋯⋯⋯⋯⋯⋯⋯⋯⋯⋯211

　　二、文學異端之變革⋯⋯⋯⋯⋯⋯⋯⋯⋯⋯⋯⋯⋯225

　第二節　勢與道的對峙 —— 思想徬徨，士風轉折⋯⋯236

一、世宗：道之起落及轉折 ···················· 239

二、神宗：以道事君之潰敗 ···················· 251

三、熹宗：道的徹底摧毀 ······················ 256

四、思宗：勢、道同殉社稷 ···················· 259

第三節 立場與是非的混淆 —— 黨同伐異，因於好惡 ········ 264

一、忿戾之氣，黨比之習 ······················ 265

二、矜名惡異，士風崩頹 ······················ 282

第六章 晚明心學之影響與時代意義 ················ 293

第一節 心學與佛禪融合的意義 —— 尊同敬異，回歸本質 ··· 294

一、心性學說之轉折綜論 ······················ 296

二、狂禪的人文意義 ·························· 299

第二節 厚積薄發與別開生面 —— 不拘格套，開展實學 ····· 303

一、文學上——小品文之啓蒙與發微 ·············· 303

二、學術上——實學之發揚與變通 ················ 306

第三節 時代省思 —— 不矜細行，終累大德 ··········· 311

一、國政荒廢與狂狷士風不再 ··················· 312

二、末世人文情懷 ··························· 319

主要參考書目 ······························· 325

第二二冊 晚明之儒家道德哲學與世俗道德範例研究——

——劉蕺山《人譜》與《了凡四訓》、《菜根譚》之比較

作者簡介

袁光儀，民 59 年生，國立臺灣師範大學國文學系學士、國文研所究碩士、博士。曾任國中教師、國中基本學力推動工作委員會國文科研究員、中國技術學院兼任講師等，現任臺北大學中國文學系助理教授。著有《李卓吾新論》（國立臺北大學出版社，2008/11）。

提 要

本書關注之論題，在於儒家道德哲學與世俗道德實踐之異同，而以晚明理學殿軍劉蕺山之《人譜》，與通行於晚明並流傳至今之兩本民間善書：《了凡四訓》與《菜根譚》為例，做為考察之對象。三書分別為晚明不同思想性

格之知識分子所著，劉蕺山乃一醇儒之典型，而《了凡四訓》之作者袁黃，乃一篤信佛教之鄉紳；《菜根譚》之作者洪自誠，則是生平不詳之隱士山人，而二書作者皆有晚明混同三教之思想特徵，與劉蕺山醇儒之性格自有所別。《了凡四訓》之「立命之學」，強調「改過」與「積善」，立基於因果報應與天地鬼神之信仰，而重視為善之實效，自有其勸善警惡之苦心；《菜根譚》身處晚明黑暗腐敗之世局，強調冷靜退步之處世原則，亦自有隔離觀照之智慧與美感之欣趣，給予人心靈之啟迪。二書正面之價值當予肯定，然而若對照儒者對道德本質之掌握，則亦可看出二書功利主義與順應世俗之傾向，行善往往淪為趨利避害之計較，而無法完成真正道德之自律。劉蕺山之《人譜》乃儒者內聖之學、成德之教之徹底完成，透過其道德哲學與世俗道德實踐之落差，一方面可反省民間善書在迎合世俗之價值觀時，往往使其道德實踐有所扭曲，而更凸顯儒者道德自立之精神；但另一方面，正視道德落實於民間教化中所產生之衝突與誤差，對於儒者內聖外王之學之開展，亦當有更深刻而務實之思考。

目　次

序
第一章　緒　論 ·· 1
　第一節　問題之提出 ·· 1
　　一、道德哲學與世俗化 ·· 1
　　二、晚明研究之尚待開發 ·· 3
　第二節　研究之進路 ·· 6
　第三節　研究之困難與限制 ·· 8
第二章　晚明略說 ·· 11
　第一節　晚明政治社會之幾個面向 ··································· 11
　　一、政治敗壞，知識分子遠離政壇 ······························· 11
　　二、商業發達，文藝市場蓬勃發展 ······························· 14
　　三、社會風氣惡化，引人反思 ······································ 16
　第二節　晚明的民間信仰與道德教化 ································ 17
　　一、三教合一的思潮 ·· 18
　　二、功過格的流行 ·· 20
　第三節　晚明文人的生命型態 ·· 24

一、晚明文人之與世疏離 ………………………………………… 25

二、晚明文人之生活態度 ………………………………………… 27

三、晚明文人之終極關懷 ………………………………………… 29

第四節　晚明理學家的道德情操 ………………………………… 32

一、道德嚴格主義之興起 ………………………………………… 34

二、晚明理學之趨向與道德嚴格主義 …………………………… 36

第三章　晚明世俗道德舉例──《了凡四訓》與《菜根譚》 …… 41

第一節　袁黃之生平及思想與《了凡四訓》 …………………… 41

一、袁黃之生平及思想 …………………………………………… 41

二、《了凡四訓》之內容大要 …………………………………… 47

三、《了凡四訓》之思想要旨 …………………………………… 57

第二節　《菜根譚》之版本、作者及其思想特色 ……………… 66

一、《菜根譚》之版本、作者及其寫作背景 …………………… 66

二、《菜根譚》之思想特色 ……………………………………… 69

三、《菜根譚》之基本性格 ……………………………………… 84

第三節　《了凡四訓》與《菜根譚》之異同 …………………… 95

一、二書之性格差異 ……………………………………………… 95

二、二書之共同特徵 ……………………………………………… 96

第四章　劉蕺山之思想與《人譜》 ……………………………… 101

第一節　劉蕺山之思想概述 ……………………………………… 101

一、對陽明學說之檢討 …………………………………………… 101

二、蕺山學說要旨 ………………………………………………… 105

第二節　《人譜》之思想要旨 …………………………………… 120

一、《人譜》之內容大要 ………………………………………… 120

二、慎獨與治念 …………………………………………………… 124

三、道德嚴格主義 ………………………………………………… 132

第五章　晚明之世俗道德與蕺山道德哲學 ……………………… 143

第一節　《了凡四訓》與《人譜》之比較 ……………………… 143

一、了凡與蕺山之基本歧異──混雜佛道與純粹儒學 ………… 143

二、工夫論之比較──「功過格」與「紀過格」 ……………… 148

三、價值觀之歧異──功利主義與道德嚴格主義 ……………… 154

第二節　《荣根譚》與《人譜》之比較……………………160

一、二書之性格差異──文人性格與儒者性格……161

二、二書之處世觀念──隨俗順世與道德自立……167

三、二書之生命型態──生活的藝術與生命的實踐……173

第三節　世俗道德與純粹道德………………………179

一、世俗道德之特徵…………………………………179

二、純粹道德之本質…………………………………183

三、世俗道德與純粹道德之必然衝突………………188

第六章　結　論………………………………………191

一、《了凡四訓》道德教化方式之檢討……………191

二、《荣根譚》道德觀之檢討………………………193

三、《人譜》道德嚴格主義之檢討…………………197

四、餘　論……………………………………………200

徵引文獻舉要…………………………………………205

第二三冊　明清之際儒家思想的變遷與發展

作者簡介

林聰舜，台灣師大國文研究所博士，清華大學中文系（所）教授兼主任，曾任清華學報主編、美普林斯頓大學訪問學者、香港嶺南大學中文系客座教授。現從事漢代學術思想與史記研究，特別是學術思想背後權力關係的探索。著作已出版者有：《史記》的世界：人性與理念的競逐（國立編譯館，2009）；《史記》的人物世界（三民書局，2003）；西漢前期思想與法家的關係（大安出版社，1991）；向郭莊學之研究（文史哲出版社，1981）；臺灣新統治霸權的形成（商鼎文化出版社，1994，雜文集）

提　要

明清之際儒家思想的重大變化很早就受到學界注意，本書重新反省這一階段的儒家思想，希望能釐清以下問題：

一、明清之際儒家思想最值得重視之處，在於它在很多層面表現出突破儒學傳統，並具有近代性格的成就，如何將這些突破性的成就發掘出來，並說明它的意義，是本書首要工作。

二、明清之際是銜接宋明理學與清代專門漢學兩大思潮的關鍵時代，如何為這一階段經世學風的興衰因緣尋求切實的解釋，以確定其歷史地位，亦為本書重要工作。

三、明清之際儒家思想是站在傳統文化立場，面對天崩地解大變局所作的徹底反省，儒家思想的再生能力以及侷限性，清楚呈現出來。反省此一階段的思想變化，有助於看清儒家思想面對挑戰時的「內在轉化能力」，以及它的內在限制。

筆者即循著以上的目標構思，並採取先分論後綜論的程序，先探討黃宗羲、顧炎武、王夫之、陳確、顏元、方以智、唐甄、朱之瑜等代表人物的思想特色，綜論中再進一步探討明清之際儒家思想的新趨向、明清之際儒家新思潮興起背景的檢討、明清之際儒家思想的內在限制與傳統儒學的展望。

目　次

序　言
第一章　前　言 ……………………………………………………………… 1
　　一、寫作動機與預期目標 …………………………………………… 1
　　二、寫作方法與程序 ………………………………………………… 3
第二章　黃宗羲 ……………………………………………………………… 7
　第一節　傳　略 ……………………………………………………… 7
　第二節　梨洲的心性學立場與世界觀 ……………………………… 8
　　一、懷疑「四句教」的問題 ………………………………………… 9
　　二、以「誠意」代「致良知」的問題 ……………………………… 13
　　三、對朱子的評價問題 ……………………………………………… 15
　　四、辨明儒釋的問題 ………………………………………………… 18
　　五、與陳乾初的辯論及梨洲晚年思想轉變的問題 ……………… 20
　　六、理氣的問題 ……………………………………………………… 27
　第三節　梨洲的經世思想 …………………………………………… 30
　　一、經史之學 ………………………………………………………… 30
　　二、政治理想 ………………………………………………………… 36
　第四節　結　語 ……………………………………………………… 44
第三章　顧炎武 ……………………………………………………………… 51
　第一節　傳　略 ……………………………………………………… 51

第二節　亭林的心性學立場與世界觀 ⋯⋯⋯⋯⋯⋯⋯⋯ 53

　　一、心性學立場 ⋯⋯⋯⋯⋯⋯⋯⋯⋯⋯⋯⋯⋯⋯⋯⋯ 53

　　二、世界觀 ⋯⋯⋯⋯⋯⋯⋯⋯⋯⋯⋯⋯⋯⋯⋯⋯⋯⋯ 58

第三節　亭林的經世思想 ⋯⋯⋯⋯⋯⋯⋯⋯⋯⋯⋯⋯⋯⋯ 58

　　一、博學於文與通經致用 ⋯⋯⋯⋯⋯⋯⋯⋯⋯⋯⋯⋯ 59

　　二、行己有恥與移風易俗 ⋯⋯⋯⋯⋯⋯⋯⋯⋯⋯⋯⋯ 70

　　三、地方分權的政治理想 ⋯⋯⋯⋯⋯⋯⋯⋯⋯⋯⋯⋯ 77

第四節　結　語 ⋯⋯⋯⋯⋯⋯⋯⋯⋯⋯⋯⋯⋯⋯⋯⋯⋯ 83

第四章　王夫之 ⋯⋯⋯⋯⋯⋯⋯⋯⋯⋯⋯⋯⋯⋯⋯⋯⋯⋯ 91

第一節　傳　略 ⋯⋯⋯⋯⋯⋯⋯⋯⋯⋯⋯⋯⋯⋯⋯⋯⋯ 91

第二節　船山對宋明儒的批評及其思想取向 ⋯⋯⋯⋯⋯ 93

　　一、貶斥陸王 ⋯⋯⋯⋯⋯⋯⋯⋯⋯⋯⋯⋯⋯⋯⋯⋯⋯ 93

　　二、批評程朱 ⋯⋯⋯⋯⋯⋯⋯⋯⋯⋯⋯⋯⋯⋯⋯⋯⋯ 96

　　三、歸宗橫渠的意義 ⋯⋯⋯⋯⋯⋯⋯⋯⋯⋯⋯⋯⋯⋯ 98

第三節　船山的宇宙觀 ⋯⋯⋯⋯⋯⋯⋯⋯⋯⋯⋯⋯⋯⋯ 101

　　一、論道器 ⋯⋯⋯⋯⋯⋯⋯⋯⋯⋯⋯⋯⋯⋯⋯⋯⋯⋯ 102

　　二、論氣與理氣關係 ⋯⋯⋯⋯⋯⋯⋯⋯⋯⋯⋯⋯⋯⋯ 104

　　三、陰陽渾合，乾坤并建 ⋯⋯⋯⋯⋯⋯⋯⋯⋯⋯⋯⋯ 109

第四節　船山的天人關係論 ⋯⋯⋯⋯⋯⋯⋯⋯⋯⋯⋯⋯ 112

　　一、論人性 ⋯⋯⋯⋯⋯⋯⋯⋯⋯⋯⋯⋯⋯⋯⋯⋯⋯⋯ 113

　　二、道大而善小，善大而性小 ⋯⋯⋯⋯⋯⋯⋯⋯⋯⋯ 114

　　三、命日降，性日生 ⋯⋯⋯⋯⋯⋯⋯⋯⋯⋯⋯⋯⋯⋯ 116

　　四、理與欲 ⋯⋯⋯⋯⋯⋯⋯⋯⋯⋯⋯⋯⋯⋯⋯⋯⋯⋯ 118

第五節　船山論聞見之知與知行關係 ⋯⋯⋯⋯⋯⋯⋯⋯ 119

　　一、論聞見之知 ⋯⋯⋯⋯⋯⋯⋯⋯⋯⋯⋯⋯⋯⋯⋯⋯ 119

　　二、論知行關係 ⋯⋯⋯⋯⋯⋯⋯⋯⋯⋯⋯⋯⋯⋯⋯⋯ 123

第六節　船山的歷史觀與政治思想 ⋯⋯⋯⋯⋯⋯⋯⋯⋯ 124

　　一、歷史觀 ⋯⋯⋯⋯⋯⋯⋯⋯⋯⋯⋯⋯⋯⋯⋯⋯⋯⋯ 125

　　二、政治思想 ⋯⋯⋯⋯⋯⋯⋯⋯⋯⋯⋯⋯⋯⋯⋯⋯⋯ 129

第七節　結　語 ⋯⋯⋯⋯⋯⋯⋯⋯⋯⋯⋯⋯⋯⋯⋯⋯⋯ 136

第五章　顏元及其他儒者 ⋯⋯⋯⋯⋯⋯⋯⋯⋯⋯⋯⋯⋯⋯ 143

第一節　顏　元……………………………………………143
　一、傳略…………………………………………………143
　二、習齋思想的基本方向及其對宋儒的批評…………144
　三、「習」的地位及其義理的展開………………………150
　四、習齋思想的評價……………………………………160
第二節　其他儒者…………………………………………164
　一、方以智………………………………………………164
　二、唐甄…………………………………………………169
　三、朱之瑜………………………………………………171
第六章　綜　論……………………………………………175
第一節　明清之際儒家思想的新趨向……………………175
　一、主導的觀念──經世致用…………………………175
　二、批判宋明理學及其意義……………………………176
　三、尊崇經史之學及其意義……………………………179
　四、重氣重器的宇宙觀及其意義………………………180
　五、重工夫重氣質人欲的人性論及其意義……………182
　六、正視知識問題及其意義……………………………184
　七、反專制的政治理想及其意義………………………186
　八、重商重功利的思想及其意義………………………187
　九、重行的知行觀及其意義……………………………188
　十、結　語………………………………………………189
第二節　明清之際儒家新思潮興起背景的檢討…………193
　一、略論本文對思想背景的處理方式…………………193
　二、「理學反動說」的檢討………………………………194
　三、「社會經濟變遷說」的檢討…………………………197
　四、「內在理路說」的檢討………………………………199
　五、結　語………………………………………………203
第三節　明清之際儒家思想的內在限制與傳統儒學的展望……205
　一、以尊經爲核心的意識型態所造成的內在限制……205
　二、由價值系統的內在轉化能力展望儒家思想的前途……208
參考書目……………………………………………………211

第二四冊　王船山「體用相涵」思想之義蘊及其開展

作者簡介

　　周芳敏，臺灣大學中文系學士、臺灣大學中文所碩士、政治大學中文所博士，現任德明財經科技大學通識中心副教授。研究領域爲中國思想史，除本書外，另有《王弼及程頤易學思想之比較研究》（臺灣大學中文所碩士論文）、〈論黃宗羲「盈天地皆心」之義蘊〉、〈王弼「體用」義詮定〉、〈以「理本論」、「心本論」、「氣本論」分系宋明理學之商榷〉、〈性善的證明？王船山對朱子「四端」說解之修正〉等論文，散見於《政大中文學報》、《臺灣東亞文明研究學刊》、《漢學研究》等期刊及論文集。

提　要

　　自王弼拈出體用一組概念之後，體用漸成爲中國哲學之極重要範疇，哲人對體用關係的詮解常具體而微地宣示其思維模式及方法論，並可由此輻射出宋明理學家對理氣、道器、心性、性情等範疇的諸多意會，是以體用範疇可說是宋明理學中最具挑戰性與哲學深度的基本概念之一。

　　王船山哲學體大思精，研究者不乏於時，然對船山超邁前修、卓越秀異之體用觀尚未見系統而深入的討論。關於船山之體用思想，可一語以蔽之：「體用相涵」是也。本書透過對船山體用思想的細密爬梳，深入而系統地掘船山的體用觀，層層逼進「體用相涵」命題所涵藏的豐富義蘊，企圖由此揭示船山的思維模態，並檢視船山如何以此思維模態開展出其天道性命之學，且由此解決宋明理學的諸多理論糾結。

　　此外，對於以「即體即用」、「即用即體」、「體用相即」、「體用不二」、「體用一如」等格式化說解來繫明哲人體用觀的模糊論述，本書亦有所檢討。爲免流於格言化的泛說，本書力求以精確的語彙詮發船山的體用思維，具體指出「體用相涵」之蘊乃包括了邏輯結構、存在時間、存在位置、存在內容及完成意義等範域的相涵而一。藉由對船山體用思想的闡發，被視爲求解不易的船山學將浮顯出一清晰輪廓，而其脈絡嚴整、論述圓轉之哲學體系亦將獲得系統而結構性的揭示。

目　次

緒　言⋯⋯⋯⋯⋯⋯⋯⋯⋯⋯⋯⋯⋯⋯⋯⋯⋯⋯⋯⋯⋯⋯⋯⋯⋯⋯⋯⋯⋯1
　第一節　研究動機⋯⋯⋯⋯⋯⋯⋯⋯⋯⋯⋯⋯⋯⋯⋯⋯⋯⋯⋯⋯⋯⋯1

　第二節　論述範圍與書寫策略 ……………………………………………… 2

　第三節　王船山作品年代及思想分期之討論 …………………………… 6

第一章　王船山「體用相涵」思想析義 ………………………………… 11

　第一節　概念的勘定：體與用 …………………………………………… 11

　第二節　概念的對應之一：體用與隱顯 ……………………………… 15

　　一、隱顯與有無 ………………………………………………………… 15

　　二、存在事實及開顯狀態 ……………………………………………… 16

　　三、有與無 ……………………………………………………………… 18

　　四、體未必隱，用未必顯 ……………………………………………… 20

　第三節　概念的對應之二：體用與動靜 ……………………………… 22

　第四節　存有的詮釋：自有體用與自為體用 ………………………… 28

　第五節　互為原因的邏輯結構：體以致用，用以備體 ……………… 31

　第六節　活動中的存有：體者所以用，用者用其體 ………………… 36

　第七節　活動與存有的應合，現象與本體的通貫：用者皆其體與由用
　　　　　以得體 ……………………………………………………………… 42

　　一、用者皆其體 ………………………………………………………… 44

　　二、天下之用，皆其有者也 …………………………………………… 46

　　三、由用以得體 ………………………………………………………… 51

　第八節　結構的翻轉與意義的切換：相為體用 ……………………… 54

　第九節　動態辯證的思維模式：體用相涵 …………………………… 61

第二章　「體用相涵」思想之運用及開展之一——以天道論為中心的考察 · 67

　第一節　陰陽者，太極所有之實 ………………………………………… 67

　　一、體以致用，用以備體：一陰一陽之謂道 ……………………… 67

　　二、體用相即：易有太極，是生兩儀 ……………………………… 69

　　三、豈待可用而始有體：太極動而生陽，靜而生陰 ……………… 72

　　四、用者用其體：天以陰陽五行化生萬物 ………………………… 74

　　五、用者皆其體：道生天地，即天地體道是也 …………………… 76

　第二節　理氣相涵 ………………………………………………………… 77

　　一、理與氣互相為體 …………………………………………………… 77

　　二、體用可離？氣失理 ………………………………………………… 86

　　三、以「氣本論」定位船山學之商榷 ……………………………… 96

第三節　器道相須而大成 …………………………………………108

一、上下無殊畛，道器無異體 ……………………………108

二、無其器則無其道 ………………………………………112

三、無恒器而有恒道 ………………………………………114

第三章　「體用相涵」思想之應用及開展之二──以心性論為中心的考察 117

第一節　性資情以盡，情作才以興 …………………………117

一、體用範疇的勘定：情以御才，才以給情，情才同原於性 ………117

二、本體的失落：情自為體與情無自質 …………………123

三、體用相涵：性自行於情中，而非性生情 …………130

第二節　聖賢心學 ……………………………………………134

一、心者，涵性情才而統言之也 …………………………134

二、心的遷流失居 …………………………………………147

第三節　心之與意，相為體用 ………………………………155

一、意中千條百緒，統名為意 ……………………………155

二、立體達用的大學之教：正心與誠意 …………………162

第四節　一切皆是嗜欲 ………………………………………185

一、體用相仇？存理去欲的然與不然 ……………………185

二、體者所以用，用者用其體：欲望的本質與幸福的止點 ………192

第五節　形色，天性也 ………………………………………198

一、形色與道互相為體 ……………………………………198

二、有形體而無用：形色本質的失落 ……………………202

三、全體大用：踐形 ………………………………………207

第四章　「體用相涵」思想之運用及開展之三──以人文化成為中心的
　　　　考察 …………………………………………………213

第一節　性日生日成 …………………………………………213

一、未死以前皆生也 ………………………………………213

二、命日降，性日生 ………………………………………215

三、性日新日成 ……………………………………………218

四、全而生之，全而歸之 …………………………………229

第二節　聖人與天地相斟酌 …………………………………234

一、用以備體：人能弘道 …………………………………234

二、繇體達用：天者器，人者道 ················ 236

三、體用相涵：聖人與天地相斟酌 ·············· 240

第三節　一本萬殊 ·························· 242

一、體以致用：由一本而萬殊的開展 ············ 243

二、體用相涵：一本涵萬殊，萬殊涵一本 ········ 249

結　論 ································ 263

徵引書目 ······························ 273

第二五冊　夏炘學記

作者簡介

楊錦富，台灣高雄人，1951 年生。致力於思想史、文學理論、語文教學研究三十餘年。現任屏東美和技術學院（將改制科技大學）通識教育中心副教授，曾任通識中心主任。所著《國文視聽教學》對推展語文教育迭有貢獻；《阮元經學之研究》四十餘萬字，曾獲政大新聞研究所吉福星教授獎學金首獎；《夏炘學記》二十餘萬字，為升等之作；諸書皆酌理清晰，別有創見。另有論文十餘篇，都廿餘萬字。

提　要

夏炘之學，兼綜漢宋，長《詩》、《禮》二經，而深於朱子之書。其義理、訓詁、名物制度及小學音韻，皆能博考，精研深造，自得其所。所著《紫景堂全書》，涵蓋廣越，於儒門學脈，經術大義，可謂用心已極。

限於篇幅，論文所述，僅就《檀弓辯誣》三卷、《述朱質疑》十六卷、《學禮管釋》十八卷及《三綱制服尊尊述義》三卷立論，其他卷數較著者，若《讀詩箚記》八卷、《景紫堂文集》十四卷等，則為闕如；然由前述卷數，當可諳知夏氏學問菁要。

若夫《檀弓辯誣》，是就經言經，崇古而不信於古，古所謂是，未必皆是；古所謂非，未必皆非。以今觀之，是能破古人的迷失，且而矯正後人對孔氏家道的誤解，自反而縮，雖千萬人吾往矣，就中氣概，可以見之。

而《述朱質疑》，乃夏氏於江西婺源十八年，與生徒之講習。雖取王懋竑《朱子年譜》以為論辯，大體仍遵王說，恆能就朱子信誼有所發抒，而終身誦行朱子德慧，契應哲思，可謂敦篤。

　　至《學禮管釋》與《三綱制服尊尊述義》，即明示修身立德之基，蓋以倫類合宜，三綱維繫，道義乃存，違紀叛離之事必不作，若所言：「教官以教爲職，非獨教士，雖庶民與有責焉。」如是，士之與庶民，皆遵禮以行，而無亂亡之事，則街坊鄉里豈不大治。

　　括而言之，名爲「景堂」，雖尊紫陽，其撥亂世而反之正，必著書之旨要，是而本論文之作，一循先生之學，一仰先生之風，於傳承之儒學，尤當知所遵循。

目　次

序　言
第一章　緒　論 ·· 1
　第一節　研究動機 ··· 1
　第二節　生平概述 ··· 2
第二章　檀弓辨誣（上） ·· 5
　第一節　緣　起 ··· 5
　第二節　出妻辨例 ··· 7
　　一、辨孔子出妻之誣 ·· 8
　　二、辨伯魚妻嫁之誣 ·· 12
　　三、辨子思出妻之誣 ·· 15
　第三節　批孔辨例 ··· 20
　　一、辨孔子不知父墓之誣 ···································· 20
　　二、辨孔子既祥彈琴之誣 ···································· 23
　　三、辨孔子彈琴食祥肉之誣 ·································· 25
　　四、辨孔子若弗聞原壤登木而歌之誣 ························ 26
　　五、辨孔子夢奠兩楹之誣 ···································· 28
第三章　檀弓辨誣（下） ·· 33
　第一節　曾子辨例 ··· 33
　　一、辨曾子易簀之誣 ·· 33
　　二、辨曾之喪浴於爨室 ······································ 36
　　三、辨曾子答有子喪欲速貧死欲速朽之誣 ···················· 37
　　四、辨曾子母喪哭子張之誣 ·································· 39
　　五、辨曾子論祖者且也之誣 ·································· 40

　　第二節　孔門弟子辨例⋯⋯⋯⋯⋯⋯⋯⋯⋯⋯⋯⋯⋯⋯⋯42

　　　一、辨有子既祥絲屨組縻之誣⋯⋯⋯⋯⋯⋯⋯⋯⋯⋯42

　　　二、辨曾點倚門而歌之誣⋯⋯⋯⋯⋯⋯⋯⋯⋯⋯⋯⋯⋯43

　　　三、辨有子欲去喪踊之誣⋯⋯⋯⋯⋯⋯⋯⋯⋯⋯⋯⋯⋯44

　　　四、辨子游子夏論異父同母之昆弟有服之誣⋯⋯⋯⋯47

第四章　述朱質疑（上）⋯⋯⋯⋯⋯⋯⋯⋯⋯⋯⋯⋯⋯⋯⋯51

　緣　起⋯⋯⋯⋯⋯⋯⋯⋯⋯⋯⋯⋯⋯⋯⋯⋯⋯⋯⋯⋯⋯⋯51

　第一節　朱子少時學術考⋯⋯⋯⋯⋯⋯⋯⋯⋯⋯⋯⋯⋯⋯53

　　　一、少有大志，德慧過人⋯⋯⋯⋯⋯⋯⋯⋯⋯⋯⋯⋯⋯53

　　　二、潛心研讀，警勵奮發⋯⋯⋯⋯⋯⋯⋯⋯⋯⋯⋯⋯⋯55

　　　三、脫卻場屋，學曾鞏文⋯⋯⋯⋯⋯⋯⋯⋯⋯⋯⋯⋯⋯58

　第二節　朱子出入於老釋者十餘年考⋯⋯⋯⋯⋯⋯⋯⋯60

　　　一、釋氏乃道謙非宗杲⋯⋯⋯⋯⋯⋯⋯⋯⋯⋯⋯⋯⋯⋯60

　　　二、佛老之學即禪道之學⋯⋯⋯⋯⋯⋯⋯⋯⋯⋯⋯⋯⋯64

　第三節　朱子見延平先生以後學術考⋯⋯⋯⋯⋯⋯⋯⋯68

　　　一、博習親師由釋轉儒⋯⋯⋯⋯⋯⋯⋯⋯⋯⋯⋯⋯⋯⋯68

　　　二、儒門風采氣象別具⋯⋯⋯⋯⋯⋯⋯⋯⋯⋯⋯⋯⋯⋯72

　　　三、親炙師訓得遵教誨⋯⋯⋯⋯⋯⋯⋯⋯⋯⋯⋯⋯⋯⋯78

第五章　述朱質疑（中）⋯⋯⋯⋯⋯⋯⋯⋯⋯⋯⋯⋯⋯⋯⋯99

　緣　起⋯⋯⋯⋯⋯⋯⋯⋯⋯⋯⋯⋯⋯⋯⋯⋯⋯⋯⋯⋯⋯⋯99

　第一節　癸未與甲申之辨⋯⋯⋯⋯⋯⋯⋯⋯⋯⋯⋯⋯⋯⋯99

　第二節　中和舊說年代之論定⋯⋯⋯⋯⋯⋯⋯⋯⋯⋯⋯103

　第三節　中和舊說之義理疏解⋯⋯⋯⋯⋯⋯⋯⋯⋯⋯⋯106

　第四節　先察識後涵養之考辨⋯⋯⋯⋯⋯⋯⋯⋯⋯⋯⋯111

　第五節　中和新說之發端與間架⋯⋯⋯⋯⋯⋯⋯⋯⋯⋯118

　　　一、已發未發說；中和新說之端倪⋯⋯⋯⋯⋯⋯⋯⋯119

　　　二、中和之論定：新說之完成⋯⋯⋯⋯⋯⋯⋯⋯⋯⋯122

　第六節　中和新說下之書函與辨議⋯⋯⋯⋯⋯⋯⋯⋯⋯127

第六章　述朱質疑（下）⋯⋯⋯⋯⋯⋯⋯⋯⋯⋯⋯⋯⋯⋯135

　緣　起⋯⋯⋯⋯⋯⋯⋯⋯⋯⋯⋯⋯⋯⋯⋯⋯⋯⋯⋯⋯⋯135

　第一節　朱子之論敬⋯⋯⋯⋯⋯⋯⋯⋯⋯⋯⋯⋯⋯⋯⋯135

一、敬略如畏而字相似⋯⋯⋯⋯⋯⋯⋯⋯⋯⋯⋯138

二、敬是收斂其心不容一物⋯⋯⋯⋯⋯⋯⋯⋯⋯139

三、敬是隨事專一且主一無適⋯⋯⋯⋯⋯⋯⋯⋯141

四、主靜無欲即主敬⋯⋯⋯⋯⋯⋯⋯⋯⋯⋯⋯⋯144

五、敬須隨事檢點⋯⋯⋯⋯⋯⋯⋯⋯⋯⋯⋯⋯⋯147

第二節　朱子之論仁⋯⋯⋯⋯⋯⋯⋯⋯⋯⋯⋯⋯⋯149

一、朱子仁說論辯之醞釀⋯⋯⋯⋯⋯⋯⋯⋯⋯⋯149

二、〈仁說〉義理之疏解⋯⋯⋯⋯⋯⋯⋯⋯⋯⋯154

第三節　朱子之師道與事功論⋯⋯⋯⋯⋯⋯⋯⋯⋯161

一、朱子之師道論⋯⋯⋯⋯⋯⋯⋯⋯⋯⋯⋯⋯⋯161

二、朱子之事功贊⋯⋯⋯⋯⋯⋯⋯⋯⋯⋯⋯⋯⋯176

總　結⋯⋯⋯⋯⋯⋯⋯⋯⋯⋯⋯⋯⋯⋯⋯⋯⋯⋯201

第七章　禮學論辨說⋯⋯⋯⋯⋯⋯⋯⋯⋯⋯⋯⋯⋯⋯203

第一節　三綱制服尊尊述義⋯⋯⋯⋯⋯⋯⋯⋯⋯⋯204

一、宗統與君統⋯⋯⋯⋯⋯⋯⋯⋯⋯⋯⋯⋯⋯⋯206

二、喪服與宗法⋯⋯⋯⋯⋯⋯⋯⋯⋯⋯⋯⋯⋯⋯210

三、三綱制服結語⋯⋯⋯⋯⋯⋯⋯⋯⋯⋯⋯⋯⋯247

第二節　學禮管釋衍義⋯⋯⋯⋯⋯⋯⋯⋯⋯⋯⋯⋯248

一、釋禘祫例⋯⋯⋯⋯⋯⋯⋯⋯⋯⋯⋯⋯⋯⋯⋯249

二、釋明堂例⋯⋯⋯⋯⋯⋯⋯⋯⋯⋯⋯⋯⋯⋯⋯260

三、釋田制例⋯⋯⋯⋯⋯⋯⋯⋯⋯⋯⋯⋯⋯⋯⋯265

四、釋服制⋯⋯⋯⋯⋯⋯⋯⋯⋯⋯⋯⋯⋯⋯⋯⋯274

第八章　總　結⋯⋯⋯⋯⋯⋯⋯⋯⋯⋯⋯⋯⋯⋯⋯285

緣　起⋯⋯⋯⋯⋯⋯⋯⋯⋯⋯⋯⋯⋯⋯⋯⋯⋯⋯285

第一節　「辨誣」之回顧⋯⋯⋯⋯⋯⋯⋯⋯⋯⋯⋯286

第二節　「質疑」之回顧⋯⋯⋯⋯⋯⋯⋯⋯⋯⋯⋯289

第三節　「述義」、「管釋」之回顧⋯⋯⋯⋯⋯⋯297

第四節　總　結⋯⋯⋯⋯⋯⋯⋯⋯⋯⋯⋯⋯⋯⋯309

徵引書目⋯⋯⋯⋯⋯⋯⋯⋯⋯⋯⋯⋯⋯⋯⋯⋯⋯⋯315

第二六冊　康有爲《孔子改制考》研究

作者簡介

　　洪鎰昌，彰化縣人。民國 93 年 1 月，畢業於國立高雄師範大學國文學系博士班。曾任稻江科技暨管理學院文學創作與傳播學系專任助理教授兼主任；現任長庚技術學院通識教育中心專任助理教授。學術專長爲哲理散文創作、現代小說研究與教學。最大的願望是自我完成並著作等身。

提　要

　　光緒十八年（1892）康有爲「選同學高才助纂焉」，開始編纂《孔子改制考》。經過六年，到了光緒二十三年（1897）冬，弟康廣仁於上海大同譯書局刊刻之。於翌年五月初一，進呈光緒皇帝。成爲康氏變法思想主要的理論依據。在本書中，康氏將孔子塑造成一位「改革者」。蓋對中國人，尤其是傳統讀書人而言，最大的權威，莫過於孔子。所以如果能重塑孔子的形象，使其爲清末中國維新運動代言，那麼對於變法改革的推行，必能增加說服力，並且減少阻力。《孔子改制考》就在這樣的動機底下完成的。《孔子改制考》計有二十一卷，其內容所牽涉的範圍，幾乎涵蓋了中國思想的主要範疇，以及思想的基本現象。如思想興起的背景、思想建立時「託古」技巧的運用、思想批評、流派建立與傳承、以及思想興衰之由等。故《孔子改制考》雖未能完成康氏最初撰述的主要目的，但隱約之中已囊括中國思想的重要議題，相當值得後人加以探究。

目　次

第一章　緒　論 …………………………………………………………………………… 1
　第一節　研究動機 …………………………………………………………………… 1
　第二節　《孔子改制考》主旨略述 ── 《改子改制考·敘》要義 ………… 3
　第三節　《孔子改制考》的編輯刊刻 …………………………………………… 7
　第四節　《孔子改制考》的篇章結構 …………………………………………… 9
　第五節　本論文的章節安排 ……………………………………………………… 16
第二章　康有爲生平及其變法歷程 ……………………………………………… 19
　第一節　康有爲家世背景及求學歷程 ………………………………………… 19
　第二節　康有爲提倡變法維新的歷程 ………………………………………… 29
第三章　論思想啟發 ── 《孔子改制考》與廖平《知聖篇》的關係 …… 47
　第一節　廖平生平與思想簡介 ………………………………………………… 47

第二節　學界對「康廖之會」的看法 ····················· 50

第三節　從思想啓發的角度看「康廖之會」 ··············· 61

第四章　先秦諸子思想的崛起 ···························· 67

第一節　「上古茫昧無稽考第一」述評 ·················· 67

第二節　「周末諸子並起創教考第二」述評 ·············· 72

第三節　「諸子創教改制考第三」述評 ·················· 75

第四節　「諸子改制託古考第四」述評 ·················· 79

第五章　先秦諸子思想的發展 ···························· 87

第一節　「諸子爭教互攻考第五」述評 ·················· 87

第二節　「墨老弟子後學考第六」述評 ·················· 93

第六章　孔子的創教 ·································· 103

第一節　「儒教爲孔子所創考第七」述評 ··············· 103

第二節　「孔子爲制法之王考第八」述評 ··············· 113

第三節　「孔子創儒教改制考第九」述評 ··············· 122

第四節　「六經皆孔子改制所作考第十」述評 ··········· 139

第七章　孔子改制託古 ································ 155

第一節　「孔子改制託古考第十一」述評 ··············· 155

第二節　「孔子改制法堯舜文王考第十二」述評 ········· 162

第八章　孔教與諸子的互攻 ···························· 169

第一節　「孔子改制弟子時人據舊制問難考第十三」述評 ··· 169

第二節　「諸子攻儒考第十四」述評 ··················· 175

第三節　「墨老攻儒尤盛考第十五」述評 ··············· 189

第四節　「儒墨爭教交攻考第十六」述評 ··············· 194

第五節　「儒攻諸子考第十七」述評 ··················· 200

第九章　孔教的興盛 ·································· 211

第一節　「儒墨最盛並稱考第十八」述評 ··············· 211

第二節　「魯國全從儒教考第十九」述評 ··············· 216

第三節　「儒教偏傳天下戰國秦漢時尤盛考第二十」述評 ··· 222

第四節　「漢武帝後儒教一統考第二十一」述評 ········· 232

第十章　康有爲與孔教運動 ···························· 245

第一節　康有爲救世的宗教情操 ····················· 245

第二節　孔教主形象的塑造……………………………………248

第三節　孔教的教義……………………………………………250

第四節　孔教的聖經……………………………………………257

第五節　孔教的門徒……………………………………………259

第六節　孔教運動………………………………………………263

第十一章　結　論………………………………………………269

第一節　《孔子改制考》的缺失………………………………269

第二節　《孔子改制考》在思想史上的意義…………………274

主要參考書目……………………………………………………285

第二七冊　禪宗美學研究

作者簡介

曾議漢，2004 年畢業於中國文化大學哲學研究所博士班，目前任教於高雄燕巢樹德科技大學通識教育學院，曾任帕米爾書店經理兼編輯、華梵大學哲學系助教兼文學院秘書，專長文化學、人生哲學、禪宗美學、書法美學，編著《永遠的弘一法師》（一）（二）、《錢穆文化學思想初探》（碩士論文）、《禪宗美學研究》（博士論文）、《經典選讀》（多人合著），相關論文十餘篇，喜愛中國的書法及西洋古典音樂。

提　要

以「禪宗美學」爲主題，希望從文化學的角度，放眼於人類文化與生活，結合佛教禪宗對生命的終極關懷與美學審美活動的展現，探究其理論、實踐及對中國藝術的影響。並進一步說明禪宗美學研究與追求受到禪宗宗教哲學對生命的終極關懷極大的影響，進而影響到對人間秩序的安排，美學美育若能汲取宗教精神，則更能提昇其關懷的境界與層次。

本文所關注的，正是因應此一觀點所作的深入探討，藉由禪宗美學的研究，從生活、文化與美學的思維角度，提出可供現代人參考的生活方針。緒論先說明研究動機及前人研究成果。第二章「禪宗美學概觀」，以「無常之美」發端，說明禪宗美感經驗的呈現，乃是通過禪的刹那觀照，使「空性」在感性現象中頓現，進而溯源探討禪宗美學的精神淵源及其基本性格，作爲本文問題意識的緣起，第三章探討「禪與自然」的關係及其審美美直觀的誕生。第四章

經由針對禪宗哲學與禪宗美學關係的探討，建構禪宗美學的理論基礎。第五章探討禪宗美學對「美」的看法。第六章從回歸人的自然本性的過程中，探求禪宗美學的審美感受與生命境界，及其對藝術的影響。第七章說明禪宗美學現世關懷的特色，勾勒出禪宗美學的文化反思。禪的審美意識與自然之境相依而生，在回歸自然之境的過程中，禪創造了禪的生活藝術，賦予禪的審美以生命的終極關懷，滿足了生命不朽的需求，提供了逐漸物化、異化的現代人一種新的選擇，值得現代社會進一步探索與反思。

目　次

第一章　緒　論 ……………………………………………………………… 1
　第一節　研究動機 ……………………………………………………… 1
　第二節　前人研究成果 ………………………………………………… 8
第二章　禪宗美學概觀 …………………………………………………… 15
　第一節　禪宗美學精神淵源 …………………………………………… 15
　第二節　禪宗美學的基本性格 ………………………………………… 22
　第三節　無常之美與空性之頓現 ……………………………………… 31
第三章　禪與自然 ………………………………………………………… 39
　第一節　熱愛自然 ……………………………………………………… 43
　第二節　親證自然 ……………………………………………………… 50
第四章　禪宗哲學與禪宗美學 …………………………………………… 57
　第一節　以悟入「真如本性」為禪宗哲學的核心 …………………… 58
　第二節　「不立文字」與禪的終極關懷 ……………………………… 68
　第三節　禪悟之美 ……………………………………………………… 80
第五章　禪宗美學的開展 ………………………………………………… 87
　第一節　出世風格的人間美學 ………………………………………… 88
　第二節　禪的境界美學 ………………………………………………… 92
　第三節　禪宗美學的價值取向 ………………………………………… 97
第六章　禪宗美學對中國藝術的影響 …………………………………… 107
　第一節　禪詩 …………………………………………………………… 109
　第二節　禪畫 …………………………………………………………… 117
第七章　結　論 …………………………………………………………… 129
　第一節　禪宗美學的現代性意義 ……………………………………… 129

第二節　文化危機中的美學省思 ……………………………………… 135

參考書目 ……………………………………………………………………… 143

附　圖 ……………………………………………………………………………… 153

第二八冊　嘉祥吉藏及其詮經設立

作者簡介

簡凱廷，民國 70 年生，台灣省台北縣人。政治大學企管系肄業，台灣大學經濟系畢業，並以林麗眞教授所指導之《著爲累根：嘉祥吉藏經解體系的理論預設及其詮經方法》論文取得台灣大學中國文學研究所碩士學位。目前爲清華大學中國文學研究所博士生。研究興趣爲魏晉玄學、魏晉——隋唐佛教思想，以及佛道交涉，及經典詮釋相關議題。

提　要

本研究旨在探討嘉祥吉藏作爲一名義解僧，如何詮解各佛教經論中的教說，藉以統攝思想、立場或異的經典於同一體系之中。首先，藉由討論吉藏在傳統佛教史傳中的形象以及與三論宗的關係等問題，以確立本文研究對象吉藏思想的代表性及其侷限。其次，透過史傳文獻及其著作內容等記載，考察吉藏作爲一名義解僧侶所面對的歷史課題。而本研究的主體部分則在於檢視吉藏基本經解立場，以及由探究此一立場背後可能涵藏的意義切進，嘗試將吉藏經解體系中的理論預設，以及「四假說」、「因緣對自性」、「因病設藥，病除藥消」、「否定的使用意義」等詮經方法進一步予以顯題化。最後，在本文的研究基礎上，就玄佛交涉、修行觀、判教論三個議題，嘗試針對吉藏思想與老莊學說的關係、吉藏何以「愛狎風流，不拘檢約」？以及他爲何宣稱《法華經》已宣說「佛性」教說？等問題，提出看法。本文的研究目的在於希望進一步釐清吉藏經解思想之核心面貌，並就此，對於當代各家吉藏思想詮釋所涵藏的潛在爭執，有所回應。

目　次

自　序

緒　論 ……………………………………………………………………………… 1

第一章　嘉祥吉藏與三論宗 …………………………………………………… 21

第一節　吉藏在中國傳統文獻中的形象 ································· 22
一、《續高僧傳》中的吉藏 ··· 22
二、中國其他佛教著作中的吉藏 ····································· 36
第二節　吉藏與三論宗 ··· 41
一、「宗」字內涵及其外延的爭議 ··································· 41
二、「三論宗」的定義：以三種可能指涉為主的討論 ·········· 44
三、吉藏集「三論宗」大成的意義 ··································· 52
第二章　吉藏的歷史課題 ·· 55
第一節　由「法滅」的危機意識談起 ································· 55
一、正法、像法、末法三時說的成立 ······························ 56
二、吉藏對於三時說的回應 ·· 61
第二節　義解僧吉藏所面臨的歷史課題 ······························ 62
一、吉藏釋經舉措的兩個面向 ·· 63
二、吉藏所處環境的學術景況 ·· 67
第三節　吉藏著作中的主要批評對象與論辯主題 ··················· 76
一、吉藏著作中的主要批評對象 ····································· 76
二、吉藏著作中主要的論辯主題——二諦與判教 ··············· 85
第三章　吉藏經解的基本立場及學說的根本預設 ··················· 95
第一節　「無所得」與「有所得」：吉藏解經舉措的基本立場 ······ 95
一、「無所得」與「有所得」判分下的指涉對象 ················ 97
二、吉藏討論問題的基本模式 ·· 108
第二節　著為累根：吉藏論說之根本預設 ··························· 113
一、由有、無二見談起 ··· 115
二、「定」：「著」的另一種表示方式 ······························ 123
三、何以不可「著」？ ··· 127
四、「著」是吉藏學說中的根本預設 ································· 128
第四章　根本預設下的詮經方法（一）——四假說、因緣對自性 ··· 133
第一節　「有所得」與「無所得」：語言使用及認知態度的區分 ···· 133
第二節　論「因緣」、「隨緣」、「對緣」、「就緣」四假 ··············· 136
一、因緣假 ··· 138
二、隨緣假 ··· 139

三、對緣假 ………………………………………………………… 141

四、就緣假 ………………………………………………………… 143

第三節　「自性」及對「自性」的「因緣」 …………………… 144

一、「自性」的使用意義 ………………………………………… 145

二、對「自性」的「因緣」：何謂「相待假」 ……………… 152

三、「因緣」如何對「自性」：「相待假」提出的目的及意義 ……… 155

第五章　根本預設下的詮經方法（二）——因病設藥，病息藥廢、否定
　　　　的使用意義 ……………………………………………… 163

第一節　因病設藥，病息藥廢 …………………………………… 164

一、「因病設藥，病息藥廢」的意義 …………………………… 164

二、關於「因病設藥，病息藥廢」的運用 …………………… 169

第二節　「否定」在吉藏學說中的使用意義 …………………… 184

一、吉藏著作中關於「否定」的使用 ………………………… 185

二、「無所得人」使用的「否定詞」具有「肯定」的義涵？ ……… 193

第三節　語詞與語詞否定間的關係：顯道、強名與異名 …… 195

一、問題的提出 …………………………………………………… 195

二、「顯道」顯何「道」：離於言說的「形上實在」？ ……… 199

三、如何看待「強為立名」以及強為立名的目的 …………… 207

四、異名同體？ …………………………………………………… 212

第六章　相關議題新詮——玄佛交涉、修行觀與判教論 …… 217

第一節　吉藏學說與道家思想的關係：以批判佛教學者觀點為主的反
　　　　思 ………………………………………………………… 217

一、何謂批判佛教思潮 ………………………………………… 218

二、吉藏是偽佛教徒：伊藤隆壽等學者的詮釋觀點 ……… 222

三、吉藏是偽佛教徒？本文研究立場的反思 ……………… 228

第二節　吉藏修行觀上的諸問題 ………………………………… 249

一、吉藏「愛狎風流，不拘檢約」的可能詮釋 …………… 250

二、吉藏著作中的論辯即禪觀內容的另類展現 …………… 254

第三節　判教與經宗的關係：何以吉藏主張《法華》已明佛性 …… 258

結　論 ……………………………………………………………… 267

參考文獻 ………………………………………………………… 273

第二九冊　天臺宗性具圓教之義理根據及其開展之獨特 模式

作者簡介

尤惠貞，（1953～）生於依山傍海的花蓮，特別喜歡悠遊於大自然中。從當上臺大的新鮮人到獲得東海的哲學博士，持續地浸淫於哲學義理與宗教實踐的人文關懷之中。深深地感動於星雲大師百萬人興學之宏願，所以選擇以南華大學爲家。堅信十年樹木、百年樹人之志業，視教學即修證的道場。著作有《大乘起信論如來藏緣起思想之探討》、《天臺宗性具圓教之研究》與《天臺哲學與佛教實踐》等專書，以及〈天臺學之傳衍與開展——從智顗之圓頓教觀到湛然之性具圓教〉、〈天臺圓教的義理詮釋與觀點建立之省思〉、〈天臺哲學底「形上學」詮釋與省思——以智顗與牟宗三之「佛教」詮釋爲主的考察〉、〈從天臺智者大師的圓頓止觀看病裡乾坤〉、〈天臺智顗「觀病患境」之現代詮釋——從身心之整體調適談起〉、〈天臺智顗的佛教哲學與生命實踐——實相哲學與圓頓止觀的交響〉、〈天臺止觀與生死學之關涉——從日常生活之身心調適談起〉等學術論文多篇。

提　要

本論文關懷之核心議題爲天臺宗性具圓教之義理根據及其開展之特殊模式，文分四章：

論文之第一章主要是針對天臺宗性具圓教之歷史背景與思想淵源進行探討，在此章節中對於當時所流行之思潮與所面對之問題，如「一闡提可否究竟成佛？」與「三乘究竟，一乘方便」與「一乘究竟，三乘方便」等具諍論性議題，以及天臺宗開創時所承繼之思想皆有所探討與說明。又除了受當時之思想影響外，智者大師所以開創天臺宗獨特的性具思想，自有其思想上的淵源與傳承。從慧文、慧思到智顗之師承關係而觀，皆深受《大智度論》及《中論》等般若思想之影響，同時皆重視《妙法蓮華經》之講誦與修持，有所謂「法華三昧」之行法；故有關天臺宗之思想淵源不但依憑般若中觀，而且更深受《妙法蓮華經》之開權顯實與發跡顯本精神的影響。

論文第二章所探討的是天臺宗性具圓教之義理根據，主要是依一念三千以論述天臺宗如何構成性具圓教之存有論，亦即：一、即一念心觀三千不思議境；二、從無住本立一切法。其次則是由當體即是談天臺宗之性具圓教，亦即：一、

由無明與法性之同體依即說三道即三德；二、依圓頓止觀以顯圓融三諦。

論文第三章則環繞著天臺宗性具圓教開展之獨特模式及其所具之特殊義涵作深入地探討，吾人依兩方面以論述天臺宗性具圓教所以開展的模式，即一、不離前三教而顯天臺宗性具圓教；以及二、依《妙法蓮華經》之開權顯實、發跡顯本以言天臺宗性具圓教之開麤顯妙。其次，則是透過智者大師所說之七種二諦與七種權實二智，並藉著荊溪湛然與四明知禮二師之精簡別圓與力辨山家與山外等資料，探討有關天臺宗性具圓教所具之特殊義涵，亦即一、依七種二諦與七種權實二智之層層升進顯天臺宗性具圓教所具之開發決了義；二、由精簡別圓以顯天臺宗性具圓教之殊義。

藉此論文之探討，對於具體暸解天臺宗性具圓教之義理以及此義理得以開展之特殊模式應有所助益，同時對於天臺宗性具圓教思想對於中國佛教內部義理之發展，以及對於現實人生所可能具有之意義及影響亦能有所掌握。

目　次

緒　論 …………………………………………………………………………… 1
第一章　天臺宗性具圓教之歷史背景與思想淵源 ……………………………… 7
　第一節　天臺宗性具圓教之歷史背景 ………………………………………… 7
　　壹、天臺宗創立之時代及其歷史背景 ……………………………………… 7
　　貳、《法華經》之傳譯與一佛乘思想之發揚 ……………………………… 9
　第二節　天臺宗之思想淵源及其傳承 ………………………………………… 14
　　壹、天臺宗之思想淵源及其傳承 …………………………………………… 14
　　貳、略論《大乘止觀法門》與天臺宗性具圓教之關係 …………………… 23
第二章　天臺宗性具圓教之義理根據 …………………………………………… 37
　第一節　依「一念三千」以構成天臺宗之性具圓教 ………………………… 37
　　壹、即「一念心」觀三千不思議境 ………………………………………… 38
　　貳、從無住本立一切法 ……………………………………………………… 62
　第二節　由「當體即是」談天臺宗之性具圓教 ……………………………… 72
　　壹、由無明與法性之同體依即說「三道即三德」 ………………………… 72
　　貳、依圓頓止觀以顯圓融三諦 ……………………………………………… 91
第三章　天臺宗性具圓教開展之獨特模式及其所具之特殊義涵 ……………… 105
　第一節　論述天臺宗性具圓教開展之獨特模式 ……………………………… 105
　　壹、不離前三教而顯天臺宗性具圓教 ……………………………………… 105

貳、依《妙法蓮華經》之開權顯實、發跡顯本以言天臺宗性具圓教

之開麤顯妙 ································ 128

第二節　天臺宗性具圓教所具之特殊義涵 ················ 139

壹、依「七種二諦」與「七種權實二智」之層層升進顯天臺宗性具

圓教所具之開發決了義 ····················· 139

貳、由精簡別圓以顯天臺宗性具圓教之殊義 ············· 151

第四章　結　論 ···························· 167

壹、圓觀「一念三千」方顯天臺宗性具圓教義 ············ 167

貳、天台圓教所具之圓滿融攝義 ··················· 168

參、天臺宗性具圓教對於現實人生之積極意義與具體影響 ······· 170

肆、結　語 ···························· 179

參考書目 ······························ 181

第三十冊　宋初智圓與契嵩對儒學的回應

作者簡介

歐朝榮。臺灣省臺東縣人，1982 年生。政治大學歷史系研究部碩士。

提　要

隨著隋唐時代的大一統，儒家最主要的學問——經學也得到官方上的一致性。然而，中唐以後對於傳統經注感到不滿的士大夫開起新的研究取向，希望在經典當中再次尋求古代聖賢的「道」，並且「道統」也逐漸被確立起來。與此同時，佛教界也有新的變化。

天台宗與禪宗是影響唐代士大夫最深的兩個佛門宗派。儘管士大夫在以儒家思想作為治世的原則，但其內心也多皈依佛法。唯韓愈欲以儒家的心性之學取代佛法，成為士大夫的內在精神價值。然而，直到理學家張揚心性之學以前，韓愈的主張只得到少數士大夫的認同。

時至北宋，士大夫繼續追尋「道」，其中古文家頗致力於此。經學也延續唐代的新學風，正逐漸推翻傳統經注，至慶曆以後全面開展。同時，宋儒排佛的浪潮與此相應和。然而，兼通儒、釋的佛教高僧對此有所回應。先是天台僧智圓在排佛尚未激烈的時代大談儒家的「道」，並援引《中庸》會通佛家的「中道義」。禪僧契嵩則與復興儒學的士大夫正面對抗，與智圓同樣先在理學家之

前，發展具儒學內涵的心性之學。

　　本文所要探討的是佛教在宋初儒學轉變過程中所扮演的角色。尤其像智圓、契嵩這類的僧人如何運用儒、佛二家的思想，以回應儒當代的儒學，是值得注意的問題。再者，儒學與佛教都在唐代有所變化，須自此探求其歷史脈絡。

目　次

第一章　緒　論 1
　第一節　導　言 1
　第二節　研究回顧 4
　　一、唐宋之際的儒學與佛教 4
　　二、宋代前期的儒釋調和 5
　　三、宋代前期的儒學發展：以經學爲中心 8
　第三節　研究取徑與章節架構 9
第二章　中晚唐佛教與儒學的動向 13
　第一節　前　言 13
　第二節　天台宗的發展 15
　　一、始建期 15
　　二、湛然的中興 18
　第三節　禪宗的興起 19
　　一、中國禪宗的初立 19
　　二、慧能以後禪宗的發展 20
　第四節　隋唐佛教對士大夫的影響 22
　第五節　中晚唐的經學發展 25
　　一、官方經學的統一 27
　　二、新《春秋》學派的誕生 28
　　三、經學家的「道」 30
　　四、晚唐的經學家 32
　第六節　孟學與道統的建立 33
　　一、孟子地位的提升與道統的初立 33
　　二、儒家道統的確立 36
　第七節　小　結 38
第三章　宋初儒學與智圓 41

第一節　前　言 ……………………………………………… 41
第二節　士人的「文」及其對佛教的態度 ………………… 43
　　一、柳開與其繼承者 …………………………………… 43
　　二、王禹偁及其文友 …………………………………… 47
　　三、西崑派文人 ………………………………………… 49
第三節　宋初經學的變化 …………………………………… 51
第四節　天台宗的中興與智圓 ……………………………… 55
　　一、天台宗與吳越政權的關係 ………………………… 55
　　二、智圓與儒學的關係 ………………………………… 57
第五節　智圓的儒學研究 …………………………………… 60
　　一、智圓對《六經》的看法 …………………………… 60
　　二、智圓的《中庸》研究 ……………………………… 61
　　三、智圓對古文的見解 ………………………………… 64
第六節　小　結 ……………………………………………… 65
第四章　北宋前期的排佛論與契嵩 ………………………… 67
第一節　前　言 ……………………………………………… 67
第二節　排佛論的學理基礎：慶曆後的經學復興 ………… 68
　　一、歐陽修質疑經傳 …………………………………… 69
　　二、李覯講究經世致用 ………………………………… 72
　　三、劉敞以己意解經 …………………………………… 74
　　四、慶曆後的經學諸家 ………………………………… 75
第三節　儒家士大夫的闢佛 ………………………………… 80
第四節　契嵩的三教一致思想與護法 ……………………… 84
　　一、「聖人」說 ………………………………………… 85
　　二、性情論 ……………………………………………… 86
　　三、王道與教化 ………………………………………… 89
　　四、契嵩的《非韓》與護法 …………………………… 92
第五節　小　結 ……………………………………………… 95
第五章　結　論 ……………………………………………… 97
參考文獻 ……………………………………………………… 101

參禪與念佛——晚明袁宏道的佛教思想

作者簡介

邱敏捷，國立臺南大學國語文學系專任教授。民國七十九年以《袁宏道的佛教思想》取得國立高雄師範大學文學碩士學位；民國八十七年以《印順佛教思想研究》取得國立中山大學文學博士學位。研究領域爲佛學、老莊與佛教文學等。著有《以佛解莊——以《莊子》註爲線索之考察》、《印順《中國禪宗史》之考察——胡適及日本學者相關研究的比較》、《《肇論》研究的衍進與開展》、《文學與佛經》、《留住蓮音》、《印順導師的佛教思想》等書，以及期刊論文四十餘篇、學術研討會論文十餘篇。曾榮獲國科會研究獎勵甲種獎，並連續七年擔任國科會補助專題研究計畫主持人，研究題目分別是：《從僧肇到印順——《肇論》研究史的回顧與檢討》（NSC90-2411-H-160-001）、《唐以來「以佛解莊」之考察——兼論其在思想史之意義》（NSC91-2411-H-024-003）、《中國佛教「頓漸之爭」的內涵及其意義 以晉末宋初與唐代禪宗爲線索之考察》（NSC92-2411-H-024-004）、《「以佛解老」之考察兼論其在思想史之意義》（NSC93-2411-H-024-003）、《印順《中國禪宗史》之考察 兼與胡適及日本學者相關研究的比較》（NSC95-2411-H-024-002）《印順「批判佛教」之考察 兼與松本史朗、谷憲昭的比較》（NSC96-2411-H-024-001）、《戰後台灣「禪與詩」詮釋進路的變革——以「禪公案與禪詩」爲中心的探討》（NSC 97-2410-H-024-016）等。

提　要

在古代著名文學家與佛教的關係中，袁宏道有系統性的佛教思想理論著作，是比較特殊的一個。近現代學者有關袁宏道研究的論著，泰半集中於生平的敘述及其文學上的成就，而於其佛教思想，並無全盤解析，本論文旨在呈顯其佛教思想內涵。全文共分六章。

第一章緒論，先檢討袁宏道的佛教著作與前人研究的成果，再提出本文研究架構。

第二章以袁宏道與佛教的因緣爲主題，由兄長的啓迪到師友的交遊，再歸結於時代的思潮。從點到面做一敘述，爲解說袁宏道的佛教思想作一開展。

第三章探究袁宏道的禪學思想，由其參禪的進路，進而分析禪思的核心，並及其對晚明禪者的批判。

第四章討論袁宏道的淨土思想，以《西方合論》爲中心，先說明《西方合論》的寫作動機及其思想架構，再分析其內在的思想課題，最後則透過與蓮池淨土思想的比較與藕益的評價，呈顯袁宏道《西方合論》的價值。

第五章探討袁宏道禪學思想對文學的影響，先辨析袁宏道文學觀與禪學的關係，再分析以禪入詩的詩歌作品。

第六章結論，歸納全文討論之結果。

目　次

江　序　江燦騰

自　序

第一章　緒　論 ⋯⋯⋯⋯⋯⋯⋯⋯⋯⋯⋯⋯⋯⋯⋯⋯⋯⋯⋯⋯⋯ 1
　第一節　資料檢討 ⋯⋯⋯⋯⋯⋯⋯⋯⋯⋯⋯⋯⋯⋯⋯⋯⋯⋯ 1
　第二節　研究架構 ⋯⋯⋯⋯⋯⋯⋯⋯⋯⋯⋯⋯⋯⋯⋯⋯⋯⋯ 5
第二章　袁宏道與佛教的因緣 ⋯⋯⋯⋯⋯⋯⋯⋯⋯⋯⋯⋯⋯⋯ 7
　第一節　兄長的啓迪 ⋯⋯⋯⋯⋯⋯⋯⋯⋯⋯⋯⋯⋯⋯⋯⋯ 7
　第二節　師友的交遊 ⋯⋯⋯⋯⋯⋯⋯⋯⋯⋯⋯⋯⋯⋯⋯⋯ 9
　　一、李卓吾 ⋯⋯⋯⋯⋯⋯⋯⋯⋯⋯⋯⋯⋯⋯⋯⋯⋯⋯⋯ 10
　　二、無念禪師 ⋯⋯⋯⋯⋯⋯⋯⋯⋯⋯⋯⋯⋯⋯⋯⋯⋯⋯ 13
　第三節　時代的風尚 ⋯⋯⋯⋯⋯⋯⋯⋯⋯⋯⋯⋯⋯⋯⋯⋯ 14
　　一、禪淨思想的興盛 ⋯⋯⋯⋯⋯⋯⋯⋯⋯⋯⋯⋯⋯⋯⋯ 15
　　二、士大夫禪悅的風氣 ⋯⋯⋯⋯⋯⋯⋯⋯⋯⋯⋯⋯⋯⋯ 19
第三章　袁宏道的禪學思想 ⋯⋯⋯⋯⋯⋯⋯⋯⋯⋯⋯⋯⋯⋯ 21
　第一節　參禪的進路 ⋯⋯⋯⋯⋯⋯⋯⋯⋯⋯⋯⋯⋯⋯⋯⋯ 21
　　一、李卓吾的禪法 ⋯⋯⋯⋯⋯⋯⋯⋯⋯⋯⋯⋯⋯⋯⋯⋯ 22
　　二、大慧宗杲的看話禪 ⋯⋯⋯⋯⋯⋯⋯⋯⋯⋯⋯⋯⋯⋯ 24
　第二節　禪思的核心 ⋯⋯⋯⋯⋯⋯⋯⋯⋯⋯⋯⋯⋯⋯⋯⋯ 26
　　一、禪修理念 ⋯⋯⋯⋯⋯⋯⋯⋯⋯⋯⋯⋯⋯⋯⋯⋯⋯⋯ 26
　　二、眞常唯心 ⋯⋯⋯⋯⋯⋯⋯⋯⋯⋯⋯⋯⋯⋯⋯⋯⋯⋯ 31
　　三、教禪一致說 ⋯⋯⋯⋯⋯⋯⋯⋯⋯⋯⋯⋯⋯⋯⋯⋯⋯ 33
　第三節　對禪者的批判 ⋯⋯⋯⋯⋯⋯⋯⋯⋯⋯⋯⋯⋯⋯⋯ 35
　　一、狂禪與王學的關係 ⋯⋯⋯⋯⋯⋯⋯⋯⋯⋯⋯⋯⋯⋯ 35
　　二、批判李卓吾 ⋯⋯⋯⋯⋯⋯⋯⋯⋯⋯⋯⋯⋯⋯⋯⋯⋯ 36

第四章　袁宏道的淨土思想——以《西方合論》為中心 ⋯⋯⋯⋯⋯⋯ 39

　第一節　《西方合論》的簡介 ⋯⋯⋯⋯⋯⋯⋯⋯⋯⋯⋯⋯⋯⋯ 39

　　一、《西方合論》的寫作動機 ⋯⋯⋯⋯⋯⋯⋯⋯⋯⋯⋯⋯ 40

　　二、《西方合論》的思想架構 ⋯⋯⋯⋯⋯⋯⋯⋯⋯⋯⋯⋯ 43

　第二節　《西方合論》的思想課題 ⋯⋯⋯⋯⋯⋯⋯⋯⋯⋯⋯ 44

　　一、禪與淨的調合 ⋯⋯⋯⋯⋯⋯⋯⋯⋯⋯⋯⋯⋯⋯⋯⋯ 45

　　二、唯心淨土與他方淨土的融合 ⋯⋯⋯⋯⋯⋯⋯⋯⋯⋯ 48

　　三、淨土與華嚴思想的融通 ⋯⋯⋯⋯⋯⋯⋯⋯⋯⋯⋯⋯ 50

　第三節　《西方合論》的價值 ⋯⋯⋯⋯⋯⋯⋯⋯⋯⋯⋯⋯⋯ 52

　　一、袁宏道與蓮池淨土思想的比較 ⋯⋯⋯⋯⋯⋯⋯⋯⋯ 52

　　二、蕅益對《西方合論》的評價 ⋯⋯⋯⋯⋯⋯⋯⋯⋯⋯ 53

第五章　袁宏道禪學思想對文學的影響 ⋯⋯⋯⋯⋯⋯⋯⋯⋯⋯⋯ 57

　第一節　文學觀與禪學的關係 ⋯⋯⋯⋯⋯⋯⋯⋯⋯⋯⋯⋯⋯ 57

　　一、獨抒性靈說與禪的淵源 ⋯⋯⋯⋯⋯⋯⋯⋯⋯⋯⋯⋯ 57

　　二、禪修的轉變與文學觀的修正 ⋯⋯⋯⋯⋯⋯⋯⋯⋯⋯ 59

　第二節　以禪入詩 ⋯⋯⋯⋯⋯⋯⋯⋯⋯⋯⋯⋯⋯⋯⋯⋯⋯ 60

　　一、以禪理入詩 ⋯⋯⋯⋯⋯⋯⋯⋯⋯⋯⋯⋯⋯⋯⋯⋯⋯ 61

　　二、以禪境入詩 ⋯⋯⋯⋯⋯⋯⋯⋯⋯⋯⋯⋯⋯⋯⋯⋯⋯ 62

　　三、以禪語入詩 ⋯⋯⋯⋯⋯⋯⋯⋯⋯⋯⋯⋯⋯⋯⋯⋯⋯ 63

第六章　結　論 ⋯⋯⋯⋯⋯⋯⋯⋯⋯⋯⋯⋯⋯⋯⋯⋯⋯⋯⋯⋯ 69

參考書目 ⋯⋯⋯⋯⋯⋯⋯⋯⋯⋯⋯⋯⋯⋯⋯⋯⋯⋯⋯⋯⋯⋯⋯ 71

附　錄 ⋯⋯⋯⋯⋯⋯⋯⋯⋯⋯⋯⋯⋯⋯⋯⋯⋯⋯⋯⋯⋯⋯⋯⋯ 75

　附錄一　袁宏道學佛與著作年表 ⋯⋯⋯⋯⋯⋯⋯⋯⋯⋯⋯⋯ 75

　附錄二　袁宏道相關人物生卒年表 ⋯⋯⋯⋯⋯⋯⋯⋯⋯⋯⋯ 77

先秦儒家政治理論研究

李宗定　著

作者簡介

李宗定，國立中正大學中文博士，國立成功大學中文碩士。現任實踐大學應用中文學系助理教授。著有碩士論文《先秦儒家政治理論研究》，博士論文《老子「道」的詮釋與反思——從韓非、王弼注老之溯源考察》，並發表關於道家、道教，以及文學社會學等學術論文十餘篇。

提　　要

　　本論文主要闡明先秦儒家所提出的政治理論，以及在具體實行中遭遇到的問題。在儒家整個思想體系中，對於政治理論的設計及政治思想的建構，佔了極重要的一部分，孔子以「仁」為道德主體，人的價值，在於實踐「仁」。孟子繼承孔子的想法，更進一步明指性善之說，樹立儒家道德根源的主體性。孔孟對政治體制的設計為一「道德政治」，對個人與國家的關係可以「內聖外王」四字概括之。至於先秦最後一位大儒——荀子，則強調「禮」的重要，突顯禮治主義的客觀精神。本論文即針對先秦儒家的政治理論作一深入探討。各章大義如下，緒論：說明本論文的研究動機，以及研究範圍與各章大義。第一章：本章從歷史及思想傳承兩個角度，即利用內因外緣兩條線索來探討儒家政治理論生成的原因。第二章：儒家政治理論的最大特色在於以「道德」為思考中心，以道德修養貫穿個人與國家。這種獨特的思考模式，在面對政治時，仍以成就「仁」的德性為最初也是最終的依歸。本章說明「道德政治」及「內聖外王」這兩個觀念的意義。第三章：儒家政治理論的缺陷最主要在於理想性格過高，對現實政治始終抱持一種樂觀的態度，無法清楚地區分政治行為與倫理行為，甚至於將二者合而為一。在這種情形之下，儒家的政治理論終究無法完全地實施於現實社會，而必須引進其他學說或改變最初的理念來符合實際的需求。第四章：在面對現實政治上的難題，荀子能正視政治問題的現實面，而以較務實的角度提出各種主張。孟子承繼了孔子論「仁政」的內在理路，以「仁心」為「仁政」的根源，而荀子則強調「禮治」的一面，重視現實的禮儀規範。故本章除了闡述荀子的「禮治主義」之外，還指出荀子與孔孟的異同，以及荀子不為法家的原因。結論：將本論文作一總結，同時點出理想與現實之間，有著相對卻又相成的弔詭之處。

目

次

緒　論 ……………………………………………………… 1

　一、研究動機 …………………………………………… 1

　二、研究範圍與各章大義 ……………………………… 3

第壹章　儒家政治理論源起 …………………………… 7

　第一節　孔子承繼周文別開新局 …………………… 9

　　一、孔子「述而不作，信而好古」的歷史精神

　　　……………………………………………………… 10

　　二、堯舜傳說的儒家化 …………………………… 14

　第二節　上古社會形態在周代的變革 ……………… 17

　　一、殷周國家社會形態的改變 …………………… 18

　　二、「士」階層的流動 ……………………………… 20

　第三節　周代社會秩序的建立 ……………………… 23

　　一、繼承制的轉變──從昭穆至大小宗 ……… 24

　　二、宗教人文化──天人關係的轉變 ………… 30

　　三、「禮」的本質及形式 ………………………… 37

　小　結 ………………………………………………… 42

第貳章　儒家政治理論的特色 ……………………… 43

　第一節　儒家政治理論的中心──「道德政治」‥45

　　一、以仁爲本 ……………………………………… 46

　　二、重建政治秩序 ………………………………… 49

　　三、重視人民 ……………………………………… 53

　第二節　「內聖外王」的形成及意義 ……………… 57

　　　一、歷史發展與社會背景 ……………………………… 58

　　　二、思想內涵 …………………………………………… 62

　　小　結 ………………………………………………………… 67

第參章　孔孟政治理論實行的困難 …………………………… 69

　第一節　「道德政治」的問題 ── 倫理行為與政治

　　　　　行為無法區別 …………………………………… 70

　第二節　「內聖」與「外王」的關係 …………………… 74

　　　一、「內聖」與「外王」難以達成 …………………… 75

　　　二、「內聖」與「外王」沒有必然的連結 ……… 78

　　　三、必須由內聖之學開出「新外王」 ……………… 81

　第三節　最後決策者的限制 ……………………………… 86

　　　一、最高的權力為一人掌握 …………………………… 87

　　　二、對統治者的要求過高 ……………………………… 91

　　小　結 ……………………………………………………… 92

第肆章　先秦儒家政治理論的殿軍 ── 荀子 ……… 95

　第一節　「性惡」論是形成禮治主義的基本原因 … 97

　　　一、生之所以然者 ── 性惡說之本質 …………… 98

　　　二、化性起偽的根源 ── 認識心 ………………… 100

　第二節　政治制度之設計 ── 禮治主義 ………… 104

　　　一、禮義之源及其意義 ………………………………… 104

　　　二、王霸之辨 ……………………………………………… 109

　　　三、法後王的真相 ……………………………………… 110

　第三節　君道與臣道 ── 君臣關係的建立 ……… 112

　　　一、明分使群 ── 人盡其材的「正名」觀 …… 112

　　　二、君道 ── 兼具道德與智慧的聖王 ………… 115

　　　三、臣道 ── 依禮事君 ……………………………… 118

　第四節　富國、議兵及貴民之道 ……………………… 120

　　　一、富國之道 ── 以富民為基礎的經濟政策 121

　　　二、議兵 ── 以仁義為本的王者之兵 ………… 125

　　　三、貴民 ── 民本思想的再闡發 ………………… 127

　　小　結 ……………………………………………………… 129

結　論 …………………………………………………………… 131

參考資料 ……………………………………………………… 137

緒 論

在全文論述之前，本章先說明筆者撰寫此文的動機，並且對論文討論的範圍及研究的順序做一個介紹，以利讀者能夠順利進入本論文。而本論文立足在前賢的基礎上，希望能進一步梳理出一個清晰的脈絡，將先秦儒家政治理論完整呈現。

一、研究動機

先秦是一個活潑躍動的時代，尤其是學術上的成就，可謂中國思想史的奠基與第一個高峰期。因爲時代環境的因緣際會，先秦產生了許多偉大的思想家與豐富的思想理論，而經由互相討論詰難，磨擦出炫目的火花，這些論辯的過程與精華，都呈現在先秦諸子的著作之中。

中國的哲學很早便進入對「人」本身的思考，在人與大自然的競爭裡，宇宙萬象一直是個未知的領域，而中國人也不願意將過多的精力放在探索自然上，以爲自然神祕且不可知，人類是不可能有任何能力去改變大自然的，與其去追究渺茫無際的宇宙，不如思考「人之所以爲人」的問題。於是，中國哲學首重人的身心安頓。人類既然無可避免地走向群居的生活，最迫切也最重要的便是面對人與人之間的相處，並由此擴大到一個家族、一個國家。中國哲學家以此爲出發點思考，而成就中國哲學獨特的思考模式。站在政治學的角度，政治是人類成爲群居動物有組織的一項最重要成就。政治與人密不可分，而中國哲學家又特別重視人，於是討論政治模式，就成爲中國思想家不可避免的問題。法國哲學家白樂日（Etienne Balazs）便說：「中國哲學基

本上是政治哲學。」〔註1〕薩孟武也說:「古人思想盡是政治思想,不但吾國如此,就是西洋也不例外。」〔註2〕當然,我們不必將中國的思想做如此泛政治化的解釋,但是大凡一個完整的思想體系,不可避免的,都得觸及政治理論,因為政治密切關係到我們每個人的生活。是故,先秦的思想家在面臨當時社會的變動,各家各派也都分別提出不同的看法與觀點以因應時局或為解決之道,這些理論是全面而包羅廣泛的,有人性論、政治論,甚至還有純理性思辨的邏輯論述,可是在這些論辯中,有關政治體系的建立幾乎是所有的學者所共同關心的。〔註3〕儒家自然也不例外,在其學說中,也有一套對於政治所提出的完整理論:不管是一個國家的體系,或是執政者與全民百姓的關係,或是一個國家該如何永續經營,都是先秦儒學所思考探究的。

在先秦諸子之中,儒家思想與現實人生最為貼近,倫理道德都是從人自身及人與人的關係中自然提煉而得,也就是「人之所以為人」在於個人的德性實踐,這是從日常生活做起的,一點也沒有強迫的味道,可說是最人性化的哲學思想。不像墨子捨棄了人倫關係,想要藉著一個高懸的「兼愛」做為救亂之方,孔子雖有「愛人」之語,〔註4〕但是他的愛是有等差的,是立足於人倫關係而言愛,這種愛才符合人類基本的情感。無怪乎孟子責難墨子「無父無君」,並且駁斥墨子的信徒夷子曰:「夫夷子信以為人之親其兄之子,為若親其鄰之赤子乎?」〔註5〕蓋各親其親,各子其子,本是自然的傾向,墨子忽視了人倫遠近親疏的差別,雖然曾經盛極一時,但是很快便消聲匿跡了。

至於先秦思想另外兩大宗的道家和法家,在後世都發揮了一定的影響力,也分別與儒家相互交流融合,在漢代有「儒學法家化」及漢末魏晉的「自然」與「名教」融合。似乎先秦儒學在後世滲入了不少其他思想,而顯得不

〔註1〕 Etienne Balazs, Chinese Civilization and Bureaucracy, ed. By Arthur Wright, trans. by H. M. Wright（New Haven, Yale University Press）, p.195。

〔註2〕 見薩孟武:《儒家政論衍義──先秦儒家政治思想的體系及其演變》,東大出版社,1982年6月初版,頁491。

〔註3〕 先秦學術雖有九流十家之稱,但是就政治思想方面而言,對後世能起重要影響者,大概只有儒、道、法、陰陽四家而已。

〔註4〕 《論語‧顏淵》:「樊遲問仁。子曰:『愛人。』」孔子對於樊遲問仁的回答,非常簡潔地說出「愛人」兩字。表明了「仁」的達成,不僅僅是求得自身的圓滿自足而已,還必須做到推己及人的工夫,而這個工夫便是「愛人」。只不過孔子所言的「愛人」是有差等的,即先從父母子女做起,再進而推廣至周遭人,最後才是天下人。

〔註5〕 見《孟子‧滕文公》。

夠純粹，但是從另一個角度來看，這也正是儒家能因時制宜，包容廣大的性格。只是，不管儒家經過了多久的時間，歷經了多少的變化，儒家思想中的核心部分——「仁」，仍是不變的常道，其道德至上的理念，也依然是儒家思想的精髓。倫理道德深深影響著中國人，甚至成為中國有別於其他文化的最重要特色。

令人好奇的，儒家在漢代以後成為中國的主流思想，甚至是政府所立定的官學，但是漢代以後的儒家是否還保有先秦儒家的原始本義？儒家看似獲得了中國兩千年來的正統地位，但是儒家理想中的「道德政治」型態，卻沒有真正在中國實行，這其中的原因何在？倫理道德雖然與中國人的生活融合為一，倫常的觀念也成為維繫中國社會的力量，儒家似乎在民間有更大的影響力。對先秦儒家而言，其最終的目的無非是希望國君能夠實行德政，而上自國君下至百姓，人人都能以一個推己及人的心態來成就德性，如此一來，國家不只安和樂利，還能長治久安，這是多麼美好的一個理想國啊！事實上，儒家的理想始終是理想，就算是成為正統的官學，國君也能推行儒學，但是仍舊與理想有一段極大的差距。理想與現實真的是相對的兩難嗎？又或者儒家的想法根本就不切實際？本文擬針對這些疑點加以討論，希望能找出答案。

二、研究範圍與各章大義

本節分為兩部分，其一，說明本論文討論的問題所涉及的範圍，以及為了論文的完整和連貫性，筆者對於材料的選取；其二，就本論文各章節做一簡單敘述，俾使讀者能順利進入論文的討論。

（一）研究範圍

儒家思想在中國延續兩千多年，從至聖先師——孔子之後，經過孔子眾多弟子的傳承，在戰國後期出現了孟子與荀子兩位大儒，不但擴大了儒家思想的內容，更進一步地深化了儒家思想的內涵，對於儒家在漢代之後所受到的重視有間接促成的作用。而且自漢代以後，儒學與其他思想，包括道家、法家、佛學等，有過數次較大的交流與融合，形成儒家龐大的思想體系。在上下中國兩千多年的歷史中談儒學，可以依時間順序，據一般思想史的分期分段討論，〔註6〕或從每個思想家一一介紹；也可以從不同的議題來切入儒

〔註6〕　現今一般談中國哲學的分期，或依每個時代的思想特色區分為：「先秦諸子」、

學，對儒學做縱剖面或橫剖面的分析。本文則從政治哲學的角度來談儒學，企圖發掘整理儒家中的政治哲學部分，並且將時代斷限在先秦。一方面因為先秦儒家是儒學的發源，一方面因為政治哲學是一個學說的「常道」部分，並非如政治制度、政府組織結構可隨時而變，所以談先秦儒家的政治哲學，可以清楚地看出儒學的本質，有助於我們釐清儒家對政治主張的本義。而代表先秦儒家，並且有著作流傳後世的孔子、孟子與荀子便是本論文討論的焦點，討論的同時或旁及其餘先秦諸子，或關聯後代儒學的發展，但是重點皆在孔孟荀三人的政治哲學部分。

撇開政府組織而言，儒家對於政治形態的設計，其實歷千年不變，也就是對於統治者要求其行仁政，注意自己的德性，才能收到上行下效的教化之功。倫理道德是儒家思想的中心，儒家在討論政治問題時亦是以此為出發點。社會的政治事務與個人的心性修養是連結在一起的，「道德政治」是儒家對於政治制度最重要的設計與主張，而「內聖外王」也就是個人與社會政治透過道德而結合，形成一個成德之路。儒家重視倫理，不是憑空而來，孔子身處周朝政體正逐漸崩落的時代，環境的急速改變造成諸子百家的興起，而孔子在面對時代變革所提出的因應之道，必定有其緣由，於是本文試圖從殷商到周代的社會變化之中，尋找出儒家政治理論的來源所在。

儒家對於「人」的問題，可說面面關心，多有討論，可惜的是：儒家將倫理道德化約成一個人類社會的秩序主體，但是在進一步與政治結合時，卻遭遇到實現的難題，不僅在先秦，在以後的中國歷史中都是如此。於是，我們便會產生一個問題，先秦儒家所主張的道德政治其實有著極崇高的理想，描繪出一個國泰民安，安和樂利的社會，孔孟在有生之年極力倡導「道德政治」的理想，後代承繼儒家者也無不以達成這個目標而努力，但是何以儒家的理想沒有辦法在現實世界實行？此外，在戰國末期與孟子並傳孔子學說的荀子，對於孔子的主張又做了如何的詮釋？帶給儒家的影響何在？這些都是本文欲探討的問題。以下便就章節順序，簡要敘述各章大義。

（二）各章大義

第壹章　儒家政治理論源起

所有的思想都不是憑空發生，一個觀念的形成絕非偶然，一定有其產生

「漢代經學」、「魏晉玄學」、「隋唐佛學」、「宋明理學」、「清代樸學」等斷代，或就歷史上的各朝各代來分期。

的原因。歷史的軌跡，是後人在追溯過去的必經之途，我們唯有透過對文獻
資料以及考古證據整理，才能掌握先人的思想脈動。而考察的途徑有從其時
代背景以及思想體系兩種進路，即透過外因內緣的分析，才能獲致一個較客
觀合理的答案。所以，在討論儒家政治哲學的理論之前，本章先對儒家思想
形成的原因做一番探究，期能掌握儒家思想的脈動，有助於更進一步地分析
儒家政治理論的特色及問題。

　　第貳章　儒家政治理論的特色

　　儒家特重人自身的思考，言道言政都以「仁」為本。孔子云：「仁者愛人」；
孟子說：「仁者，人也」，仁的概念是與人相攝的，因此對於政治的設計也是
以人為出發點。故本章討論儒家政治理論的要點，即以孔子與孟子為代表，
孔子與孟子的觀點雖有不盡相同之處，詳略也有別，然一脈相承，故本文將
孔、孟並述。同時以「道德政治」及「內聖外王」兩個主題為討論中心，期
能掌握儒家政治理論的特色。

　　第參章　孔孟政治理論實行的困難

　　誠然，「道德政治」是一個極富理想色彩的政治藍圖；而「內聖外王」對
於所有讀書人而言，也是個正面且積極的目標，只可惜在追求目標的過程中，
卻有著許多難以跨越的鴻溝與層層的阻礙。如果我們把現實與理想放在對立
的角度，則儒家的政治思想含有很濃的超現實成份，或可稱之為一種「烏托
邦」的政治理想，因為不可能實現，是故成其為理想。只是，我們務必清楚
地分析儒家思想原義，在政治理論上，儒家確有其理想化的性格，然其對人
性與道德修養方面，卻起了積極向上的作用，不能一概否定。故在此僅稱儒
家對於政治的構想，含有理想的烏托邦成份在。

　　孔子終其一生都在為確立人性的尊嚴而努力，可是他的主張非但沒能在
當時付諸實行，甚至之後的中國都沒能實現孔子的政治理念，儒家的理想自
始至終還是以理想做結。蕭公權說孔子是「偉大之政治思想家而失敗之政治
改進者」，〔註7〕他的失敗，只因「陳義過高」四字。就整個歷史所呈現的現
實言，孔子對於政治的設計並沒有完全在中國社會出現過。孔子始終以道德
為一切準則，以為只要道德能付諸實現，所有的理想都成為可能。也因此儒
家把教化看的比什麼都重，面對政治也是如此。要有好的政治，一定要有「良

〔註7〕　蕭公權：《中國政治思想史》，中國文化大學出版部，1988年11月新四版，頁
　　　　58。

好」的人民，以及如「聖人」般的統治者。當然，這個理想如果實現，人類的進步便無法以千里計，甚至是個現在無法想像的世界。就因為不可能達成，我們只好將儒家的政治理想視為一個「烏托邦」。所以，「道德政治」及「內聖外王」的要求，不可避免地承受著極大的壓力，對於個人的德性修養，至少尚可操之在己，然而一旦面對外在的環境時，卻有著許多難以突破的限制。故本章就「道德政治」與「內聖外王」會遭遇的難題加以論述。

第肆章　先秦儒家政治理論的殿軍——荀子

孔孟的政治理論儘管沒有在先秦獲得重視，但是荀子「禮治主義」的提出，拉近了儒家與現實的距離，同時藉由吸收其他諸子的想法，間接促成了儒家在漢代定於一尊，可謂儒家政治理論在先秦的一次大轉化。荀子加重了禮樂的功用，同時否定人性本善的觀念，強調人類動物性的一面，走向以禮制改善政治的速成手段。他這種作法有現實的考量，畢竟，戰國末年是群雄割據，諸強並起的局面，如果沒有強大的國力，早已成為他國的禁臠，更別提行仁政云云。荀子身處日益混亂的局面，必須提出立即可行的辦法，使失序的社會儘快回復常軌。因此荀子的思想有很強烈的事功精神，他雖然在本質上也希望以禮義治國，並且區分了王與霸的不同，但是在面對迫切關鍵的政治問題，卻不避諱地大談富國與強兵的理念。尤其是認為統治者除了道德之外，更要兼具施政的能力，於是荀子的思想與孔孟相較，顯得獨樹一幟。再者，荀子是先秦晚期的大儒，對於諸子的思想都有研究，從其〈非十二子〉、〈解蔽〉、〈天論〉諸篇談論諸子百家學說的清晰深刻，可以看出荀子用功之勤、考辨之確。他批評各家學說都有所蔽而不知全，不但展現了一種宏觀視野與企圖心，也在這樣直接或間接的批判之下，受到了諸子的影響與啟發，可謂吸收融合了諸子的思想。故其基本性格雖為儒家，但已非孔孟學說的一貫精神，為儒家思想重新開創了一片天空。本章討論分析荀子政治哲學，並著重荀子與孔孟的異同，希望能在討論之中看出荀子在先秦儒家中的地位，以及荀子之所以仍是儒家而不是法家的關鍵何在。

第壹章　儒家政治理論源起

　　先秦，是一個百家爭鳴、學術蓬勃發展的時代，許多影響後世久遠的思想都在當時奠基，而成爲中國主流思想的儒家，也在彼時完成思想系統的確定。我們相信：所有的思想都不是憑空發生，一個觀念的形成絕非偶然，一定有其產生的原因。而先秦之所以會有如此多的學說出現，實與整個時代環境背景有密不可分的關係，舊說皆從《漢書·藝文志》，謂「諸子出於王官」。就古代貴族掌握知識的情形來看，此說或有部分合於史實，但容易使人誤以爲一切學說皆「古已有之」。以儒家爲例，孔子一方面承繼古文化的傳統，對過去文化加以整理，一方面重新詮釋創造，而成爲一套完整的學說，並非僅以「出於王官」的「古之道術」可以解說。

　　歷史的軌跡，是後人在追溯過去的必經之途，我們唯有透過對文獻資料以及考古證據整理，才能掌握先人的思想脈動，而考察的途徑有從其時代背景以及思想體系兩種進路，即透過外因內緣的分析，才能獲致得一個較客觀合理的答案。以往對於戰國時代學術思想的研究多傾向於「內在理路」，較少結合外在環境互相參照。〔註1〕當然，要做這樣的研究除了對先秦諸子思想有一定理解外，還必須具備歷史學、考古學，甚至人類學、社會學等知識，實非一朝一夕能竟全功。筆者學疏識淺，僅能做一嘗試性的探索。

　　文王及武王開創了周朝的天下，而周公更進一步地使周朝走上軌道。周

〔註1〕　這種研究方法，沈剛伯先生曾用政治、社會、經濟的觀點重新檢討陰陽家和法家的來歷。以爲社會的類型決定了禮、刑的運用，故法家出於衛、鄭、晉三國，實因此三國的社會走上商業化一途，則必有刑律產生。見沈剛伯：〈從古代禮、刑的運用探討法家的來歷〉，《大陸雜誌》，47：2，1973 年 8 月，頁1～6。

公損益前代，制禮作樂，故有所謂的「周文」產生。然而其中還有更深一層的含意：蓋一社會文化欲長久，如果只是藉由口耳相傳，並無法形成人與人相互和諧的人際網路，而制定禮文，就是將發自於血緣的這種無形關係，具體落實於典章制度。有了一份可依循的準則，社會不但安定可期，甚至可長且久。周公此舉，將中國推上一個「文明」之局，再加上工商業的發達與城市的興起等原因助瀾，周朝成為中國歷史的奠基時期。到了孔子之時，周天子雖然還維持一個名義上共主的地位，但是諸侯多已提高自己的權力與地位，各方霸主的情勢逐漸形成。唯此時的霸主還以「尊王攘夷」為目標，欲維持一個名義上的周天子地位，並且以安定天下局勢為己任，「霸政可說是變相的封建中心」。〔註2〕儘管當時的宗法與封建制度開始崩壞，孔子對霸者仍持一肯定的態度，期待周禮能在霸者手中再度復興。故孔子歸納春秋時代以來的歷史表現，指出歷史發展有一定的通則。從他心儀周文，以及著《春秋》的態度，我們可以看出他對歷史的尊重，黃俊傑稱：「孔子認為歷史中存有某種『理性』，所以歷史的發展循著一定的軌跡，因而有其必然性。」〔註3〕這也是為什麼孔子對於前代所遺留下來的文化資產如此尊重的原因。所以孔子盛讚周文，認為周公制定周文是一個很重要的成就，將夏商兩代所累積的文化，加以具體化為禮儀的形式，故孔子云：「周監於二代，郁郁乎文哉。」（《論語‧八佾》）孔子欲延續周文，很自然地吸收了宗法制中個人與社會連繫的重要觀念。因此，孔子所提出的「道德政治」，在思想淵源上是承繼周初人文精神躍動之後出現的敬德觀念，「為政以德」便是希望統治者以道德修養為施政的基礎。周初的這種天命無常論強調政治與道德的關聯，基本上是整個古代中國從宗教到哲學的過渡歷程中的一個重要環節。〔註4〕但是孔子不是只有因襲周代的觀念，而是在舊學上別開新局，在政治哲學的建構上，以「仁」字為核心的「道德政治」奠定了儒家論政的基礎。

孔子將道德與政治結合的觀念在孟子得到進一步地闡發與詮釋。孟子「仁

〔註2〕 此為錢穆語，見《國史大綱》上冊，臺灣商務印書館，1995年7月修訂三版，頁60。錢先生為「霸者」所下的定義為：一、尊王；二、攘夷；三、禁抑篡弒；四、裁制兼并。霸政使得當時諸夏的中原文化得以保存，同時維持封建國家的形勢。見是書第二編，第四章〈霸政時期〉。

〔註3〕 黃俊傑：〈中國古代儒家歷史思維的方法及運用〉，《中國古代思維方式探索》，正中書局，1996年11月臺初版，頁5。

〔註4〕 參見饒宗頤：〈天神觀與道德思想〉，《中央研究院歷史語言研究所集刊》，第四十九本第一分，1978年6月，頁77～100。

政」的理論之所以成為孔子以後儒家「道德政治」觀念發展上的一個新階段，不僅因為孟學中蘊涵著在孔學中已十分明確的「人為構成說」（Anthropogenic constructionism），更因為孟子賦予「道德政治」形上學基礎，正視天道的問題並探索思辨，摶成體系。〔註5〕孟子更進一步地將「天命」接上了「民意」，使得儒家思想中含有獨特的「民本意識」。而荀子雖然也是承繼孔子的大儒，但是荀子在道德價值本源的把握上，背離了孔子的原意，並且偏重禮的制約一面，與孟子相較之下，顯然孟子與孔子的思想是連貫統一的。所以，本文視荀子為先秦儒家的一個轉化，另立一章討論。

　　儒家思想體系的完成，是孔子承三代思想的精華，再加以整理系統化，並經過後繼者日積月累的傳承及詮釋，才有一套完整的規模。以下便就孔子「述而不作，信而好古」的態度論述起，先闡明孔子在客觀上重視歷史，但是在主觀上對歷史卻有道德性的評論。孔子並非單純地講述歷史，他一方面從三代歷史中借鏡歸納出敬德重德的想法，一方面又以此觀點來解釋更久遠的歷史，這點從孔子將堯舜道德化可以看出。在討論的同時，並兼論孟子思想，俾使先秦儒家的系統能較完整呈現。其後探討孔子至孟子時代的社會環境變化，指出國家形態的改變與「士」階層流動，對於儒家思想的形成有一定影響。最後再對上古社會形態至西周的變化加以考察，分別從宗法、宗教及禮的演變三方面來討論，希望從中看出儒家謂前有所承者是如何而來，同時藉由這些討論，與孔子的想法做進一步地印證。

第一節　孔子承繼周文別開新局

　　孔子一方面述而不作，承繼了詩、書、禮、樂的傳統，而另一方面則賦予詩、書、禮、樂新的精神與意義。就前者言，孔子對前代所傳的文化做了一個總整理；就後者言，孔子突破了王官之學的舊傳統，開創儒家新局。余英時特別舉儒家與墨家來說明中國「哲學的突破」，指出儒學之所以能在秦漢以後的社會適應良好，其中的關鍵不僅在於孔子個人善於融合新舊，更因為三代以來所謂的禮樂傳統一直在因革損益中演進。而墨家以較激烈的態度否定禮樂，與中國「哲學的突破」的溫和性格最為格格不入，所以便被擯於「異端」之列，而

〔註5〕　參見成中英：〈戰國時代的儒家思想及其發展（一）〉，《中央研究院歷史語言研究所集刊》，第四十本下冊，1969年，頁881～912。

不爲後世所重。〔註6〕孔子一方面從周，一方面也謂禮自夏以後的殷革損益，採取一種在肯定中尋求革新的態度，所以儒家不但繼承了周代禮樂文化的精神，並且積極地開創新局，這便是儒家之所以能延續千年的一個極重要原因。故儒家尊敬歷史的態度對其發展有決定性的影響。《論語・述而》載：

> 子曰：「述而不作，信而好古，竊比於我老彭。」

> 子曰：「我非生而知之者，好古，敏以求知者也。」

這兩段談話，說明了孔子對歷史的重視，也表明了孔子做學問的態度。他指出知識並非生而即有，必須靠後天的學習，而學習的對象，便是過去的歷史。孔子的這個信念與後代史家論史以「鑑古知今」的想法不謀而合，雖無直接證據可斷言後代史家受孔子影響，但我們從儒家成爲中國思想主流的這一角度來觀察，孔子面對歷史以「述而不作，信而好古」的客觀性態度，肯定自堯舜以來的傳統，但是又加以創造詮釋，實際是「以述爲作」，《春秋》裡寓褒貶於其中的精神，無疑爲中國歷代史家奉爲圭臬標準。〔註7〕以下便從孔子「述而不作，信而好古」的歷史精神及堯舜傳說的儒家化兩方面，略窺儒家如何繼承周文並且別開新局。

一、孔子「述而不作，信而好古」的歷史精神

孔子自謂「述而不作，信而好古」（《論語・述而》）、「好古，敏以求知」（《論語・述而》），而孔門弟子復稱其「祖述堯舜，憲章文武」（《中庸》三十），在在顯示出孔子的思想前有所承。而孔子所承者，正是他一直掛在嘴邊並屢爲讚頌的周文。《論語》中記載了許多相關的言論：

1. 子曰：「周監於二代，郁郁乎文哉，吾從周。」（《論語・八佾》）

周代承夏、商二代的經驗，觀前代的得失而爲借鑑，創造了周代豐盛的文化面象，故孔子不從夏、商，而以周代集前二代之禮而大備，故從之。

〔註6〕 見余英時：〈古代知識階層的興起與發展〉，《中國知識階層史論》，聯經出版事業，1980 年 8 月初版。

〔註7〕 唐師亦男曾謂孔子「述而不作」實際是「以述爲作」，因爲他肯定自黃帝堯舜以來的傳統，決定創新並繼承之。於是「積極從事一種總結整理古代文獻的工作，刪詩書、訂禮樂、贊周易、制春秋，經過孔子的刪訂詮釋之後，賦予這些文獻以新的意義和生命，使其重新發出光輝，同時也奠定了中國文化的基礎。」見唐亦男：〈孔學之當代意義 —— 孟子「聖之時」一觀念之再認識〉，《成大中文學報》第一期，國立成功大學中文系所，1992 年 11 月，頁48。

2. 子張問：「十世可知也？」子曰：「殷因於夏禮，所損益可知也；
　　周因於殷禮，所損益可知也；其或繼周者，雖百世可知也。」（《論
　　語・爲政》）

「周殷於夏禮」不是一句掛空之語，蓋周人經過好幾代經營，逐步向東
方迫進，過程是漫長的，且其中與殷文化必有密切的接觸，故立國後吸收前
代經驗勢所必然。〔註8〕周禮的實行有著濃厚的現實基礎，蓋周人以一西方小
邦克商、踐奄，初期又歷經管叔及蔡叔的叛亂，明白軍事征服畢竟不能代替
政治統治。所以周公告誡成王曰：「我不可不監於有夏，亦不可不監於有殷。」
（《尚書・召誥》）反映出周公欲從歷史教訓中尋求長治久安的啓示。孔子從
周，是因爲周代吸收了前代可取之處，所謂的「損益」，便是保留好的，去除
不好的，而前代的精神可以從仍然保留下來的禮文中觀之。故子張詢問十世
可知否，孔子便以「損益」回答。這也說明了「禮」的規範不是一成不變的
延續下去，必須隨著不同的社會環境而有所變更；不變者，是「禮」的精神，
就算是過了十世，甚至百世之後仍舊可知。

3. 子曰：「甚矣，吾衰也！久矣，吾不復夢見周公。」（《論語・述而》）

孔子自歎年老了，其中一個原因就是許久沒有夢見周公了。這表示孔子
之前常常夢見周公，亦即孔子青壯時，以恢復周公制禮作樂的精神爲職志。
只可惜孔子的學說在當時沒有受到諸侯們的青睞，雖然孔子一直抱著「知其
不可爲而爲之」的精神不斷地爲推廣他的學說而奔走，但年老時也不免有「道
不行，乘桴浮於海」的念頭興起。

4. 子曰：「夏禮吾能言之，杞不足徵也。殷禮吾能言之，宋不足徵
　　也。文獻不足故也。足則吾能徵也。」（《論語・八佾》）

夏及商距孔子之時已遠，孔子自認能言夏及殷禮，但是文獻不夠，不能
做強有力的引述及證明。因爲孔子認爲歷史的傳承有其「因革損益」之處，
所以孔子能據周禮以明夏、殷之禮，但是卻沒有太多的資料可供佐證，故採
保留的態度。從這裡我們也可以看出孔子爲學謹慎的一面。

孟子對歷史的態度也是一個繼承的想法，他一方面自認私淑孔子，一方面
在論歷史人物時，謂孔子能繼堯舜以來的道。故孔子從周文，稱古先王，孟子

〔註8〕　許倬雲在〈周人的興起及周文化的基礎〉一文中，考察了周人起源的關中地
　　　　區的底層文化，並論及周人擴張後與殷人接觸所進行的文化交流。是文收於
　　　　許倬雲：《求古編》，聯經出版事業，1982 年 6 月初版。

也據以稱之，可謂開後世儒家道統之說。其云：「昔者，禹抑洪水而天下平；周公兼夷狄，驅猛獸而百姓寧；孔子成春秋而亂臣賊子懼。……我亦欲正人心，息邪說，距詖行，放淫辭，以承三聖者。」（《孟子‧滕文公》）孟子以「舍我其誰」的胸懷，認爲改善時政的重責大任是自己必須承擔的，其所依據者便是「五百年必有王者興」的歷史循環史觀，故孟子特在《孟子》書末說了一段話：

> 由堯舜至於湯，五百有餘歲。若禹皋陶，則見而知之；若湯，則聞而知之。由湯至於文王，五百有餘歲，若伊尹萊朱，則見而知之；若文王，則聞而知之。由文王至於孔子，五百有餘歲，若太公望散宜生，則見而知之；若孔子，則聞而知之。由孔子而來，至於今，百有歲餘。去聖人之世，若此其未遠也；近聖人之居，若此其甚也。然而無有乎爾！則亦無有乎爾！（《孟子‧盡心》）

孟子歷敘先聖道統，認爲五百年就有聖人出現，從堯舜始，經湯、文王至孔子，這些聖人的行誼是累世而傳的，聖人與聖人之間有親見或耳聞聖人者，亦擔負起傳道的責任，像接力賽一般，一棒傳一棒地傳承聖人之道。孟子謂自孔子後僅一百餘年，尚無人傳道，隱然有「當今之世，舍我其誰」之志。

孔子「信而好古」的態度，也使他在談論政治問題的時候屢屢引歷史以爲殷鑑。我們舉《論語》中的章句觀之：

1. 顏淵問爲邦。子曰：「行夏之時，乘殷之輅，服周之冕，樂則韶舞。放鄭聲，遠佞人。鄭聲淫，佞人殆。」（《論語‧衛靈公》）

這一段談話明顯透露出孔子思想中「好古」的成分。顏淵問如何治理天下，孔子分別舉出前代值得學習的地方，夏代創造了曆法，使一切活動得依時而行；殷商的造車技術純熟，較周代飾以金玉來的質樸牢靠；而周代以一套有系統的禮樂文化使中國人文精神興起，對於政治的穩定有很大作用。至於造成三代衰亡沒落的淫邪之聲及佞人，孔子殷殷告誡必須遠離。這一連串的論述便是以前代爲殷鑑，取其好的部分而摒除使人喪志之處。

2. 孔子曰：「天下有道，則禮樂征伐自天子出；天下無道，則禮樂征伐自諸侯出。自諸侯出，蓋十世希不失矣；自大夫出，五世希不失矣；陪臣執國命，三世希不失矣。天下有道，則政不在大夫。天下有道，則庶人不議。」（《論語‧季氏》）

孔子在這一章中談到天下有道與否時，掌握禮樂的層級就不相同。孔子歸納前代至今的社會變化情形，指出天下有道時，禮樂征伐由天子提出；無道時

則由諸侯提出，很明顯地說西周是一有道之時，但是後來禮壞樂崩，諸侯欲取代周天子的地位，甚至有家臣奪取政權。孔子認為天下無道，逆理愈甚，傳國的世代便愈少。孔子古今並舉以資對照，就是希望當時的國君能引以為鑑。

3. 堯曰：「咨！爾舜！天之曆數在爾躬。允執其中。四海困窮，天祿永終。」舜亦以命禹。曰：「予小子履，敢用玄牡，敢昭告于皇皇后帝：有罪不敢赦。帝臣不蔽，簡在帝心。朕躬有罪，無以萬方；萬方有罪，罪在朕躬。」周有大賚，善人是富。「雖有周親，不如仁人。百姓有過，在予一人。」謹權量，審法度，修廢官，四方之政行焉。興滅國，繼絕世，舉逸民，天下之民歸心焉。所重：民、食、喪、祭。寬則得眾，信則民任焉，敏則有功，公則說。（《論語·堯曰》）

《論語·堯曰》中的這一章句大量使用《尚書》的材料，關於這一章是否為偽作，本文不做討論，但從思想史的角度觀之，這一章充分地表現出儒家政論的理念。首先，堯命舜、舜傳禹，在代代相傳的過程中，如何做一個好皇帝的經驗也一一傳承。其次，我們可以看到為政以「德」的思想貫穿其中，具體的施行方法：「謹權量，審法度，修廢官」，也分別列出。能做到這三點，政令便可達於四方。而能「興滅國，繼絕世，舉逸民」，才能獲得民心歸向。這裡指的是不斷前代之後，亦即以仁心延續各族的生存權。再者，重視人民日常生活的各項需求，滿足人民基本生存的條件，這也是為君所必要者。透過代代的相傳告誡，使這些經驗傳諸後世。這樣地主張，其實到今日號稱民主的時代依然適用，不論政策的裁量、謹慎地任免官職或重視人民生計，都是做為善政的千古不移之根本。

孔子不僅僅是思想上尊崇歷史，在實際的著述上也以倡導六經為職志。《史記·孔子世家》及《漢書·藝文志》都云孔子修詩、書、禮、樂，作春秋，姑且不論孔子對這些經典做了多少改動與修訂，孔子以六經教人是毋庸置疑的。《論語》書中有許多言及孔子引用及讚頌詩、書的章句，從這些直接的孔子言行記錄，不難想見孔子是如何如地重視前人所留傳下來的智慧。孟子除承襲孔子思想，對於先人的文獻也不敢等閒視之，《孟子》書中也多見引用書·詩之處，便是很好的證明。至於孔子與《春秋》的關係，不論他是「述」或「作」《春秋》，都可言孔子非常地重視《春秋》。〔註9〕《論語》中雖無隻

─────────────────

〔註9〕 關於孔子是否作《春秋》，歷來有許多正反兩面的意見。楊伯峻於其《春秋左

字提到《春秋》，但我們從《左傳》及其他相關資料可知孔子曾以《春秋》教學。而孔子既然選擇《春秋》為教材，可見其中必有值得殷鑑者。《孟子‧滕文公》云：「世衰道微，邪說暴行有作。臣弒其君者有之，子弒其父者有之。孔子懼，作《春秋》。春秋，天子之事也。是故孔子曰：『知我者其惟春秋乎！罪我者其惟春秋乎！』」孟子會這麼說絕非憑空捏造事實，據孔子對歷史的態度及其強烈的時代使命感，不難得知孔子會以歷史事件做為規誡國君、端正世風的最好教材。只不過早期著史的工作在史官，行褒貶之義亦在史官，且春秋行祭祀之禮的權責在天子，所以孔子為了改善時代之風，不得不以《春秋》義法教人，故發出「知我者《春秋》，罪我者《春秋》」的沉重話語。

所以，六經對於孔子來說，是其學說一個完整的呈現，也是孔子一生的用功所在。我們可以用周予同先生的一段話來做結束，其云：

> 孔子的「述而不作」，只盡量保存原有的文字、內容、風格，但述作之間並無嚴格界限。六經從形式上來說是敘述舊文，從內容上說又有創作新意，就總體言，經過整理的六經，自可說是孔子的一套著作。〔註10〕

周氏之說，至為中肯。孔子「述而不作」實則「以述為作」，亦即「信而好古」的充分表現。

二、堯舜傳說的儒家化

儒家對於歷史採取認同的態度，所以自認傳承了中國歷史的發展，也因此，對於歷史的解釋往往從儒家的角度為之，使歷史染上主觀的色彩。堯舜傳說便是一個很好的例子。

關於「堯舜」的傳說，在先秦及兩漢的典籍中有很多的記載，或稱道之，

傳注》的〈前言〉部分對孔子與《春秋》的關係作一考證，謂孔子並無「作」或「修」《春秋》，而僅以《魯春秋》教授過弟子。張以仁曾對楊伯峻的文章做了一番考辨，推翻楊氏之說，而謂孔子修作《春秋》。姑且不管孔子是否親「作」或僅是記「述」《春秋》而已，孔子與《春秋》有密切的關係是毋庸置疑的。孔子自謂對歷史的態度是「述而不作」，而《春秋》是據魯史而成，並非孔子創作，故《春秋》實則孔子「以述為作」的說法是可以成立的。詳見楊伯峻：《春秋左傳注》（修訂本），洪葉文化事業，1993 年 5 月初版；張以仁：〈孔子與春秋的關係〉，《春秋史論集》，聯經出版事業，1990 年 1 月初版。

〔註10〕 見周予同：〈六經與孔子的關係的問題〉，原載《歷史研究》，五十一年第一期。收入《中國史學史論集》，1980 年。

或否定之。戰國諸子多喜引述先聖先王之功德事跡，尤其是儒墨兩家對堯舜皆稱爲三代之聖王。但是韓非子提出了懷疑，《韓非子・顯學》云：

　　孔子墨子俱道堯舜，而取舍不同，皆自謂眞堯舜。堯舜不復生，將誰使定儒墨之誠乎！殷周七百餘歲，虞夏二千餘歲，而不能定儒墨之眞，今乃欲審堯舜之道於三千歲之前，意者其不可必乎！

韓非這段論述的本義是說自孔、墨之後，儒分爲八，墨離爲三，各自的主張學說不盡相同，然孔、墨後學距孔、墨當時不遠，已不能確定何者爲孔、墨的眞傳，何況距離更遠的堯舜，於是否定儒墨兩家俱道堯舜的論述。韓非子這個推論的目的，是告訴國君不需理會堯舜之道，因爲那是久遠不可考的事了。雖然韓非的說法帶有明顯地否定儒墨的意味，〔註 11〕卻也點出了一個大問題：堯舜是那麼遙遠的事蹟，是否眞有堯舜其人？在後代儒家的影響之下，這個問題一直沒有獲得重視。然自民初疑古派興起，堯舜的眞僞便引發了許多的質疑。〔註 12〕不過，在經過許多的考證研究及史料古物不斷出土，就近代中國上古史的研究成果而言，學界大都同意「堯舜」是上古部落的首長。〔註 13〕而先秦典籍中各家所論的堯舜皆不相同，並非他們各自創造了假的堯舜，是因爲他們的學說與思想不同，著作的目的不同，對於堯舜的「史事」也就提出了不同解釋，亦即他們的「史觀」不同，才有了不同的堯舜。〔註 14〕

　　儒家既然「信古」，對於堯舜的存在自然沒有任何懷疑，甚至將堯舜奉爲聖君，做爲尊崇與學習的對象。《論語・泰伯》載孔子稱讚堯的一段話：「大哉堯之爲君也！巍巍乎！唯天爲大，唯堯則之。蕩蕩乎！民無能名焉。巍巍乎！其有成功也；煥乎，其有文章！」孔子將堯之德譬若天，以堯爲後世爲君者的典範，備極推崇。對於舜，孔子也說：「無爲而治者，其舜也與？夫何

〔註 11〕韓非指出了孔子與墨子俱道堯舜，但取舍不同，此因論者主觀的詮釋角度不同所致，可是不能依此論斷堯舜只是無稽。

〔註 12〕康有爲著《孔子改制考》，便以爲「黃帝堯舜之事，書缺有間，茫昧無稽」，堯舜的事跡係百家所託。（商務印書館，1968）顧頡剛及錢玄同都認爲堯舜是春秋時代的人造出來的。詳見《古史辨》第一、二冊，上海書店，據樸社 1933 年版影印。

〔註 13〕見李濟之：〈中國民族之始〉，《大陸雜誌史學叢書》第一輯第二冊。楊向奎：〈應當給有虞氏一個應有的歷史地位〉，《文史哲》1956 年第七期。王仲孚：〈堯舜傳說試釋〉，《中國上古史專題研究》，五南圖書出版公司，1996 年 12 月初版。

〔註 14〕詳見李偉泰：《先秦典籍所述上古史料研究》，臺大中研所博士論文，1977；王仲孚：《中國上古史專題研究》，五南圖書出版公司，1996 年 12 月初版。

爲哉，恭己正南面而已矣。」(《論語·衛靈公》)舜繼堯之後，以其德盛使民從之，達到潛移默化的作用而不露其行，故孔子稱其「無爲而治」。至於孟子則「言必稱堯舜」(《孟子·滕文公》)，〔註15〕多以堯舜爲例，來闡述他的思想。如〈萬章〉篇中的萬章與孟子論堯舜禪讓的一大段對話，便充分地傳達出孟子以民心爲重的想法。孔子與孟子都稱道堯舜，也以堯舜之時爲一個昇平之世，但事實上是否眞的如此？

我們從史料觀察，堯舜之時不僅不是昇平之世，反而遭遇著天災與戰禍。《尚書·堯典》稱堯時：「湯湯洪水方割，蕩蕩懷山襄陵，浩浩滔天，下民其咨。」所以堯用鯀治水，歷九載尙未竟全功，可見其時水患之烈。而孟子對當時的情形也有描述，《孟子·滕文公》云：「當堯之時，天下猶未平，洪水橫流，氾濫於天下，草木暢茂，禽獸繁殖，五穀不登，禽獸逼人，獸蹄鳥跡之道，交於中國。」「當堯之時，水逆行，氾濫於中國，蛇龍居之，民無所定，下者爲巢，上者爲營窟。」很明顯地，孟子所描繪的世界其實就是上古之時的初民生活。然而，這樣的一個原始社會，爲何孔子及孟子都極力地稱讚堯舜，譽爲古代聖王？這個問題可以從孔孟對歷史的態度及思想的一貫性獲得解答。

儒家之所以用「堯舜」爲一理想聖王的代稱，實因上古之時的天災人禍不斷，堯舜對穩定社會有很大的功勞，再加以「禪讓說」的成形，使得孔孟皆稱堯舜，以堯舜爲其政治理想的寄託。首先，孔子之時去古不遠，對於上古原始的部落社會必定有所了解，周公制禮作樂，帶領著人民走向一個制度化的文明社會，然而追溯至結束漁獵維生的舊石器時代者，則自堯舜始。〔註16〕這個功績對堯舜來說，不啻爲最重要之處。從孔子對於尊周室，攘夷狄的管仲所發的讚詞，也不難想見孔子爲什麼會對堯舜稱頌不已。《論語·憲問》：「管仲相桓公。霸諸侯，一匡天下，民到於今受其賜。微管仲，吾其被髮左衽矣。豈若匹夫匹婦之爲諒也，自經於溝瀆而莫之知也。」從孔子駁斥子貢的這一番話，我們可以看出孔子維護華夏正統的意思，對於帶領眾脫離

〔註15〕據哈佛燕京學社《孟子引得》統計，《孟子》書中提到堯共五十八次，放勳兩次；舜九十七次，大舜兩次。

〔註16〕王仲孚曾加以考證，謂新石器時代進入農業生產，人類定居後開始分工，而堯舜時的官制已表現出保護部落安定，維持經濟生產，及祭祀等活動。見王仲孚：〈堯舜傳說試釋〉，《中國上古史專題研究》，五南圖書出版公司，1996年12月初版。

原始社會的堯舜，自然譽爲古之聖人。再者，堯舜禪讓的歷史事件，可謂給後世立下典範。雖然對於堯舜禪讓傳說歷代不乏懷疑討論者，但是近代大多數的學者都承認當時屬於部落同盟的氏族社會，「禪讓」是產生盟主的一種遴選制度，這是從部落進步到國家的一種過程。〔註17〕孔子對於禪讓也多有讚賞，〔註18〕因爲堯舜的這種舉動，頗爲符合孔子理想中的聖王形象。亦即堯舜不以一己之私，處處爲人民著想，正是孔子一再強調的「道德政治」的典型，於是孔子賦予堯舜道德上的崇高地位，而孟子屢稱堯舜，其實是藉堯舜做爲他的理論依據，亦即以先王的德性功業來規勉當時的國君。所以，徐復觀點明：「孔子的政治理想，係以堯舜爲最高嚮往，因堯舜是天下爲公的理想化。」〔註19〕唯有站在這個角度來觀察，才能明白儒家「言必稱堯舜」的意義。

　　經過以上的分析，我們發現：孔子一方面信古，重視代代相傳的經驗，所強調者爲精神的傳承；一方面也深知具體的制度並非一成不變，必須因時制宜，所以孔子有適應環境的靈活性，不拘泥於古聖成法。孟子不但承繼孔子的學說思想，更進一步地對歷史重新創造詮釋，將過去的傳說或歷史賦予新的意義，豐富了儒家的理論。而孔孟對於歷史的吸收、繼承與創造，也表現在社會形態與宗教轉變的各個層面，以下便分述之。

第二節　上古社會形態在周代的變革

　　中國從原始的部落社會進步到有組織的國家形態，亦即從母系社會進入父系社會，其間雖然經歷了很長的一段時間，但是在進入信史時代之後，中國已開始走上人文主義興起的禮樂社會，這是上古到周代的一個最大的變革。其中社會形態的改變，對於儒家思想興起有直接的影響。本節從殷周時期國家社會形態的改變及「士」階層的流動兩方面，來探討儒家在社會變動之時所扮演的角色，及這些改變對儒家理論形成有什麼樣的影響。

〔註17〕錢穆：〈唐虞禪讓說釋疑〉（原刊《史學》第一期，收入《古史辨》第七冊下
　　　編）；郭沫若：《中國古代社會研究》第三篇〈詩書時代的社會變革與其思想
　　　上的反應〉（上海書店，據群益出版社 1947 年版影印）；及李宗侗：《中國古
　　　代社會史》（台北：華岡，1977 三版），都主張堯舜禪讓是古代的「王位」選
　　　舉制度。
〔註18〕見《論語》〈里仁〉十三章；〈述而〉十四章；〈泰伯〉一章、十八章。
〔註19〕徐復觀：《中國人性論史》，臺灣商務印書館，1969 年 1 月初版，頁67。

一、殷周國家社會形態的改變

　　中國上古的氏族時期有著許多的部落，《史記・五帝本紀》載：「黃帝監於萬國，萬國和。」《呂氏春秋・離俗覽・上德》云：「當禹之時，天下萬國。」這裡所說的「國」，即是部落。這些部落間為了生存，彼此互相爭伐、掠奪，甚至為了對抗強敵而有合併之舉，這些情形都反映在上古的各種神話傳說之中。到了夏朝時期，開始有進一步的共同組織，亦即不同的部落間以結盟方式連合，這些連合大抵是一種「城邦聯盟」的形勢。而殷商時仍是王邦與諸部落並存的邦聯制，各部落仍有相當的自主權，只在經濟上納貢和政治上的朝覲而已，諸侯與商王朝的關係極不穩定，時常兵戎相見。〔註20〕然商代統治了黃河中下游的廣大地區，必有其凝聚權力的方式。張光直歸結商王國的統治機構，一方面以法律與王權集中掌握資源，另一方面以龐大的親族組織，用血緣關係與國家機構相輔相成。商代的血緣組織為族，地緣組織為邑。二者相比，邑為政治權力的所在，卜辭中卻不能明顯地看出邑的層級關係，族則是很明顯的層級結構。〔註21〕這個結論透露出早期的政治組織是以血緣親屬關係為主，到了周代以「封建城邦」為社會組織形態，「封建」可謂列國之間的連繫關係，「城邦」則是就各國的地理景觀及內政獨立性言。天下的形勢應該是：各個內政獨立的國家接受唯一最大強國為共主，在共主下分別依國力或其他因素建立等差次序。〔註22〕周代的「封建城邦」形態，在進入春秋時有了些許變化，其中以諸侯的權力日漸提升與周天子的地位日益下降為最。孔子面對這種情形有深刻的體會，並做了簡明的論斷：

> 孔子曰：「天下有道，則禮樂征伐自天子出；天下無道，則禮樂征伐
> 自諸侯出。自諸侯出，蓋十世希不失矣；自大夫出，五世希不失矣；
> 陪臣執國命，三世希不失矣。天下有道，則政不在大夫。天下有道，
> 則庶人不議。」（《論語・季氏》）

周初封建的目的是「封建親戚，以蕃屏周」，〔註23〕但是經過了一段長時間之

〔註20〕有關殷商王朝的國家形態，參見杜正勝：〈夏商時代的國家形態〉，《古代社會與國家》，允晨文化事業，1992 年 10 月初版。

〔註21〕張光直：Shang Civilization（New Haven：Yale University Press 1980）轉引自許倬雲：《西周史》，聯經出版事業，1984 年 10 月初版，頁107。

〔註22〕詳見杜正勝：〈周代的「封建城邦」〉，《古代社會與國家》，允晨文化事業，1992 年 10 月初版。

〔註23〕引自《左傳》僖公二十四年。

後，周初封建的主客觀因素已漸漸地不存在了。〔註24〕所以孔子對於這個轉變的過程，做了觀察，也提出了他的憂慮與看法。「天下有道」之「道」指封建秩序，有道，則一切依定制而行，可傳世久遠；無道，則諸侯稱霸，王權旁落，社會失序。於是自十世、五世、三世而每下愈況。〔註25〕於是孔子沈痛地呼籲：爲政之先，「必也正名」。

　　至於從夏至商到周的政權，中國史家歷來皆以「三代」稱之，而儒家更是推崇三代爲古代盛世。關於三代之間的關係，張光直先生從文字史料及考古資料兩方面綜合論證，謂夏商周三代在文化上是一系的，雖然彼此間有地域上的差異，但都是中國文化；自政治一面言，夏商周代表的是對立的政治集團，彼此是一種橫的關係。他說：「三代考古學所指的古代中國文明發達史，不是像過去所常相信的那樣的"孤島式"的，……現代三代考古所指的文明進展方式是"平行並進式"的，即自新石器時代晚期以來，華北華中有許多國家形成，其發展不但是平行的，而且是互相衝擊、互相刺激、而彼此促長的。」且張光直先生認爲二里頭文化即是夏代，緊跟著的商、周已進入「國家政制」階段。聚落與聚落之間形成比較複雜的固定性網狀結合關係，其統治的首領地位成爲個別宗族。〔註26〕不過比較西方學者對於國家形成的條件──以血緣關係在國家組織上爲地緣關係所取代──中國國家的形成顯然不同於西方。所以 Jonathan Friedman 把政權分配於血緣關係的古代國家歸入特殊的一類：「亞細亞式的國家」（Asiatic State）。〔註27〕我們有足夠的理由與證據相信，中國人對於國家（社會）與宗族（家庭）的觀念，是當做一個整體的結構來看。〔註28〕商殷時期的

〔註24〕 徐復觀先生曾就政治、社會、經濟各方面來探討周室封建領導地位喪失的原因。詳見其〈封建政治社會的崩潰及典型專制政治的成立〉，《周秦漢政治社會結構之研究》，今改爲《兩漢思想史卷一》，學生書局，1978 年 10 月四版，頁63～114。

〔註25〕 王熙元曾考證十世、五世的君主爲誰，認爲孔子所論的「十世」、「五世」不僅有史實根據，還有孔子親見。姑且不論王氏所考是否無誤，孔子此言爲政治上的禮樂制度的來源必須是天子，若是人人皆可自定禮制，則國家便會混亂而滅亡。至於十世、五世的君主是誰，就不是那麼重要了。見王熙元：《論語通釋》，台灣：學生書局，1981 年，頁1003～4。

〔註26〕 以上所引，見張光直：〈從夏商周三代考古論三代關係與中國古代國家的形成〉，《中國青銅時代》，聯經出版事業，1983 年 4 月初版。

〔註27〕 Jonathan Friedman, 'Tribes, States, and Transformations' in: *Marxist Analysis and Social Anthropology*, ed. by M. Block（London：Malaby Press ,1975）p.195.

〔註28〕 中國遠古「家」的含意是一政治單位，與「國」相同。而家和族的歷史功能最顯著的分野大概發生在春秋時代，孟子約處於這個關鍵時期。詳見杜正勝：〈傳統家族結構的典型〉，《古代社會與國家》，允晨文化實業出版，1992 年

國家是由部族與部族聯合組成，而部族是由原始時代的部落組織演變而來，成為一個以血緣連繫為基礎的社會組織。〔註29〕從部落到國家，中國形成以「宗族血緣」為連繫國家社會的特殊形式，杜正勝稱此文化體系為「家族文化叢」，因為「維繫父系家族的重要標誌便是『姓』，每個家族都戴上一個姓，不可隨意改變的。（初期並不嚴格，後來愈嚴格）。」〔註30〕「姓」成了父系社會的一個重要指標，它象徵著強大的家族控制力，使每個人一出生便限制在一個緊閉的環節之中，負有承先啓後的重大使命。而林安梧以「血緣縱貫軸」做為連結個人與家族乃至於國家的一個根本結構，還指出儒家將道德性與血緣性連結成一個不可分的整體。〔註31〕所以，從社會的組織來看，中國走向以血緣為主的倫理社會；從政治的結構來看，中國將倫理與政治緊密結合，使得個人與國家的關係成為一個整體。這種特殊的國家形態，直接影響了儒家政治思想，孔子以「道德政治」為論政的核心，其實便是植根於中國政治中的倫理與政治不分，血緣系統貫穿於政府組織之中的情形。這個現象也影響了儒家「內聖外王」理論產生，從個人擴展至社會國家而形成一個整體，便成為儒家在思考問題時所留意之處。

二、「士」階層的流動

關於社會組織的論述，從早期郭沫若為首至今的大陸學界，都以殷周為奴隸社會，而春秋戰國之際的新興地主取代了奴隸主，轉變成封建社會。〔註32〕然而這樣的論述並沒有直接的證據，只對大陸以馬克思主義為詮釋的路線有契合點。所以近代（非大陸地區）對中國上古史的論述從更廣泛的經濟、社會、考古等層面，重新組織上古至周代的社會，企圖做一個較客觀的歷史還原。本節擬討論西周至東周的「士」階層流動的情形，藉以觀察這種情形

---

10 月初版，頁780。

〔註29〕詳見張榮明：《殷周政治與宗教》，五南圖書出版公司，1997 年 5 月初版。

〔註30〕見杜正勝：〈古代史研究的現代意義〉，《古典與現實之間》，三民書局，1996 年，頁47。

〔註31〕參見林安梧：《儒學與傳統中國社會之哲學省察——以「血緣性縱貫軸」為核心的理解與詮釋》，幼獅文化事業公司，1996 年 4 月初版。

〔註32〕早期的郭沫若、翦伯贊、范文瀾、侯外廬都致力於證明中國社會的演變過程完全合乎馬克思的歷史階段論。爾後中國大陸的史學界便籠罩在馬克思主義的意識形態之下，史家的責任僅是引中國史料以證馬克思主義。直到最近中國高喊改革開放，才有少數人站出來批評教條主義的束縛和左傾思想的不當。

對儒家的影響。

　　「士」的原始意義並非指知識份子，根據近代學者的研究，「士」為「低級的貴族」，最初是武士，經過春秋、戰國時期的激烈變動之後才轉為文士。〔註33〕春秋的社會群體，分為公子、卿大夫、士、庶人四層，國君的社會地位無升降可言，故不列入分層。而士階層在春秋戰國時代發生變化的原因，在於當時社會階層產生流動，即上層貴族的下降和下層庶民的上升。由於士階層處於貴族與庶人之間，是上下流動的匯合之所，士的人數於是大增。〔註34〕士庶階層的流動頻繁，代表社會走向公平競爭，長久以來的階級限制至此打破，一個人的出身不再是完全的條件限制。尤其是到了春秋末葉，士庶的界限已經很難劃分，工商出仕者已比比皆是；同時，貴族下降為士者也愈來愈多，士階層不但擴大，也起了根本的變化。甚至到了戰國時期，士的社會地位從低層的貴族轉化為高級的庶民，而成為「四民」之一。〔註35〕此外，春秋時都市興起，商業活動漸熱絡，國際間的交流也趨於頻繁，〔註36〕使得庶人可以因經商致富而改變身份地位，這些因素都是加速社會階層流動的原因。

　　「士」階層獨立出貴族階層，象徵「知識份子」對政權以另一種角度來面對，甚至成為文化的承擔者，而形成獨特的「道統」與「政權」相抗衡。中國知識份子自春秋戰國時便已出現一種極強的群體意識，特別是儒家以文化傳統的承先啟後者自任，孟子一句「舍我其誰」的堅毅話語，實已道盡中國知識份子的責任與使命感。余英時便謂：「中國古代知識份子直接承三代禮樂的傳統而起。春秋戰國是一個『禮壞樂崩』的時代；禮樂已不再出自天子，而出自諸侯，故孔子斥之為『天下無道』。統治階級既不能承擔『道』，『道』的擔子便是落到

〔註33〕參見顧頡剛：〈武士與文士的蛻變〉，《史林雜識初編》，北京：中華書局，1963年，頁85～91；張蔭麟：《中國上古史綱》第二章第六節，台北：正中書局，1951年，頁42～46；余英時：〈古代知識階層的興起與發展〉，《中國知識階層史論》，聯經出版事業，1980年8月初版。

〔註34〕參見許倬雲：〈春秋戰國間的社會變動〉原載《中央研究院歷史語言研究所集刊》三十四本下冊，現收入《求古編》，聯經出版事業，1982年6月初版。

〔註35〕《穀梁傳》成公元年：「上古者有四民：有士民，有商民，有農民，有工民。」把士歸於「民」的範疇，這是值得注意的。

〔註36〕關於周代的都市興起與商業發展，參見許倬雲：〈周代都市的發展與商業的發達〉原載《中央研究院歷史語言研究所集刊》四十八本第二分，現收入《求古編》，聯經出版事業，1982年6月初版。

了真正瞭解『禮意』的『士』的身上。」「中國古代知識份子所持的『道』是人間的性格，他們所面臨的問題是政治社會秩序的重建。這就使得他們既有別於以色列先知的直接訴諸普遍性、超越性的上帝，也不同於希臘哲人對自然秩序的探索。因此之故，中國知識份子一開始就和政權威發生了面對面的關係。」〔註37〕「道統」成了知識份子據以反對權威的共識，甚至到漢以後，儒者紛紛展現批判與反省的精神，誠可謂中國保持不墜的一個主要原因。

春秋中葉以後，大批貴族沒落，原本掌握在貴族手上的知識便大量解放流向社會，因此孔子能以原在貴族手上的詩書禮樂作爲教授學生的教材。「士」從早期的貴族階級過渡到「知識份子」的性格，孔子實爲關鍵人物。孔子本身是宋國貴族的後裔，對於社會階層的劇烈變動有深刻的體會，所以當他登高一呼，便能號召一群有共同理想的學生，期望他們能在新的時代裡擔負起學問知識的傳播任務，更重要的是希望能由貴族中的「士」轉變成爲人生價值、人生命運的擔當者及傳道者。徐復觀先生認爲孔子這麼做的意義，最重要的便是：以文化轉移政治，代替政治，爲人類的命運負責。〔註38〕因爲在當時政治混亂的情形下，需要有一批人來擔負人格及知識的傳遞甚至是改善政治的責任。孔子爲後人所稱道的「有教無類」，便是本諸前述的責任感，將傳統由貴族獨佔的知識普及於民間。此舉大大地提升了平民百姓出仕的機會，也使得孔子成爲「至聖先師」。

至於孔子對當時「士」這個新興階層的要求爲何？我們可以引《論語》中的兩段章句來看孔子對於「士」的看法：

> 1. 子張問：「士如何之可謂達矣？」子曰：「何哉，爾所謂達者？」子張對曰：「在邦必聞，在家必聞。」子曰：「是聞也，非達也。夫達也者，質直而好義，察言而觀色，慮以下人。在邦必達，在家必達。夫聞也者，色取仁而行違，居之不疑。在邦必聞，在家必聞。」（《論語‧顏淵》）

子張以爲聲名在外者便是「達」，孔子藉之訓斥一番，明言「聞」與「達」是兩回事，務實才是真正的「士」。這與當時士人皆求聞達於諸侯的時代風氣

〔註37〕余英時：〈中國知識份子的古代傳統〉，《史學與傳統》，時報文化出版，1982年1月初版，頁77～79。

〔註38〕見徐復觀：〈封建政治社會的崩潰及典型專制政治的成立〉，《周秦漢政治社會結構之研究》，今改爲《兩漢思想史卷一》，學生書局，1978年10月四版，頁88～92。

有關，孔子認爲許多人急於求取功名，並沒有眞材實料，徒有虛名而已。

> 2. 子貢問曰：「何如斯可謂之士矣？」子曰：「行己有恥，使於四方，不辱君命，可謂士矣。」曰：「敢問其次。」曰：「宗族稱孝焉，鄉黨稱弟焉。」曰：「敢問其次。」曰：「言必信，行必果，硜硜然小人哉！抑亦可以爲次矣。」曰：「今之從政者何如？」子曰：「噫！斗筲之人，何足算也。」(《論語・子路》)

本章與上引文比並觀之，可知孔子對當時大量出現的士階層的要求。隨著子張之問，孔子定出士的「等級」，亦即要眞正做到一個「士」，必須對自己的德行有所要求，同時要能「使於四方，不辱君命」，對社會國家有所貢獻，至於聞達於宗族鄰里爲其次，言行一致的個人修養更爲其次。所以，孔子「己達達人，己立立人」的「內聖外王」思想，也由此顯現。

徐復觀先生謂：「孔子對『士』的性格轉換，和對『君子』的性格轉換，完全是同樣的。」〔註39〕在《論語》中，孔子尚云：「士志於道，而恥惡衣惡食者，未足與議也。」(〈里仁〉)；「士而懷居，不足以爲士矣。」(〈憲問〉)；「志士仁人，無求生以害人，有殺身以成仁。」(〈衛靈公〉)；以及曾子云：「士不可不弘毅，任重而道遠。」(〈泰伯〉)。這些言論雖是言「士」，但與孔子理想人格實踐的「君子」實爲一義。在《論語》中的「士」，有相當的意義即「君子」，是儒家理想中人格完成的一個典型。〔註40〕從「士」的性質之轉化，可看出孔子對於政治的期望與寄託，而士的性格之轉化與士階層流動息息相關，也顯示出上古社會到了周代的一次大變動。

第三節 周代社會秩序的建立

周公制禮作樂，建立了周朝的社會秩序及典章制度。其中最大的意義，可從三點來看：第一、繼承制從昭穆轉變到大小宗，使得王位的繼承有了一定的順序。第二、宗教從原始的鬼神崇拜，進入理性化的人文思考，而宗教與政治也藉此結合爲一。第三、宗教祭祀的儀式演變成具有道德規範的「禮文」，成了儒家思想的來源。這些變化，是社會進步的象徵，最重要的是減少

〔註39〕同上註，頁91。
〔註40〕關於儒家「君子」與「士」的討論，可參考余英時：〈儒家「君子」的理想〉，《中國思想傳統的現代詮釋》，聯經出版事業，1987年3月初版。

紛爭，這也是血緣關係及社會運作的必然現象，即權力的掌握繫於直系血親而不假外人，社會也走向一個規範性的禮樂社會，而這些特點也都反映在尊崇周文的孔子與孟子的理論之中。本節便從繼承制的轉變，宗教的變化及禮制的確立三方面來探討儒家政治理論的來源。

一、繼承制的轉變 —— 從昭穆至大小宗

關於殷商至周代的王位繼承制，王國維提出：商是「兄終弟及」而周是「父死子繼」，〔註41〕學界多認同之。然針對王氏之說，近代有不少質疑者，陳夢家提出四點不同的結論，他認為：1. 子繼與弟及是並用的，並無主輔之分；2. 傳兄之子與傳弟之子是並用的，並無主輔之分；3. 兄弟同禮而有長幼之別，兄弟及位以長幼為序；4. 雖無嫡庶之分，而凡子及王位者其父得為直系。〔註42〕陳夢家只對王國維的說法做一修正，並沒有再進一步地加以論述。直到民國五十二年張光直發表〈商王廟號新考〉一文，從民族學的角度對商代的王位繼承制度提出了新的見解。他考察了商代諸王廟號及其繼承次序，發現商王室自始即有兩組輪流執政的現象，商王室並且實行內婚制的父方交表配婚，王位的繼承實際上是舅傳於甥。〔註43〕張光直的主張引起了許多的討論，〔註44〕但是大體上都同意商王廟號呈現一個較有規律的變化，是實行了內婚制或交表婚制的結果。而商代的王位繼承制儘管有一固定的線索可行，〔註45〕卻顯然受到「人事」較多的影響。丁驌云：「商王世代承繼之法則，

〔註41〕 王國維曰：「商之繼統法，以弟及為主，而以子繼輔之，無弟然後傳子，……其以子繼父者，亦非兄之子，而多為弟之子。」（〈殷周制度論〉，《觀堂林集》，台北：世界書局，1975 年 3 月）當時學界多以此說為定論。

〔註42〕 陳夢家：《殷虛卜辭綜述》，大通書局，頁370。

〔註43〕 張光直：〈商王廟號新考〉，原載於《中央研究院民族學研究所集刊》第十五期（1963），頁65～95。後收入《中國青銅時代》，聯經出版事業，1983 年 4 月初版。

〔註44〕 許倬雲：〈關於「商王廟號新考」的幾點意見〉；丁驌：〈論殷王妣諡法〉；劉斌雄：〈殷商王室十分組試論〉；林衡立：〈評張光直「商王廟號新考」中的論証法〉；許進雄：〈對張光直先生的「商王廟號新考」的幾點意見〉，以上各篇均載《中央研究院民族學研究所集刊》第十九期（1965）；楊希枚：〈聯名制與卜辭商王廟號問題〉，《中央研究院民族學研究所集刊》第二十一期（1966）。大陸學者亦針對這個問題多有討論。

〔註45〕 張光直擬測殷商王制，歸納出六條法則：1. 商代的政權為一個子姓的王族所掌理；2. 十個天干群彼此結合分為兩組；3. 王位繼承法則之最嚴格執行的只有兩條。第一條是王位不在同一天干群內傳遞。第二條是王位如留在同組之內，則

顯有一固定之線索，誠如張氏（光直）所言者。惟此法則當然受人事之左右。兄弟爭位、傳弟不傳子；或因世變、天災、人禍，甚至王無子可立，皆在意中，故未必上自成湯下至帝辛皆必遵照者也。」〔註46〕可見商代的王位繼承制仍處於一個渾沌不明的狀態，亦即沒有一個固定的王位繼承制度。從今日選舉領袖的角度言，固定的傳子繼承制並無法確保執政者的賢能，然而在上古原始的部落社會，如果沒有一套固定的選立制度，便容易造成戰亂爭伐，這也是爲什麼周公創製禮文爲後世所稱讚的原因。

　　昭穆之說，不見於傳世的殷周卜辭及兩周銘文，但經傳中屢屢言及。昭穆制是早期氏族社會的制度，是指父子世系的一種分類制度，不問親疏關係，只管輩份高低。殷王以十天干劃分世代，且諸王姪也以十天干爲廟號，所以殷世系的關係是：王位繼承於父系，姓則傳承自母系。〔註47〕關於昭穆制的特徵，張光直提出三點：其一，昭穆顯然爲祖廟的分類。周代先王死後，立主於祖廟，立於昭祖亦或穆祖視其世代而定。其二，昭穆制的作用，古人明說爲別親屬之序，亦即廟號之分類實代表先王生前在親屬制上的分類。其三，在昭穆制下祖孫爲一系而父子不爲一系。〔註48〕所以昭穆制是一種血統繼承法，其根本的精神在分別世代，使宗廟的次序井然。而商代的王位繼承從早期父母雙系的昭穆繼承制，漸漸演變成後期的父系繼承制，這是殷商的社會組織逐漸加強使然。到了周代初期，並行昭穆制與宗法制。據杜正勝的研究，周代以西方一小國之姿歷經一番艱苦且持久的征服過程，才掌握整個中原地

新王一定要是老王的同輩，即兄弟輩；如傳入另外一組，則必須是由晚一輩的人承繼。4. 國王掌政，由正式或非正式的大臣會議協助。5. 如果王族內的男子有健康和心智，且屬於適合的世次，同時不在現王的天干群內而其母來自王族。6. 王族內婚，其十個天干群亦是外婚單位。（〈談王亥與伊尹的祭日並再論殷商王制〉原載於《中央研究院民族學研究所集刊》第三十五期（1973），頁111～127。後收入《中國青銅時代》，聯經出版事業，1983年4月初版。）

〔註46〕丁驌：〈論殷王姪證法〉，《中央研究院民族學研究所集刊》第十九期（1965），頁71。

〔註47〕參見張光直：〈商王廟號新考〉，原載於《中央研究院民族學研究所集刊》第十五期（1963）後收入《中國青銅時代》，聯經出版事業，1983年4月初版；陳其南：〈中國古代之親屬制度〉，《中央研究院民族學研究所集刊》第三十五期（1973）；丁驌：〈再論殷王姪廟號的兩組制說〉，《中央研究院民族學研究所集刊》第二十二期（1967）。

〔註48〕張光直：〈商王廟號新考〉原載於《中央研究院民族學研究所集刊》第十五期（1963）後收入《中國青銅時代》，聯經出版事業，1983年4月初版。頁188。

區的統治權。但是周王朝之始並不能實有天下，其原因有二：第一，在中國土地上生息繁衍的人口歷經千萬年的演進，到殷周之際，政治社會結構依然以傳統的血緣結合為主，廣大的東土舊家氏族依然星羅棋布。第二，周人的內部人口結構失之脆弱。因立國尚淺，生齒不繁，族嗣不眾，即使摶聚西方部族，建立「西土之人」的意識，其人口仍不能與商王臣服的東方諸侯相比。所以周人對東土舊族採取殖民封建與懷柔安撫的政策。〔註 49〕因此，周初是昭穆與宗法制並行。「周人適度地復興共權的昭穆制以重新調整或分配政治權力，不一味強調氏族長制，不專重文王以下一脈相傳的世系，甚至也無所謂『大小宗』，而重申『一親疏』的舉親政策，達到『文王孫子，本支百世』（《大雅·文王》）的共榮局面，是征服殖民的形勢造成的。一旦東進運動稍微停頓或不能順利發展，親不易再舉，疏也不能等一，共權的昭穆制自然不可行。」〔註 50〕可見王位繼承制的演變與社會環境有密不可分的關係。東進結束之後，周代也確立了依大小宗的王位繼承制，昭穆制的古禮便退居於宗廟獻爵享燕的典禮之中。然而，西周存於宗廟中的昭穆制到了春秋時仍受到挑戰。魯文公二年（前 625）八月，魯國舉行蒸禮，祫祭先君於太廟，升群廟之主，序昭穆。宗伯夏父弗忌主張尊僖公於閔公之上。閔公與僖公為兄弟，《史記·魯世家》謂閔為兄，僖為弟；《漢書·五行志》稱僖是閔的庶兄。無論誰為兄弟，僖公既然繼閔公之位，依當時宗廟昭穆之禮，閔公固當在上。可是夏父弗忌認為僖公較賢，故公然尊僖公，宣稱：「吾見新鬼大故鬼小。先大後小，順也；躋聖賢，明也。明、順，禮也。」（《左傳》文公二年）這種主張不符宗廟秩序，故遭執禮的宗廟有司反對。但是夏父堅持已見，不但為禮立新義，還連昭穆順序一併推翻，說：「我為宗伯，明者為昭，其次為穆，何常之有？」有司反駁曰：「夫宗廟之有昭穆也，以次世之長幼，而等胄之親疏也。……今將先明而後祖，自玄王以及主癸，莫若湯；自季以及王季，莫若文武，商周之蒸也，未嘗躋湯與文武為踰也。魯未若商周，而改其常，無乃不可乎？」（《國語·魯語上》）不過，最後僖公還是升入昭廟，昭穆制因此而亂。昭穆制亂，象徵自周公所確立的禮法受到挑戰，宗廟確定長幼的功能也受到挑戰，顯示

〔註 49〕 杜正勝：〈封建與宗法〉原載於《中央研究院民族學研究所集刊》五十本三分（1979），後收入《古代社會與國家》，充晨文化事業，1992 年 10 月初版，頁352～394。

〔註 50〕 同上註。頁401～2。

周天子的地位出現危機。事實上，也的確在東周之時「禮壞樂崩」，甚至發展成百家爭鳴，各家學說興起的現象，或是對周文的否定，或是爲維護周文。不過，相較於分別世代、使宗廟祭祀井然的昭穆制，強調單一傳承的宗法制便顯得有力的多，進而發展爲後世的君統，傳遞一千多年。

關於宗法制的特色，《禮記・大傳》載：

> 別子爲祖，繼別爲宗。繼禰者爲小宗。有百世不遷之宗，有五世則遷之宗。百世不遷者，別子之後也。宗其繼別子者，百世不遷者也。
> 宗其繼高祖者，五世則遷者也。尊祖故敬宗，敬宗，尊祖之義也。

別子即是從母族分出到外地殖民的子孫，諸侯是別子，卿或大夫也可以爲別子。而外遷的子孫在當地是「別子爲祖」，他的後人也「繼別爲宗」，嚴分大小宗便可明確地區分每個人之所從出，也可以收到統治之效。所以大小宗的制度一方面強調敬宗尊祖，一方面結合了嫡庶之辨的王位繼承制與長幼之別，使得君位的繼承委任自然，非靠人力來執行，在某種程度上是一種「客觀」的標準。中國從親親至尊尊，於周代成立了「傳子不傳弟，尊尊多禮文」〔註51〕的世襲制度，不待秦漢以後的大一統，父系社會的傳承制度在周代已然完成。社會以父系爲主，代表政治客觀化的形成。這個意思指的是繼承權有一定的規範，嫡長子爲當然繼承，可避免後繼者爭奪正統的混亂。尊尊之義的出現，使得「延續」此一觀念，很早便落實到現實社會之中。「父死子繼」成了一縱貫的軸線，家族的延續也成爲可能，並且上貫至王位的繼承，亦是傳子不傳弟。這一制度的確立，使中國的政治形態自周已定型，同時擴大到整個社會基層，宗法社會於焉形成。

與宗法制息息相關的宗廟，也表現了周代宗法制的特色。宗廟是祭祖的地方，也是親親、收族的地方。周代宗廟制度的形成，象徵祭天地鬼神的宗教儀式轉而爲對人類自身傳承的重視，藉由祭祀祖宗神而確定世系。而宗廟制度從殷到周的演變，也表現出整個社會結構由早期的母系到父系的轉向。〔註52〕《禮

〔註51〕牟宗三先生說「言周文，此兩句盡之矣」。見《歷史哲學》，學生書局，1988年8九版，頁30。牟先生從公羊家「殷質周文」來立說，其實便是指宗法繼承制到了周公之後成了定制，王位世襲傳子不傳弟，諸侯亦從之，政治形式因而客觀化。

〔註52〕中國由早期的狩獵游牧，進入農耕的定居狀態，而至堯舜之時，社會體系也漸由母系轉爲以父親做主的父系社會，唯這種轉變不是一線連貫而成，其間可能並存著父系與母系兩種社會形態。此與從兄弟到父子的繼承制演變是一致的，並非斷然分明，而是彼此有交錯並存的時段。

記・王制》載：

> 天子七廟：三昭三穆，與太祖之廟而七。諸侯五廟：二昭二穆，與
> 太祖之廟而五。大夫三廟：一昭一穆，與太祖之廟而三。士一廟，
> 庶人祭於寢。天子諸侯宗廟之祭，春曰礿，夏曰禘，秋曰嘗，冬曰
> 烝。天子祭天地，諸侯祭社稷，大夫祭五祀。天子祭天下名山大川，
> 五嶽視三公，四瀆視諸侯。諸侯之祭名山大川在其地者。天子諸侯
> 祭因國之在其地而無主後者。

祭天專屬天子，祭祖則為貴族之事，而平民無廟，只祭祖禰二代於寢而已。
祭天是天子的任務，顯示君主有意將天與統治權相結合，一方面取得統治的
合法性，一方面樹立了高高在上不可動搖的地位，這是宗廟祭祀的真正意義
所在。宗廟，在周代是從事政治活動重要的地方，〔註 53〕它是一個統制權的
重要象徵，也是血緣關係連結政治的具體呈現。至於「社稷」則代表實際統
轄的範圍，社為土神，稷為穀神，社稷是土地收成的象徵。社稷的成立，代
表國家重視人民賴以為生的基礎，也宣告領土的擁有權，部落和部落之間有
了不同的表徵。對內可凝聚族群意識；對外有區別聚落的作用。牟先生為宗
廟和社稷的成立，作了如此分疏：

> 立社稷，即所以尊土穀。立宗廟，即所以尊歷史。是則宗廟表時
> 間，社稷表空間。時間，通而上之；空間，通而廣之。合而為一，
> 則表示生之結聚與持續。由此而透悟超越之普遍者以上達天德。

〔註 54〕

社稷和宗廟的建立，代表農業定居的時代來臨，也象徵一個民族的經線和緯
線交織組成，一個社會的大網於焉形成。人民的生存、生活以及生命，開始
有了保障，同時也表示立社稷宗廟的國君，必須負起照顧人民的責任。宗廟
也代表一種主權的宣示，即一個國家所由何來，其傳承為何。透過宗廟的象
徵，「家天下」的權威性，也由此建立，這可說是權力具體化的一項重要成就。
故透過宗廟的建立，國家不再是一個抽象的名詞，國君、臣子與一般百姓，
都有了一個寄託的對象。也由於宗廟社稷的成立，使得家族觀念更趨穩固。

〔註 53〕 《左傳》中記載了許多事例。舉凡君主行冠禮、即位或死後出殯，都在宗廟
舉行。此外，君主出訪、歸來，或征戰、冊命諸儀式，皆在宗廟。可見宗廟
具有特殊的政治地位和意義。

〔註 54〕 牟宗三：《歷史哲學》，學生書局，1988 年 8 九版，頁36。

有了宗廟，則歷史的意義開始突顯，繼承和延續的觀念也藉此建立。而中國的宗廟和社稷，實由宗法制延伸而成，蓋由尊尊之義而封侯建國，故宗廟社稷立。

　　昭穆定長幼、宗法制以父系爲傳承，兩者對儒家都有很大的影響，孔子一再強調的「倫理」即根植於此。就政治層面言，長幼之序、君臣之義由此透顯。孔子回答齊景公問政，曰：「君君、臣臣、父父、子子。」（《論語·顏淵》）就是著眼於職權的劃分，人人有其應盡的責任，而責任的來源便是父系社會所形成的長幼關係。這不僅是人倫上的意義，更擴展至政治上的運作。因此，孔子對於政治的主張以定權分爲優先，「正名」是首要工夫。所以齊景公聽到孔子的答覆後，心悅誠服道：「善哉！信如君不君、臣不臣、父不父、子不子，雖有粟，吾得而食諸？」（《論語·顏淵》）如果君臣、父子之間的倫理長幼關係無法正常運行，天下豈不大亂，是故，對於政治問題，孔子一再強調以「正名」爲第一優先。《論語·子路》載：

　　　　子路曰：「衛君待子而爲政，子將奚先？」子曰：「必也正名乎！」
　　　　子路曰：「有是哉，子之迂也！奚其正？」子曰：「野哉由也！君子
　　　　於其所不知，蓋闕如也。名不正，則言不順；言不順，則事不成；
　　　　事不成，則禮樂不興；禮樂不興，則刑罰不中；刑罰不中，則民無
　　　　所措手足。故君子名之必可言也，言之必可行也。君子於其言，無
　　　　所苟而已矣。」

孔子認爲「正名」是建立政治秩序的第一步。名正言順至事成、禮樂興、刑罰中，最後目的是要使人民行事能有一定準則，這就是一個宗法社會所要求的秩序井然。孔子回答季康子問政，以「正」釋「政」，〔註55〕此「正」即是權分，在上位者以身做則，亦即克盡自己應盡的責任，其他人就沒有理由不做好應做的工作。因此，正名的工作便是要恢復禮樂社會的秩序，而秩序的來源就是宗法及昭穆制。《禮記·中庸》記：「宗廟之禮所以序昭穆也。序爵所以辨貴賤也，序事所辦賢也，旅酬下爲上所以逮賤也，燕毛所以序齒也。」宗廟之禮是爲了確定長幼順序，由此而擴及社會，發展爲重視人與人之間的關係以及各自的職份，而依循的準則便是禮法，故儒家所嚮往者，便是如此一個禮樂社會。對於在上位者而言，從重視統治權的傳承到立宗廟社稷，最

〔註55〕《論語·顏淵》：「季康子問政於孔子。孔子對曰：『政者，正也！子帥以正，孰敢不正？』」

終必然以愛百姓爲施政的目的。所以，《禮記·大傳》言：「收族故宗廟嚴，宗廟嚴故重社稷，重社稷故愛百姓。」明顯地透露出從天到人到民的觀念轉變及連繫，整個周代將天命、宗廟、封建連成一體，確立了周代的統治同時影響後來的儒家。我們甚至可以把此種觀念的成形，視做周人爲克殷，且爲了鞏固統治地位所製造的一個理論基礎。於是，傳統的天命觀在西周轉向對「人」的思考下，有了「民意化」的改變。到了東周春秋之時，這個觀念更進一步地成形。《左傳·莊公》三十二年記載著這麼一件事：

> 秋七月，有神降於莘。惠王問諸內史過曰：「是何故也？」對曰：「國之將興，明神降之，監其德也；將亡，神又降之，觀其惡也。故有得神以興，亦有以亡，虞、夏、商、周皆有之。」王曰：「若之何？」對曰：「以其物享焉。其至之日，亦其物也。」王從之。內史過往，聞虢請命，反曰：「虢必亡矣。虐而聽於神。」

> 神居莘六月。虢公使祝應、宗區、史嚚享焉。神賜之土田。史嚚曰：「虢其亡乎！吾聞之：國之將興，聽於民；將亡，聽於神。神，聰明正直而壹者也，依人而行。虢多涼德，其何土之能得？」

神的降臨，是爲了觀察國君的德行。而國君有德與否，便在於對待人民的態度，亦即是爲民謀福利或與民爭利而招致民怨。是故，天意在民，民意成了天意的依歸。經過了這樣的連結，以往高高在上，捉摸不定的天意有了明確基礎，即人民的意志。而屬於皇天授命的君主，自然必須愛護人民，聽民行事。後來「民意化」的天命觀在孟子得到大量的闡發，雖然孟子的主張不爲統治者所歡迎，卻成爲中國數千年來制衡王權的一個重要理論。

民意化的天命觀雖是針對統治者而言，人民並未因此而獲得具體反抗暴政的實質力量，但是周人這種觀念使得君主政治有了規範原則，同時也轉而爲道德上的約束力，不但成爲中國古代政治文化的傳統，也開啓了儒家政治理論的泉源。

二、宗教人文化——天人關係的轉變

中國史前原始宗教的內容，除了鬼神崇拜之外，涉及到的範圍還包括自然崇拜、圖騰崇拜、祖先祭祀、占卜、巫術等。而種種的儀式或信仰，並非以單一直線式進行演變，各個民族及各個地區的發展都不一樣。因此，我們在討論宗教的演變時，應該根據古代宗教的各個分野，討論各類信仰的形成

和發展。不過，本文的目的不在於探討中國古代宗教的演變，而是藉宗教發展過程中，以一宏觀的視野找出原始宗教在進入信史時代後理性化發展的軌跡，以及宗教與政治關係的演變。中國的宗教不似西方的宗教獨立於政治之外，兩者相互競爭；中國的宗教是與政治結合為一，甚至於在儒家的理論當中屏除了迷信的成份，天與道德融合為一體。所以，本節從「宗教人文化」〔註56〕這個角度為切入點，說明宗教脫下迷信的色彩，由祭祀禮儀演變成對人類行為的規範，並探討天人關係的轉變。

陳來指出：「在西周的思想中已可看到明顯的理性化的進步。與殷人的一大不同特色是，周人的至上觀念"天"是一個比較理性化了的絕對存在，具有"倫理位格"，是調控世界的"理性實在"。西周的禮樂文化創造的正是一種"有條理的生活方式"，由此衍生的行為規範對人的世俗生活的控制既深入又面面俱到。」〔註57〕中國宗教從夏以前的巫覡祭祀發展到周代禮樂文化的成形，經過了一段漫長的時間，而儒家重視文化教養，避談鬼神，便是承襲這個發展而來。《尚書・呂刑》記載了上古時代原始宗教的一次大變化：

> 若古有訓，蚩尤惟始作亂，延及於平民，罔不寇賊，鴟義姦宄，奪攘矯虔。苗民弗用靈，制以刑，惟作五虐之刑曰法，殺戮無辜。爰始淫為劓、刵、椓、黥，越茲麗刑并制，罔差有辭。

> 民興胥漸，泯泯棼棼，罔中於信，以覆詛盟。虐威庶戮，方告無辜於上。上帝監民，罔有馨香德，刑發聞惟腥。皇帝哀矜庶戮之不辜，報虐以威，遏絕苗民，無世在下。乃命重黎，絕地天通，罔有降格。群后之逮在下，明明棐常，鰥寡無蓋。皇帝清問下民，鰥寡有辭於苗。德威惟畏，德明惟明。

蚩尤作亂、苗民為禍，上帝為了拯救百姓，遂絕苗民，並命重、黎分司天地。

〔註56〕「宗教的人文化」一詞是徐復觀先生提出。他認為春秋時代以禮為中心的人文精神發展，並非將宗教完全取消，而係將宗教也加以人文化，使其成為人文化的宗教。人文化的意義表現在各方面：諸神具有道德精神；原有宗教性的天，也演變成道德法則的天；祭祀也從原始宗教的神秘氣氛解脫出來，而成為人文的儀節。道德理性的提升，使得宗教走向人文化，並漸漸開出後來人性論中的性與命結合的道路。參見徐復觀：《中國人性論史》第三章〈以禮為中心的人文世紀之出現，及宗教的人文化——春秋時代〉，臺灣商務印書館，1969 年 1 月初版。

〔註57〕陳來：《古代宗教與倫理——儒家思想的根源》，北京：三聯書店，1996 年 3 月第一版，頁9。

這裡的「皇帝」是指「上天」，然而《國語》記載的同一件事卻直謂「絕地通天」者為「帝顓頊」。《國語‧楚語下》：

> 昭王問於觀射父曰：「周書所謂重、黎使天下不通者，何也？若不然，民將能登天乎？」對曰：「非此之謂也。古者民神不雜。民之精爽不攜貳者，而又能齊肅衷正，其智能上下比義，其聖能光遠宣朗，其明能光照之，其聰能聽徹之，如是則明神降之，在男曰『覡』，在女曰『巫』。是使制神之處位次主，而為之牲器時服，而後使先聖之後之有光烈，……而恭敬明神者，以為之祝。……而心率舊典者為之宗。於是乎有天地神明類物之官，是謂五官，各司其序，不相亂也。民是以能有忠信，神是以能有明德，民神異業，敬而不瀆。故神降之嘉生，民以物享，災禍不至，求用不匱。及少皥之衰也，九黎亂德，民神雜糅，不可方物。夫人作享，家為巫史，無有要質。民匱於祀，而不知其福，烝享無度，民神同位，民瀆齊盟。無有威嚴，神狎民則，不蠲其為，嘉生不降，無物以享，禍災存臻，莫盡其氣。顓頊受之，乃命南正重司天以屬神，命火正黎司地以屬民，使復舊常，無相侵瀆，是謂絕地天通。」

照觀射父的說法，中國原始宗教的發展有三個階段：第一階段已有專職事神的人，而一般人民不參與事神的活動，故民神不雜，而公共的祭祀活動有專司其職的巫、覡、祝、宗一起主持。第二階段時人人祀神，家家作巫，任意通天，故民神雜糅，民神同位。造成祭品匱乏，人民不再得到福佑的結果。於是第三階段遂絕地天通，恢復民神不雜。第一階段的職務劃分應為晚出，〔註58〕觀射父之所以如此說明，帶有「復古」的意味，試圖為「絕地天通」尋找理論根據。事實上，帝顓頊此舉是為了一個日漸龐大的政治體系所做的規劃，令天地斷絕交通，把宗教變成少數人來掌理，才能使社會紀律趨於統一。徐旭生對這段傳說有詳細的解釋，他說：「他（觀射父）看不到從宗教的低級——巫術而進於高級的宗教，是人類知識演進時候必經的階段；在演進的過程中，"民神雜糅"也或者是不可避免的現象；帝顓頊的處置是有進步意義的，並不是復古的。」〔註59〕帝顓頊將人與天溝通的管道打斷，使交通的任務由大眾收回交由少數人

〔註58〕參見張光直：〈商代的巫與巫術〉，《中國青銅時代第二集》，聯經出版事業，1990 年 11 月初版。

〔註59〕徐旭生：《中國古史的傳說時代》，北京：社會科學出版社，1960 增訂初版，頁84。

的「巫」來執行，而他自己管理地上的群巫，於是宗教事業變成限於少數人的
事業。說穿了，這個舉動便是將權力集中的一種手段。原本是人人都可以和天
直接溝通，亦即天人關係是和諧且密切的，但是對於統制階層來說，這種情形
是不被容許的，特別是國家的體制逐漸完備並走向統一形式的時候。所以張光
直說：「他（帝顓頊）所代表的階段應當是階級社會開始形成的龍山文化時代。
到了殷商時代，巫師與王室的結合已趨於完備。巫師的主要職務應當還是貫通
天地，但天地的貫通是只有王室才有獨佔的權力的，所以巫術也和城郭、戰車、
刑具等一樣是統治階級統治的工具。」〔註60〕王室成為掌握權力的中心，是一
個國家形成的必然趨勢。陳來指出「絕地天通」傳說所肯定的訊息是：第一、
中國上古曾有一個"家為巫史"即人人作巫、家家作巫的巫覡時代；第二、上
古巫覡的職能是促使天地的交通；第三、歷史上的巫覡曾經歷一個專業分化的
過程。〔註61〕所以「絕地天通」這樣一個傳說，透露出原始宗教的演變，與整
個政治社會結構的發展有密不可分的關係，中國「政教合一」的政治型態很早
便成型了。統治者取得了掌控人與天交通的權力，使得國君不但是上帝與人的
中介角色，更為後代「君權神授」的觀念開啟源頭。〔註62〕而宗教也在這個轉
變中緊緊與政治結合為一，為統治者掌握權力的重要手段。

　　至於宗教意識與政治的關係，杜正勝提出一個重要的觀點：「政治社會意
識決定宗教意識」。他說：「在萬國林立的氏族部落時代，人民最尊崇仰賴的
神是自己部族的祖先，沒有無所不在而遍佈天下之至上神明，因為古人是『不
祀非族』的。由於戰爭，征服者打敗被征服者，同時也是此方之神打敗彼方
之神，勝者神靈（祖先）遂凌駕敗者神靈（祖先）之上。社會政治形態的發
展，從氏族而部落聯盟，而天下共主，國家機構出現，共主之氏族所祀之神
還是他們的祖先，不是超族類的普遍上帝。」〔註63〕宗教是伴隨著政治形勢
而發展，遠古從氏族到部落，部落與部落間又為了生存的問題而更進一步地
擴大結盟，至此雖有國家的雛型，但還不具備一個統一國家的政治結構。而

〔註60〕張光直：〈商代的巫與巫術〉，《中國青銅時代第二集》，聯經出版事業，1990
　　　　年11月初版，頁49。
〔註61〕陳來：《古代宗教與倫理——儒家思想的根源》，北京：三聯書店，1996年3
　　　　月第一版，頁26。
〔註62〕關於「絕地天通」傳說對後代天人關係的影響，可參見王健文：《奉天承運——
　　　　古代中國的「國家」概念及其正當性基礎》第二章〈天人關係及其中介角
　　　　色〉，東大圖書，1995年6月初版。
〔註63〕杜正勝：《古代社會與國家》，允晨文化，1992年10月，頁82。

上帝和祖宗神分離而獨立存在，大概在殷周之際。杜正勝言：「周人心目中的帝是公正無私的上帝，是無所不在的上帝。周之克殷，不是周人的祖宗神擊敗殷人的祖宗神，而是公正的上帝支持有德的周族。周人並不宣揚上帝是他們的先王，上帝唯有德者與，可以與商也可以棄商，同樣可以與周也可以棄周。」〔註64〕統治者與上帝的結合，顯示出「政教合一」的成形，於是共祭宗廟確立了周的統治地位。但是封建的異姓宗族之所以會共祭姬周宗廟，實與「天」有密切關係。《逸周書・祭公》：「皇天改大殷之命，維文王受之」的天命觀念，在西周早期的文獻中反覆出現，如《尚書・周書・康誥》：「天乃大命文王，殪戎殷，誕受厥命。」；《尚書・周書・大誥》：「寧（文）王惟卜用，克綏受茲命。」《詩經・大雅・大明》：「維此文王，小心翼翼，昭事上帝，聿懷多福，厥德不回，以受方國。」周王朝自認是受天命而代殷商，為使承襲天命有正當理由，並獲致天下認同，故將民意的歸向視為天意，古代宗教觀至此有了一大轉變。轉變之機，徐復觀先生認為是「憂患意識」的作用。「周文」的建立，來自周人由「天命靡常」的畏神轉而為對自己本身行為的謹慎與努力，而其中的關鍵就在「憂患意識」的興起，故周代是原始宗教轉型的時期。徐復觀先生並對周人轉化殷人的傳統宗教，以四點加以說明：

1. 周人雖然仍保留殷人許多雜亂的自然神，而加以祭祀；但他們政權的根源及行為的最後依據，卻只訴之於最高神的天命。

2. 天命對於統治權的支持不若以往的無條件，而是觀其德，審其行，故天命靡常，惟有反求於人的自身，才是可以掌握的。於是周初的宗教思想通過文王來把握天命的轉化，漸漸地從宗教對神的倚賴中完全解脫出來。

3. 周初對祖宗的祭祀，已由宗教之意義轉化為道德的意義，為爾後儒家以祭祀為道德實踐的重要方式所本。

4. 中國很早便認為人是由天所生，於是作為政治對象的人民，在人文精神的躍動下，抬高到與天命同等的地位。

上帝不是為侍奉自己而選擇政治的領導人，乃是為人民選擇可以為人民作主的人，故天命是顯於民的。〔註65〕這樣的分析是很中肯的，我們可以從先秦

〔註64〕同上註，頁85。
〔註65〕徐復觀：《中國人性論史》第二章〈周初宗教中人文精神的躍動〉，臺灣商務印書館，1969 年 1 月初版。

的文獻中看到天的觀念從殷商時期自然宗教的信仰，演變到周代具有倫理的性質，而周人受命的觀念，最終演變成天命靡常、惟德是依的政治思想。〔註66〕只是這種演變不是截然二分的變化，其中有一段過渡期，這是必須注意的。

　　殷周之際的宗教意識轉變也影響到孔子。孔子把天與鬼神做進一步的區分，對於原始信仰的鬼神以「存而不論」的態度面對，並不特別加以討論。他說：「未能事人，焉能事鬼？」（《論語・先進》）鬼神是無法証明的東西，既然無法確定鬼神必然存在，則事鬼神便不如事人來的重要，能夠了解事人之後，才能事鬼。孔子還說：「敬鬼神而遠之，可謂知矣。」（《論語・雍也》）鬼神是未知的，尊敬並且保持一定距離才是了解鬼神的態度，如果迷信鬼神，便是愚昧無知。所以孔子屏除原始宗教中神鬼的迷信思想，轉而對人類自身的思考。對於祭祀，他也不從神之受祀來解釋，而以祭祀的誠敬與否說明之。《論語・八佾》：「祭如在，祭神如神在。子曰：『吾不與祭，如不祭。』」祭祀只是人類對未知的鬼神表示崇敬的一種儀式，其意義在參與祭祀的精神，而非祭祀的對象。孔子並不認爲眞有一祭祀對象的神來享祀，只是祭祀時必以一恭敬的心參與之，這與上古時期宗教性質的祭祀有著本質上的不同。至於孔子論「天命」與論「鬼神」是不同的，「鬼神」毋須討論，而「天命」卻是道德體証的來源。《論語》中單言一「命」字者，爲「運命」之義，是天定如此，不可強求的。〔註67〕而「天命」連用或「天」字獨用者，則代表一道德法則的天。〔註68〕這個觀念從《詩經・周頌・天之命》：「維天之命，於穆

〔註66〕關於商喪天命，周受天命之說，《尚書》、《詩經》及卜辭中有大量記載。反覆地說明商先王如何保天命，而後繼者又如何喪天命，以及周文王又集天命於身，一方面告誡殷遺民，一方面勸勉周人創業維艱及守成之重要。有關論述詳見：傅斯年：《傅孟眞先生集》第三冊，臺灣大學，1952；許倬雲：《西周史》第三章〈克商與天命〉，聯經出版事業，1984年10月初版。

〔註67〕如〈雍也〉：「伯牛有疾，子問之。自牖執其手，曰：『亡之，命矣夫。』」；〈顏淵〉：「司馬牛憂曰：『人皆有兄弟，我獨亡。』子夏曰：『商聞之矣。死生有命，富貴在天。』」；〈憲問〉：「道之將行也與，命也；道之將廢也與，命也。」生死、貧富都是天生註定，是屬於「運命」，勿須強求，也強求不得。

〔註68〕如〈爲政〉：「五十而知天命。」；〈雍也〉：「子見南子，子路不說。夫子矢之曰：『予所否者，天厭之！天厭之！』」；〈憲問〉：「下學而上達，知我者，其天乎！」；〈季氏〉：「君子有三畏：畏天命，畏大人，畏聖人之言。」《論語》中的「天」或「天命」除了表現道德法則的根源，還帶有「形而上實體」的意涵，即含有人格神的意味。關於這一點，牟宗三先生與徐復觀先生有截然不同的看法，牟先生認爲《論語》中的天帶有人格神的宗教意味，而徐先生則否定之，認爲《論語》中的天只是一超經驗性的道德法則的天。唯孔子對

不已。於乎不顯，文王之德之純。」《詩經・大雅・烝民》：「天生烝民，有物有則，民之秉彝，好是懿德。」一路傳下來，亦即天命下貫於人，人的德性來源可上溯於天。

孟子更進一步區分性與命，他把「命」皆指稱為「命定」，而道德則以「性」稱之。《孟子・盡心下》：

> 口之於味也，目之於色也，耳之於聲也，鼻之於臭也，四肢之於安佚也，性也，有命焉，君子不謂性也。仁之於父子也，義之於君臣也，禮之於賓主也，智之於賢者也，聖人之於天道也，命也，有性焉，君子不謂命也。

當時一般人把耳目之欲稱之為性，孟子認為耳目的欲望是生而即有，並非自己所能選擇，所以他認為這是命，而不是性；至於仁義禮智等道德雖是生而即有，但當其實現時的主宰權在人，故謂之「性」。孟子說：「求則得之，舍則失之，是求有益於得也，求在我者也；求之有道，得之有命，是求無益於得也，求在外者也。」（《孟子・盡心》）可求者，是內在於人之性，而外在的命是不可求的，所以孟子在這裡把握住性善的根源，盡心、知性乃至於知天，這一條直貫向上之路才行的通。

不過，我們必需特別注意：孔子對於「鬼神」是採存而不論的態度，但是對天的體認並非全然否定其宗教性質，亦即孔子所謂的「天」並非一個單純的宇宙生命，而是道德的來源，具有超越的宗教意識。牟宗三先生特別指出孔子因知天命，故生敬畏之意，而敬畏之意便是宗教意識。孔子認為下學可以上達，只須努力踐仁，人便可以遙契天道，使自己的生命與天的生命相契接，但是天仍然保持著超越性，高高在上為人所敬畏。因此，孔子所說的天比較含有宗教上「人格神」的意義，天將道德給人，而人透過努力踐仁而上契天道。其後的《中庸》再從「內在」之路遙契天道，一方面收回來做自己的性，一方面又轉換成為形而上的實體，儒家對天道契合的理論至此圓滿。〔註69〕牟先生透過對《詩》、《左傳》、《論語》、《中庸》等章句的分析，將古代天道的性質稱為「既超越又內在」，同時兼具宗教與道德的意味。而由仁、

天仍存有宗教中的崇敬之義，像「天厭之」一語，便顯示出天的人格形象。故本文採牟宗三先生之說。參見牟宗三：《中國哲學的特質》；徐復觀：《中國人性論史》。

〔註69〕參見牟宗三：《中國哲學的特質》第四講至第六講，臺灣學生書局，1974 年 8 月再版。

智、聖與「性與天道」相契合，含有兩重意義：一是超越的遙契，孔子較偏重這一面；一是內在的遙契，主要表現於中庸。超越的遙契重客體性，內在的遙契重主體性，由客觀過渡到主觀的著重，是人與天和合的一大轉進。這個分析是很有道理的，天具有超越與內在的雙重性格，儒家天人合一的境界才有可能。有宗教意識，使人心生敬畏之意，故努力踐仁，不敢須臾離道，一方面又將天道內在化為道德實體，如此談道德實踐才有根源。只不過儒家並沒有將天「格位化」而成為宗教性質的人格神，反倒從人講天道及性，也就是天除了超越的一面之外，還有內在的一面，如此才能從人心上契天道，達到天人合一之境，而不是走上將天化為人格神的宗教之路。

孔子從道德精神的實踐肯定天道，故五十知天命；孟子從「盡心」處以言知性、知天，都是以仁為中心的下學上達工夫，把性與天道連接起來，而形成精神上的天人合一。天人關係從早期宗教性的崇拜，發展到周代以人文精神為主，到孔孟云天人合德，顯示儒家在「宗教人文化」的過程中所受到的影響，並且吸收這種「人文化」的精神，使得儒家具有宗教實踐的精神卻無宗教崇拜儀式的獨特性格。

三、「禮」的本質及形式

如果說分封制是周人對政治形式的改造，則「周禮」的創製與實行，可謂周人統治手段的革新。據《尚書》、《左傳》、《國語》等書的記載，周公在還政於成王前後便參照了夏、殷之禮，為鞏固社會秩序與政治安定，而設計出一套完整的禮制規範。周代集大成的「禮」，顯然早已超出上古時期宗教禮儀的範圍，〔註70〕而擴大了「禮」的運用及價值，成為生活中的一套制度與準則。孔子盛讚周文，認為周公制定周文是一個很重要的成就，〔註71〕將夏商兩代所累積的文化，加以具體化為禮儀的形式，故孔子云：「周監於二代，郁郁乎文哉。」（《論語·八佾》）周之所以突出於前代者，在於其使政治上軌

〔註70〕根據王國維〈釋禮〉（《觀堂集林》卷六，中華書局影印本，1991年，頁291）及何炳棣〈原禮〉（《二十一世紀》，1992：2）二文，可以知道「禮」字最早指以器皿盛兩串玉獻祭神靈，後來也指以酒事神，皆表祭祀的儀式。

〔註71〕周公「制禮作樂」的說法，最早見於《禮記·明堂位》。若從《周禮》及《儀禮》的成書角度視之，這個說法應理解為周公為周代的禮樂文化確立了方向，至於周禮內部的細則並非周公一人完成，而是由史官及師儒在西周二、三百年中不斷累積而成。

道，王位的繼承成了定制，禮儀的成立，規定了爵位和官位的等級，使上下
職等有了明確的分界，且日常生活上的各項運作都有了一定的規範。使得「尊
者事尊，卑者事卑」，大家都各盡本分地過著祥和的日子。周禮的推行，使周
的貴族集團能依嫡長子繼承父位、庶子分封的宗法制世代相承，形成穩定的
統治階級。甚至在統治手段上，禮也發揮了很大的作用，《國語・魯語》載曹
劌諫莊公曰：「夫禮，所以正民也。」禮有定制，教導民眾才有依循的準則，
人民才會信服遵守。〔註72〕

　　「禮」最初是宗教祭祀中的儀式，周公制定周文的意義，是把宗教中的儀
式賦予一個普遍性的意義，使儀式有了理論的基礎，而不僅僅局限於祭祀中。
再者，宗教通過了殷周時期的發展，與政治結合在一起，除了統治地位的確立
外，也與宗法制度連結成一個整體。於是，藉由此種變化，「禮」從宗教中掙脫
出來，擴及社會各層面，成了日常生活的依循準則。《禮記・表記》說明了「禮」
在殷及周不同之處：「殷人尊神，率民以事神，先鬼而後禮。周人尊禮尚施，事
鬼敬神而遠之，近人而忠焉。」從殷到周，從事鬼神到敬鬼神而遠之，轉而著
重於人事的思考。這個轉變，就是人文精神在周代掘起的最好明證。

　　古代禮樂文化的記載和討論最主要的文獻是「三禮」，即《儀禮》、《周禮》、
《禮記》，這三書的成書年代及作者或有先後不同，然保存了相當多周代政治禮
制、官員職責及生活禮儀的規定，雖然多是屬於「士」以上的上層貴族生活禮
儀，但是這些禮儀透過社會變遷及儒家的傳承闡揚，普及於一般社會階層，融
入中國人的思想當中。余英時以大傳統與小傳統的概念來分析這個問題，以為
中國古代的大傳統與小傳統是一種共同成長、互為影響的關係。他說：

　　　　大傳統是從許多小傳統中逐漸提煉出來的，後者是前者的源頭活
　　　　水。大傳統（如禮樂）不但源自民間，而且最後又往往回到民間，
　　　　並在民間得到較長久的保存。至少這是孔子以來的共同見解。像「緣
　　　　人情而制禮」、「禮失求諸野」之類的說法其實都蘊含著大、小傳統
　　　　不相隔絕的意思。〔註73〕

〔註72〕《國語・魯語上》載莊公欲「如齊觀社」，莊公此舉並不合禮，所以曹劌極力
　　　　勸阻，但最後莊公不聽。這個結果，同時也反映出春秋之時的諸侯已開始不
　　　　守周禮。
〔註73〕近年來，西方人類學家和歷史學家對文化的研究大致傾向一種二分法，以大傳
　　　　統或精英文化屬於上層知識階級，而小傳統或通俗文化則屬於沒有受過正式教
　　　　育的一般人民。然中國文化的大傳統與小傳統不是截然不相交的平行線，兩者

大傳統規範、導引了整個文化的方向，也不斷從小傳統中吸取新的養分，小傳統是大傳統的原動力，而大傳統是小傳統的領導者，兩者相輔相成。原始生活並沒有一定的禮儀規範，後來因為生活水準的提升與社會的演進，才有一具體的禮制出現，使禮從巫術祭祀的儀式到周時延伸至生活各層面的儀則。我們見到的「禮」本是針對貴族階層而言，但多成為後世中國文化的內涵。〔註74〕這一連串的演變就是小傳統進入大傳統，再由大傳統影響小傳統的過程。到了春秋時期，周初所定的禮文受到挑戰，而有禮壞樂崩的情形。〔註75〕這時孔子挺身而出，大力宣揚「禮」的重要性，並以恢復周禮的精神為一生職志。

　　在孔子的學說當中，「禮」是表現仁的一種方式。顏淵向孔子問仁，孔子回答：「克己復禮為仁。一日克己復禮，天下歸仁焉。」（《論語·顏淵》）要做到仁，必須克除己私，回復秩序。「禮」即「理」，凡事有條有理，眾人皆依禮而行，便能達到「仁」。如果只是將「禮」視為外在的行為規範，並不能合於孔子的本義。〔註76〕所以，禮不僅僅是一種外在的行為規範，在人心中是有根據的。仁是本，禮是末，禮是為了表現仁而有的行為，所以禮雖有規範性，卻符合自然之理，其用即從容不迫，以和為貴。孔子的學生有若說：「禮之用，和為貴。先王之道斯為美，小大由之。有所不行，知和而和，不以禮節之，亦不可行也。」（《論語·學而》）先王能充分掌握禮的作用，使社會有秩序，卻又不流於嚴苛，因為一切都依「理」而行，毫不勉強。可見一切行事都要合乎禮，才能夠達「仁」。故「禮」在孔子的觀念中，不但是表現仁的

間有互相影響轉化的空間。我們從中國古代的經典傳承與文學體裁的演變，便可以清楚的看到中國文化的特殊處。詳見余英時：〈漢代循吏與文化傳播〉，《中國思想傳統的現代詮釋》，聯經出版事業公司，1987年3月初版。

〔註74〕如《儀禮》中所記的〈冠禮〉成為民間的「成年禮」；〈昏禮〉曰：「昏禮者，將合兩姓之好，上以事宗廟，而下以繼後世也。」更以男女婚姻為禮之大本，而有關的儀節也為民間所遵行；至於喪葬禮儀及喪服的規定，更是整個宗法制度從貴族影響民間最多的部分。

〔註75〕關於周禮的敗壞，從西周末的穆王征犬戎、厲王拒諫及宣王不籍千廟等諸事件，顯示西周後期的禮已走向毀壞，而且是從周王室開始。到了春秋戰國之時，更是每下愈況，如前引魯莊公赴齊一事即為一例。

〔註76〕孔子有云：「禮云禮云，玉帛云乎哉！」（《陽貨》）告誡眾人所謂的儀式條文是死的，並非禮之本。故林放問禮之本，孔子答曰：「禮與其奢也，寧儉；與其易也，寧戚。」（《八佾》）禮不是僵化不變的，就怕人們把禮看死。所以，「禮」在孔子的心中不是一條條行為的規範準則，只是一個「道理」而已。只要能守住這個道理，至於詳細的行為規範則因時制宜，視時代情況而定了。

方式，更是立身處事的原則。〔註77〕

孔子在回答顏淵問仁時以「復禮」答之，欲復之禮即是周禮，之所以要恢復周禮，實因孔子之時，諸侯紛紛擁兵自重，開始無視於周天子的存在。不但舊制度遭到破壞，連基本的精神都被遺棄，社會有崩潰之虞。孟子形容其時「世衰道微，邪說暴行有作，臣弒其君者有之，子弒其父者有之。」（《孟子‧滕文公》）在這樣紊亂的情形下，孔子自然無法坐視，於是周遊列國，並力行教育，期望能重新恢復周禮，扭轉日下的世風。而《語語‧八佾》中所說魯國的季孫氏「八佾舞於庭」，僭越天子之禮，便是在春秋當時禮法受到挑戰的情形。所以孔子表明「是可忍也，孰不可忍也？」面對這種情形，孔子提出「正名」的概念，認爲「正名」是建立政治秩序的第一步，即維護從周公時建立的禮法。孔子想要復興周時的禮制，藉以扭轉當時道德敗壞的情況，所重者，便是將社會的秩序重新拉回軌道。孟子對於孔子的仁與禮皆有所承襲，不過孟子把「禮」視爲「辭讓之心」，更指出其爲人性的善端之一，與仁、義、知三者並稱。孟子言「禮」，根本是一內在化的德性。

孔子一再強調禮文與制度不同。禮的基本精神是不變的，但是儀式規範卻是因時制宜的，就好比古時與現代的婚禮儀式不同，可是結婚所代表締結親屬的意義卻是不變的。關於「儀」、「禮」之分，當時已有論述，《左傳‧昭公五年》載：

> 晉侯謂女叔齊曰：「魯侯不亦善於禮乎！」對曰：「魯侯焉知禮？」
> 公曰：「何爲？自郊勞至於贈賄，禮無違者，何故不知？」對曰：「是儀也，不可謂禮。禮所以守其國，行其政令，無失其民者也。」

「禮」界定了倫常的關係，建立起一個安定的秩序，而「儀」則是具體的實行之則。所以叔齊才會糾正晉侯的觀念，郊廟的祭祀以至於與他國間的收受饋贈等都屬於「儀」，而「禮」的作用是「守其國，行其政令，無失其民」。這個區別，對我們了解「禮」的意義有很大的幫助。因此，孔子念茲在茲的也是在復興禮文的精神，而不是儀式的部分。因爲，不論禮樂的施行規則爲何，如果不能掌握根本的精神，就會變成僵化的教條主義。孔子很清楚會有這種情形，所

〔註77〕《論語》中屢屢提到「禮」的重要性，試看〈泰伯〉：「子曰：『興於詩，立於禮，成於樂。』」；〈堯曰〉：「子曰：『不知命，無以爲君子也；不知禮，無以立也；不知言，無以知人也。』」〈季氏〉：「鯉趨而過庭。曰：『學禮乎？』對曰：『未也。』『不學禮無以立。』鯉退而學禮。」學禮往往以「立」字稱之，可見習禮才能明白立身處事的準則。

以他說:「禮云禮云,玉帛云乎哉?樂云樂云,鐘鼓云乎哉?」(《論語‧陽貨》);
「人而不仁,如禮何?人而不仁,如樂何?」(《論語‧八佾》)就是針對當時的
禮崩樂壞而發。畢竟,禮與樂都是人們所定,如果只是死守舊制,或是開口閉
口都喊著相同的口號,那才是不折不扣的教條主義。所以孔子對於禮樂是後起
的有很深的體認,他認為實際的運用禮樂時,一定不能死守舊典,孔子說了一
段發人深省的話:「先進於禮樂,野人也;後進於禮樂,君子也。如用之,則吾
從先進。」(《論語‧先進》)程子注曰:「先進於禮樂,文質得宜,今反謂之質
朴,而以為野人。後進於禮樂,文過其質,今反謂之彬彬,而以為君子。蓋周
末文勝,故時人之言如此,不自知其過於文也。」程子所指出的便是文過其質
的問題,因為一但死守各種禮儀,就會淪為「文過其質」的偽君子。孔子曾說:
「質勝文則野,文勝質則史。文質彬彬,然後君子。」(《論語‧雍也》)文質兼
具才是最理想的境界,如果不能兩者都有,孔子是較傾向質樸的。關於這點,
我們還可從子夏與孔子的一段對話中看出:

> 子夏問曰:「『巧笑倩兮,美目盼兮,素以為絢兮。』何謂也?」子
> 曰:「繪事後素。」曰:「禮後乎?」子曰:「起予者商也!始可與言
> 《詩》已矣。」(《論語‧八佾》)

要做文飾的工作必須先有美好的本質。也就是說禮儀是後天的,如果沒有先
做到澄淨心靈的工夫,有再多的禮儀包裝也不過是一個偽君子而已。所以,
孔子一再強調禮的本質,唯有了解禮的精神才能真正地做到復禮。再者,先
王的規定,絕非一成不變,孔子要我們體會這些舊制背後所透露的精神,而
實際的運用與實施,是因時地而異的。所以子張問孔子:「十世可知也?」,
孔子答道:「殷因於夏禮,所損益可知也;周因於殷禮,所損益可知也;其或
繼周者,雖百世可知也。」(《論語‧為政》)「禮」,是有所「損益」的,但是
禮的精神,卻是千古不滅,「雖百世可知」,所以孔子並不會保守頑固,死守
著周禮,而強調因時制宜。〔註78〕如果以為「復古」即是「更新」,這不僅在
理論上站不住腳,更無法具體實行。

　　周公制禮是社會有序的一個重要關鍵,牟宗三先生說:「有限與超越有限

〔註78〕唐亦男師曾就「禮」與「仁」;「質」與「文」;「名」與「實」三點來討論孔
子「聖之時」的思想性格,謂其守常用變,有經有權。儒家並非教條主義,
孔子之所以成為古代聖人典型的集大成,在於「時中」而已。詳見唐亦男:〈孔
學之當代意義——孟子「聖之時」一觀念之再認識〉,《成大中文學報》第一
期,國立成功大學中文系所,1992年11月,頁45～63。

者一是皆由『禮』之定限以成就之。禮內在地成就分位之等（政治之機構），外在地成就超越理想。」〔註79〕禮，是仁的具體表現，如果不論禮至後代演變成何種模樣，或造成了怎麼樣的影響，分位之等使社會運行有一定的原則，的確是中國政治發展的一個里程碑。

小　結

　　透過以上的分析，我們可以得到一明確的結論：孔子思想的內容是承繼西周以來的文化發展方向，並且加以創新形成儒家思想性格。楊向奎曾指出：「沒有周公就不會有傳世的禮樂文明，沒有周公就沒有儒家的歷史淵源，沒有儒家中國的傳統文明可能是另一種精神狀態。」〔註80〕清楚地說出儒家的思想淵源與傳承，孔子正是繼承周公的，而中國之所以會成為以儒家立國的文化，無非儒家重歷史的態度最符合中國文化的一貫性。

　　中國從部落社會演變成國家形態的社會，不僅僅是國家形態的改變，繼承制由母系到父系的轉變，也是整個社會進入父權社會的一大步；宗教信仰從原始的鬼神到祖宗神，再拉回到人與天關係的思考，象徵人文主義的興起；而原本是宗教信仰中的崇拜儀式，在人文主義的抬頭之下，經周公的改頭換面變成「禮」，成為日常生活乃至人類活動的道德規範。這些轉變不是單純地獨自改變，而是彼此相互影響，堪稱是原始社會進而信史時最大的轉變，周朝可謂關鍵時期。這樣子的改變，也成為儒家所吸取的養料，奠定了儒家理論的基礎。我們從儒家的理論來看，孔孟有著信古及創造的精神，一方面接受前代的經驗，一方面以之為借鏡，更再加以創造的詮釋，終成先秦諸子中極具影響力的儒家思想。

〔註79〕牟宗三：《歷史哲學》，學生書局，1988 年 8 九版，頁45。
〔註80〕見楊向奎：《宗周社會與禮樂文明》，北京：人民出版社，1992 年，頁136。

第貳章　儒家政治理論的特色

　　儒家特別重視人自身問題的思考，言道言政都以「仁」為本。「仁者，人也」，仁的概念是與人相攝的，因此，對於政治的設計也是以人為出發點。強烈的人本主義傾向，連帶使得儒家在思考政治問題時，也以「道德」為解決問題的主軸，相信人都是嚮往善的。任何混亂與迷失僅僅是一時不明，只要透過良好的誘導與勸化，人類終究會組成一個祥和的社會。所以，儒家一直以樂觀積極的態度持續進行「傳道」式的宣導。前章討論了儒家理論生成之由來，我們可以清楚地了解到：儒家的思想不僅前有所承，更有著面對現世的強烈責任感，於是儒家對現世的關懷，發而為一套對政治的設計與理想。余英時有言：「從歷史的觀點看，儒家的最初與最後的嚮往都是在政治社會秩序的重建上面。」〔註1〕清楚地指出儒家具有一種承先啓後的時代責任感，針對社會時局的混亂，期能恢復堯舜時的社會秩序，〔註2〕而具體的實踐便在政

〔註1〕　余英時：〈中國知識份子的古代傳統〉，《史學與傳統》，時報文化出版，1982年1月初版，頁89。

〔註2〕　關於「堯舜」的傳說，在先秦及兩漢的典籍中有很多的記載。然自民初疑古派興起，堯舜的真偽便引發很多的質疑。就近年中國上古史的研究成果而言，學界大都同意「堯舜」是上古部落的首長，而先秦典籍中各家所論的堯舜皆不相同，並非他們各自創造了假的堯舜，而是由於他們的學說與思想不同，著作的目的不同，對於堯舜的「史事」也就提出了不同的解釋，亦即他們的「史觀」不同，才有了不同的堯舜。詳見李偉泰：《先秦典籍所述上古史料研究》，臺大中研所博士論文，1977；王仲孚：《中國上古史專題研究》，五南圖書，1996年12月初版。而上古之時的天災人禍不斷，堯舜對穩定社會有很大的功勞，故孔孟皆稱堯舜，是以堯舜為其政治理想的寄託。徐復觀也曾點明：「孔子的政治理想，係以堯舜為最高嚮往，因堯舜是天下為公的理想化。」（徐復觀：《中國人性論史》，臺灣商務印書館，1969年1月初版，頁67）唯有站在這個角度來觀察，才能明白儒家「言必稱堯舜」的意義。

治理論的建立及推行。

我們要討論儒家論政的要點，首先得釐清儒家所指為何。司馬談在〈論六家要旨〉中，不以人為代表，只舉六家之名，沒有明確指出各家與諸子的配對關係。而《漢書·藝文志·諸子略序》云：「儒家者流……游文於六藝之中，留意於仁義之際，祖述堯舜，憲章文武，宗師仲尼，以重其言，於道為最高。」將儒家的傳承說的很清楚，謂儒家從堯舜、文武到孔子一脈相承。問題是自孔子之後，誰才真正能代表儒家？孔子之後，「儒分為八」（《韓非子·顯學》），在這些派別中，究竟誰才是真正繼承孔子？這個問題自古即爭論不休，實則各家觀點之所以不同，因為各有立場之故。本文無意針對這個問題做詳細的考辯，僅從思想本身來論說。孔子之後，產生了孟子及荀子兩大系統，司馬遷稱其二人：「咸遵夫子之業而潤色之，以學顯於當世。」（《史記·儒林列傳》）可見孟子與荀子兩人皆師承孔子，並且都能成為一代宗師。然就思想內涵而言，顯然孟子較貼近孔子，他闡揚孔子論「仁」的中心思想，並極力推崇孔子。孟子還惋惜「未得為孔子徒也，予私淑諸人也」（《孟子·離婁》），雖然不得孔子親傳，但從孔子後學，而且說「乃所願，則學孔子也」，（《孟子·公孫丑》）明確地以孔子的傳人自居。所以宋明儒咸認為孟子繼孔子之後而為一道統。至於荀子的思想雖本於孔子，然其對於禮的過份重視及人性本惡等主張，卻背離了孔子原意，甚至他的弟子開展法家一支。是故，本文雖仍以荀子為儒家，但以其為一歧出，而真正繼承孔子則以孟子為是。

故本章討論儒家政治理論的要點，即以孔子與孟子為代表，孔子與孟子的觀點雖有不盡相同之處，詳略也有別，然一脈相承，故本文將孔、孟並述。〔註3〕標舉出「道德政治」與「內聖外王」兩項儒家政治理論的要點。

（一）就「道德政治」言

相較於先秦諸子對政治所提出的理論主張，儒家顯然特別重視「道德」的功效。不論是針對統治者或實際執行的政策，儒家都從人為出發點思考，堅信人性是善的，所以在政治上也看重光明的一面，認為「道德」是解決問題的最終方法。而道家根本否定「道德」的作用，〔註4〕要重返上古之時一切

〔註3〕 雖然孔子與孟子身處時代的不同，面對社會現況所提出的主張也有差異，但孔子與孟子始終強調道德與政治的關連性，認為政治必需建立在道德的基礎上，對於「仁」的掌握，兩人的觀點是一致的。

〔註4〕 此處的「道德」為儒家意義的道德，包含「仁、義、禮、智」等德性，道家

因任自然的方式，以為最高明的政治是在上位者不強加任何所謂的「道德規範」於人民。至於墨家雖言「愛」，卻流於宗教性的傳道，不符人類社會的情形，與孔孟所言仁、義相去甚遠，故不為後世所傳。而法家對於政治的設計，則完全從「富國強兵」著眼，強調「法治」與「權謀」之術，國家與人民都是國君利用的工具，從早期的管仲、商鞅至後期的韓非、李斯，其思想或有詳略之別，然基本立場是一致的。所以儒家對於「道德」的重視是其最大特點，與「法治」有很大的不同，故標立「道德政治」的名稱。

（二）就「內聖外王」言

儒家對於政治的主張，還有一項極為特殊的重點，即「內聖外王」。儒家考慮個人與眾人之間的關係，認為要成就一個良好的政治，必需靠善性與德行來互相影響。對統治者而言，必須具備「聖君」的德行，使全國起而學習，達到潛移默化的效果；對於知識份子言，「內聖外王」同樣也是一個由個人向外推的過程，只不過後世的「外王」是輔佐統治者行仁政。德性的完成，不僅僅是個人修養，還必須影響他人，即「外王」的事業。由「內聖」到「外王」才是一個完整的成仁的過程，儒家這種想法仍然不脫其仁義的本質，將政治推向一個道德化的境界。

第一節　儒家政治理論的中心——「道德政治」

將倫理道德與政治結合，是儒家在討論政治問題時的中心思想。儒家所關注者既然是「人」，無可避免地會從「人性」的角度來思考問題，孔子雖未明言性善，卻肯定地說出「為仁由己」、「我欲仁，斯仁至矣」的話頭，表明「仁」是內在於本心；到了孟子更直言性善，謂人與禽獸的差別只有一點——性善，人生而有善性，而且善性是本於人心，非從外而來。〔註5〕所以，政治既然是人類群體活動的一種結合，儒家自然緊扣著「人性」來談政治問題，論政便是從人性出發。「為政以德」，是儒家論政的基礎，儒家的政治理論環繞著「道德」展開，於是，政治秩序的建立成了一個道德感化的過程，而成

　　所否定的，即是儒家這種人文化成的道德，故老子有「絕聖棄智」、「絕仁棄義」之語。

〔註5〕孔子論「仁」為《論語》主要思想；而孟子言性善及其擴充，散見《孟子》〈公孫丑〉、〈離婁〉、〈告子〉、〈盡心〉各章。

就整個道德政治的理論。依此原則而推廣出去，重視人民便成了道德政治所必須要求，亦即執政者既以人民爲施政的對象，民間的需求即爲施政的目標。重視民意，才能形成良好的政治。因此，儒家視政治是倫理道德的延長，將屬於人類精神層面的道德與現實層面的政治糾纏在一起，形成儒家獨特、異於其他諸子的政治理論——道德政治。

以下便分別就：1. 以仁爲本；2. 建立政治秩序；3. 重視人民，來談儒家政治理論的中心——「道德政治」。

一、以仁爲本

孔子一切思想，皆以「仁」爲起點，梁啓超有謂：「儒家言道言政，皆植本於『仁』」。〔註6〕所以我們談孔孟的政論，便可從此字入手。然「仁」的意涵豐富且複雜，孔子也沒有一個明確的界定，在面對不同的學生時，便賦予不同意象，而有諸多解釋。在這麼多的解釋之中，我們可以發現「仁」的根本意義實爲「統攝諸德，完成人格之名」。〔註7〕孔子在談政治時，也是以「完成人格之名」爲出發點，他的理想政治便是仁治，故其云：「爲政在人，取人以身，修身以道，修道以仁。」（《中庸》二十）清楚的指出政治與「人」及「仁」的關係，簡單來說，政治處理的是人的問題，而成爲一個人最重要的便是成就仁德，於是政治與「人」與「仁」便合而爲一。孔子甚至直接點明「爲政以德」（《論語·爲政》），政治之事必須以道德爲本，才能成就一個良好的政治，所以孔子把施行德政的國君比做北極星，能受到眾星的環繞與擁戴，亦即天下人皆能歸往向之。〔註8〕故「德」和「刑」是相對的，孔子說：「道之以政，齊之以刑，民免而無恥；道之以德，齊之以禮，有恥且格。」（《論語·爲政》）用法令禁制固然可收一時之效，人民卻仍有犯罪之心，唯有以德以禮來教化人民，使人民根本沒有犯罪爲惡之心，政治自然清明，人民自然安居樂業。孔子將政治問題單純化，認爲國君如能行德政，並且人人都能修身養性，社會自然沒有爭伐，一個安和樂利的社會就是建立在道德上。

孟子進一步地擴大了「仁」的涵意，並賦予更積極的教化力量，「仁政」，便是其政治理論的綱領。他見梁惠王、齊宣王、滕文公等，都分別勸以「仁

〔註6〕 梁啓超：《先秦政治思想史》，東大圖書股份有限公司，1987年2月再版，頁80。
〔註7〕 蔡元培：《中國倫理學史》，上海書店，1984年3月一版，頁14。
〔註8〕 《論語·爲政》：「爲政以德，譬如北辰，居其所而眾星共之。」

者無敵」的思想，唯有行「仁政」才能「王天下」。所以，「堯舜之道，不以仁政，不能平治天下。」（《孟子·離婁》）堯舜之所以爲後世尊崇，只因其行仁政。故「三代之得天下也以仁；其失天下也以不仁。」（《孟子·離婁》）三代末之桀紂幽厲之失天下，因其沒有仁德，不能行仁政於天下，故失去爲君的資格。孟子藉由三代的興衰，以歷史事實爲証，希望所有的君主都能引以爲鑑。孟子同時也以「仁」要求在上位者，認爲國家的領導者必須是有仁心的聖人。他說：「是以爲仁者宜在高位，不仁而在高位，是播其惡於眾也。」（《孟子·離婁》）在上位者有仁心，故能依仁心而行仁政，天下便可治矣！這就是孟子理想中的「仁政」。

　　此外，孔子認爲以德化民，才是政治最好的方式。〔註9〕而教化人民的第一步，必須由在上位者做起。我們引《論語》三段來說明：

　　　　季康子問政於孔子。孔子對曰：「政者，正也。子帥以正，孰敢不正？」（《論語·顏淵》）

　　　　子曰：「其身正，不令而行；其身不正，雖令不從。」（《論語·子路》）

　　　　子曰：「苟正其身矣，於從政乎何有？不能正其身，如正人何？」（《論語·子路》）

在上位者若能以身做則，在下者必然起而效尤，而任何的法令規定，亦不待刑罰申誡，自然能順利推行。如果在上位者行爲不正，就沒有堅強的立足點去要求別人，所有的施政便因此無法推行。所以孔子強調政治便是「正」，國君要做人民的表率，行的端坐的正，是對一個統治者的基本要求。孔子一再闡揚反求諸己的思想，什麼事都必須從自己做起，便是此義。〔註10〕

　　孟子繼承孔子「上行下效」、「風行草偃」的思想，也大力勸說國君，謂教化的工作必須由在上位者做起。他說：「君仁莫不仁，君義莫不義，君正莫

〔註 9〕 蕭公權先生言孔子的「教化方法有二：一曰以身做則，二曰以道誨人。」便是此義。見蕭公權：《中國政治思想史》（上），中國文化大學出版部，1988年 11 新四版，頁62。

〔註10〕 《論語》許多篇章也都表述「以身作則」的施政原則。〈子路〉：「上好禮，則民莫敢不從；上好義，則民莫敢不服；上好信，則民莫敢不用情。」；〈憲問〉：「上好禮，則民易使也。」；〈顏淵〉：「子欲善，而民善矣。君子之德風，小人之德草。草上之風必偃。」可見孔子認爲最有效的施政措施，莫過於以身作則。

不正；一正君而國定矣。」（《孟子‧離婁》）國家之安定，端視國君是否仁義。他還進一步地說道：「不仁而得國者，有之矣；不仁而得天下，未之有也。」（《孟子‧盡心》）「國」在當時指的是封建諸侯的領域，不仁者或許能憑一己的私智而奪千乘之國，但絕對無法取得天下。故孟子區分「王」和「霸」的不同，曰：「以力假仁者霸；霸必有大國；以德行仁者王；王不待大。湯以七十里，文王以百里。以力服人者，非心服也，力不贍也；以德服人者，中心悅而臣服也。」（《孟子‧公孫丑》）骨子裡用武力，卻假借仁的名義行侵略之實的人，縱然擁有大國，終究不能長久；唯有以德服人，實行仁政，國家才能長治久安，進而王天下。所以商湯雖然只有七十里的地方，文王只有百里的地方，卻能王天下，就是因為實行仁政。孟子如此苦口婆心地勸告當時的君王，就是希望儒家理想的「道德政治」得以實現。

　　孟子甚至認為以德教化人民，比良好的行政措施來得更為重要。《孟子‧盡心》言：

> 仁言，不如仁聲之入人深也；善政，不如善教之得民也。善政，民
> 畏之；善教，民愛之。善政，得民財；善教，得民心。

因為行政措施是外在的政治規範，人民不一定了解其中的含義，即使出發點是善的，以為對人民有利，可是對於安定社會秩序，改善生活環境卻是一種治標不治本的方法。人民也許會跟著做這些法規做，或是服從命令，但這不是出自內心的心悅臣服，隨時都可能出現失控的狀況。「善政」也許可以收到經濟的實效，但是卻可能付出更慘痛的代價。一如「經濟起飛」後，人民素質卻沒有隨之而起，社會便流於物欲與混亂。唯有行仁教，喚醒人民良善的本性，使人人都能自動自發地發揮善良的德行，則人與人之間自然而然地和諧相處，人民與政府間也維持平衡的關係，如此政治才可長且久。這與孔子言為政需以道以禮，來取代法與刑的道理是如出一轍的。由此，我們可看出儒家重視內心的自覺，更勝於外在任何戒律的規範。

　　孟子承繼孔子，並且更進一步發展儒家的道德政治理念。所以黃仁宇先生說「從個人說辯的能力和長久的功效兩方面來講，孟子在傳統政治上的地位要超過孔子」。〔註11〕的確，孟子在孔子的基礎上，提出一套完善的儒家式政治理論。同時，他也大大地提昇了人民的地位，更突顯「人人平等」的意義。先秦儒家的政治理論，至孟子而臻成熟。

〔註11〕黃仁宇：《中國大歷史》，聯經出版事業公司，1993 年 10 月初版，頁12。

二、重建政治秩序

　　孔子對周文採取肯定的態度，而這種態度也是儒家之所以為儒家的原因。〔註12〕周公制禮作樂，成就周代尚禮的氣質。孔子盛讚周文，認為周公制定周文是一個很重要的成就，將夏商兩代所累積的文化具體化為禮儀的形式，故云：「周監於二代，郁郁乎文哉，吾從周。」（《論語·八佾》）周之所以突出於前代者，在於其使政治上軌道，王位的繼承成了定制，整個政體便可延續下去。孔子不從夏商而從周，顯示出周代的禮文較前代完備，所以孔子想要復興周時的禮制，藉以扭轉當時道德敗壞的情況。因此，孔子認為魯大夫季孫氏僭越天子之禮，是一件破壞政治倫理的行為，造成這種情形的主因是舊制度遭到破壞，雖然這是社會進步不可避免的現象，但是連基本的精神都被遺棄，社會便有崩潰之虞。孟子形容其時「世衰道微，邪說暴行有作，臣弒其君者有之，子弒其父者有之。」（《孟子·滕文公》）在這樣紊亂的情形下，孔子自然無法坐視，提出許多看法，並力行教育，期望能扭轉日下的世風，重建社會秩序。

　　孔子認為改革政治的第一步便是「正名」。蕭公權先生稱「孔子政治思想之出發點為從周，其實行之具體主張則為『正名』」，〔註13〕非常精確地指出孔子的政治方向。是故孔子說季孫氏「八佾舞於庭，是可忍也，孰不可忍也？」（《論語·八佾》）魯國大夫季孫氏僭越天子之禮，這種情形是絕對不可以容忍的，因為會造成社會的混亂。於是孔子回答子路的問政，便說首要的工作即是「正名」，《論語·子路》載：

　　　　子路曰：「衛君待子而為政，子將奚先？」子曰：「必也正名乎！」
　　　　子路曰：「有是哉，子之迂也！奚其正？」子曰：「野哉由也！君子
　　　　於其所不知，蓋闕如也。名不正，則言不順；言不順，則事不成；
　　　　事不成，則禮樂不興；禮樂不興，則刑罰不中；刑罰不中，則民無
　　　　所措手足。故君子名之必可言也，言之必可行也。君子於其言，無
　　　　所苟而已矣。」

〔註12〕牟宗三先生謂「開闢價之源，挺立道德主體，莫過於儒」，這是儒家的本質意
　　　　義，而孔子對周文採取肯定的態度，便是儒家興起的原因。參見《中國哲學
　　　　十九講》〈中國哲學之重點以及先諸子之起源問題〉，學生書局，1983 年 10
　　　　月初版。
〔註13〕蕭公權：《中國政治思想史》（上），中國文化大學出版部，1988 年 11 月新四
　　　　版，頁57。

「正名」，是建立政治秩序的第一步。「正名」並非階級意識，只是強調人人有自己的身份，有自己應盡的責任，以及該享受的權利，否則一國之君沒有國君的樣子，做臣子的忘了自己的身份，社會的紊亂便自此而始。「不在其位，不謀其政。」（《論語·泰伯》）一旦僭越了職位，勢必天下大亂。因此孔子回答齊景公的問政曰：「君君，臣臣，父父，子子。」齊景公馬上省悟道：「善哉！信如君不君，臣不臣，父不父，子不子，雖有粟，吾得而食諸？」（《論語·顏淵》）如果人人都逾越了自己的本分，連填飽肚子都會成為一件不可能的事。所以，我們要認清孔子所謂的「正名」，說的是每個人不同的責任；人與人的關係是相對的，而不是絕對的。國君有國君應盡的職責，臣子也有臣子需負的任務，君臣的關係是相對的，而非以上對下的絕對關係。

孟子繼孔子之意，謂「欲為君，盡君道；欲為臣，盡臣道。」（《孟子·離婁》）這是個很重要的概念，當國君，就要有當國君的樣子；當臣子，也有臣子應盡的責任，而非任君主或臣子放縱胡為。故錢賓四先生說：「這是一種君職論，絕不是一種君權論。」這是政治上的責任歸屬問題，〔註14〕國君有其職責，非以國君為權力的擁有者。孟子教人以仁義，認為人與人之間的關係必需以仁義為本，他說：「為人臣者，懷仁義以事其君；為人子者，懷仁義以事其父；為人弟者，懷仁義以事其兄：是君臣、父子、兄弟，去利懷仁義以相接也。然不王者，未之有也。」（《孟子·告子》）君臣、父子、兄弟間是不能言利的，否則彼此的關係建立在利害上，各種卑劣的手段都會使出。孟子有鑑於當時仁義阻塞，邪說誣民，故力倡仁義，以辨明利益之殊。他強調了臣子與國君相對的關係，而提出「君之視臣如手足，則臣視君如腹心；君之視臣如犬馬，則臣視君如國人；君之視臣如土芥，則臣視君如寇讎。」（《孟子·離婁》）否定了君權絕對化的可能。所以，後來明太祖一讀到此句，立刻暴跳如雷，要罷孟子的配享。〔註15〕雖然孟子的地位因錢唐的死諫得以保存，可是我們不難看出明太祖害怕君權受到威脅的心理。既得利益者，當然害怕

〔註14〕 錢穆：〈中國傳統政治〉，《國史新論》，東大圖書公司，1989年3月初版，頁73。錢先解釋這個章句的說法是正確的，但是他具此引申出中國的政治責任有所歸屬，所以中國歷史並非「專制」，這個推論是大有問題的，徐復觀先生曾就這個問題加以辨正，參見徐復觀：〈良知的迷惘——錢穆先生的史學〉《儒家政治思想與民主自由人權》，學生書局，1988年9增訂再版。

〔註15〕 《明史·錢唐傳》載：「帝嘗覽《孟子》，至『草芥』、『寇讎』語，謂非臣子所宜言，議罷其配享，詔有諫者以大不敬論。唐抗疏入諫曰：『臣為孟軻死，死有餘榮。』時廷臣無不為唐危。帝鑒其誠懇，不入罪。孟子配享亦旋復。」

自己的權力受到挑戰。如果明太祖不接受錢唐的勸諫，錢唐仍是死路一條，孟子也罷配享。所以到了後世，受制於主客觀的環境，孟子的理想已不復實現。

　　對於政治上的「正名」，其具體的實踐便是依禮而行。而所依循的「禮」即孔子極力讚揚的周禮，唯孔子欲復者，是周公制禮文的精神，要將周禮的精神繼續承傳發揚，但是法家卻偏重於禮的制約功能，將禮進一步地轉化成刑法規則，達到社會控制的目的。相較於法家重法律刑罰，孔子便有相反的看法。季康子向孔子問道：「如殺無道，以就有道，何如？」孔子對曰：「子為政，焉用殺？子欲善，而民善矣。君子之德風，小人之德草。草上之風，必偃。」（《論語‧顏淵》）季康子欲以「殺」為達到有道的手段，孔子不但明確地反對，而且把責任歸屬於國君。他認為一國之君有帶領全國風氣之責，國君有良好的德性能使人民依循效法，又怎麼需要用到強暴的手段呢？所謂「上行下效」，便是如此。此外，孔子還進一步地說道：「道之以政，齊之以刑，民免而無恥；道之以德，齊之以禮，有恥且格。」（《論語‧為政》）孔子將政刑與德禮對舉，德禮內在於人心，與外在規範的政刑正是一對比。孔子認為與其用外在高壓的刑罰誡律來管理百姓，不如使眾人都能受到在上位者的精神感召，使守禮重份皆發自內心，循規蹈矩是發自於內心的，相較於從外在來控制人民的行為，德與禮，誠所謂治本也！「禮」在孔子的心中，是與德性並觀的。顏淵向孔子問仁，孔子回答：「克己復禮為仁。一日克己復禮，天下歸仁焉。」（《論語‧顏淵》）要做到仁，就必須克除己私，回復道理。「禮」即「理」，凡事有條有理，眾人皆依禮而行，便能達到「仁」。如果只是將「禮」視為外在的行為規範，是不能合於孔子的本義的。〔註16〕所以禮不僅是一種外在的行為規範，在人心中是有根據的。是故，根據孔子的道德哲學，真正的道德是發自內心的，相較於他律的法令刑罰，「禮」才是仁德的具體展現。孔子說：「禮樂不興，則刑罰不中。」（《論語‧子路》）道德教化是優先於法令刑罰的，法令的強制力只是治標不治本的方法，可見孔子始終傾向道德教化的作用，並以禮為建立政治秩序的具體依循。而孟子所言之「禮」，更進一

〔註16〕孔子有云：「禮云禮云，玉帛云乎哉！」（《陽貨》）告誡眾人所謂的儀式條文是死的，並非禮之本。故林放問禮之本，孔子答曰：「禮與其奢也，寧儉；與其易也，寧戚。」（《八佾》）禮不是僵化不變的，就怕人們把禮看成死的。所以，「禮」在孔子的心中不是一條條行為的規範準則，只是一個「道理」而已。這要能守住這個道理，至於詳細的行為規範則因時制宜，視情況而定了。

步將其視爲人性的善端之一，與仁、義、知三者並稱。禮，完全成爲一內在化的德性。

　　孔子重視禮，認爲禮是實踐仁的一種方式。孟懿子向孔子問孝，孔子對曰：「無違。」至於「無違」所指爲何？孔子解釋道：「生，事之以禮；死，葬之以禮，祭之以禮。」（《論語·爲政》）不違背父母的具體方式，便是以禮事之。禮，就是禮節，前有言，禮即「理」，是一種自然的人倫關係，並非強硬的規定。所以人的一切行爲必須依禮而行，否則便會造成社會的混亂，孔子云：「恭而無禮則勞，愼而無禮則葸，勇而無禮則亂，直而無禮則絞。」（《論語·泰伯》）指出無禮所產生的四弊，恭、愼、勇、直都是良好的德性，可是如果沒有禮來節制，便是太過，反而不好了。不過，禮畢竟只是行仁的一種方式，它不是死板板的規定，若以僵化的態度來看待禮節，就會產生嚴重的後果。不論禮樂的施行規則爲何，如果不能掌握根本的精神，就會變成僵化的教條主義。孔子很清楚會發生這種情形，所以他說：「禮云禮云，玉帛云乎哉！樂云樂云，鐘鼓云乎哉！」（《論語·陽貨》）；「人而不仁，如禮何？人而不仁，如樂何？」（《論語·八佾》）禮的背後精神是仁，在行禮的時候如果只是依照禮節一一去做，心中卻完全沒有誠意在，不過是做表面功夫而已。

　　孔子發出了這些議論，就是要人們正視行禮的目的所在，行禮是爲了體現仁，而非做做樣子。也因此，禮節是隨時而變，因時制宜的，視不同的時空環境而有不同的禮節。畢竟，禮是人們所定，如果只知死守舊制，或是開口閉口都喊著相同的口號，那才是不折不扣的教條主義。先王的規定，絕非一成不變，孔子要我們體會這些舊制背後所透露的精神，而實際的運用與實施，是因時地而異的，仁是不變的，而禮則是因時制宜的。所以子張問孔子：「十世可知也？」孔子答道：「殷因於夏禮，所損益可知也；周因於殷禮，所損益可知也；其或繼周者，雖百世可知也。」（《論語·爲政》）「禮」，是有所「損益」的，但是禮的精神，卻是千古不滅，「雖百世可知」。所以孔子並不會保守頑固，死守著周禮，而強調因時制宜。孟子也舉嫂溺援之的例子，說明男女授受不親是禮，但以手援之是權，不能因爲禮的規定就見死不救。（《孟子·離婁》）禮文是死的，不能依樣畫葫蘆，就怕死讀古書，以爲「復古」即是「更新」，像清初的「顏李學派」便是以「恢復古制」爲其學說重點，這不僅在理論上站不住腳，更無法具體實行，故顏李學派的影響甚微，雖然其標榜「實踐實用」，卻不能有進一步的理論基礎。所以，儘管梁啓超

在《中國近三百年學術史》中大肆標舉顏李學派的實踐精神，卻也不得不說其「被『古聖成法』四個字縛住了」。〔註17〕再者，如果只知墨守成規，更會適得其反，像清初為討好民眾，自康熙五十年後定了「永不加賦」一條，結果這個帽子一扣，後世反倒弊端層出，受苦的還是平民百姓。錢賓四先生在《國史大綱》便說：「清之討好民眾，固僅騰口惠，與確立一代規模之善政有辨。」且「清廷徒守『永不加賦』的美名，而捐例迭開，不啻縱數十、百餓虎饞狼於民間，其害較之加賦為更烈。」可以清楚地體會到「墨守成規」的不智與可怕。〔註18〕

透過以上的分析，我們可以很清楚地看出孔子與孟子對於恢復周文都抱持著極大的期待，因為政治失序所造成的禮壞樂崩，影響了整個社會民生。孔孟欲重建政治秩序，其中的關鍵便在恢復周禮，而且是周禮背後的精神——仁。仁是本，禮是末，禮是表現仁的具體形式。畢竟，儒家始終將道德擺在第一位，而重德的主張，也成為儒學鮮明的標誌，表現在政治上，便是強烈地道德政治，重建政治秩序也必須落在道德上才能成立。

三、重視人民

史前部落對未知的天相當畏懼，故視天為一人格神，直接監督政治。如：「皇矣上帝，臨下有赫，監觀四方，求民之莫。」（《詩經・皇矣》）；「夫知保抱攜持厥婦，以哀籲天……嗚呼！天亦哀於四方民，其眷命用懋。」（《尚書・召誥》）而上天監督的具體化，便是找一個人間代言人——國君。所以經書上有如此記載：「有周不顯，帝命不時，文王陟降，在帝左右。」（《詩經・文王》）；「冒聞於上帝，帝休，天乃大命文王，殪戎殷，誕受厥命。」（《尚書・康誥》），上天有意降命給人間的聖王，使其治理天下。這是中國政治最初「君權神授」的型態，亦即商湯及周武王藉「天命」說，為伐桀紂找尋一個正當的理由。

周公雖也講「天命」，但是體會到「天命靡常」，天不會永遠眷顧那一個國家。這種對「天命」的轉化，是因為「憂患意識」的興起，故有「敬」的觀念產生。〔註19〕於是「皇天無親，唯德是輔。民心無常，惟惠之懷。」天

〔註17〕梁啓超：《中國近三百年學術史》，里仁書局，1995年2月初版，頁176。

〔註18〕錢穆：《國史大綱》修訂本（下冊），臺灣商務印書館，1995年7月修訂三版，頁862～864。

〔註19〕關於周初對原始宗教的轉化，可參見徐復觀：《中國人性論史》第二章〈周初宗教中人文精神的躍動〉，臺灣商務印書館，1969年1月初版。

命支持統治者是有條件的，國君必須以人民爲重。國君由天所任命，天意又透過民意來表現，民意便成了最終的依歸。《虞書・皋陶謨》有云：「天聰明，自我民聰明；天明威，自我民明威。」武王也說：「民之所欲，天必從之。」（《國語・周語》）人民的地位在此被突顯了出來，「以民爲本」的想法在中國很早便成型了。是故，「民爲邦本，本固邦寧」一語，並非掛空，而是中國政治思想中最重要的概念。所以古代的天意政治即爲民意政治，人民的地位實與天齊，而君主只不過是執行民意而已。〔註20〕

孔子承繼了以民爲重的觀念，他拈出了「道德政治」這一政治理想，而對於人民最基本的生存權，卻也不曾輕忽。試看孔子與冉有的對話：「子適衛，冉有僕。子曰：『庶矣哉！』冉有曰：『既庶矣，又何加焉？』曰：『富之。』曰：『既富矣，又何加焉？』曰：『教之。』」（《論語・子路》）孔子很明白地指出：養民是第一步，然後才教之。如果連肚子都塡不飽，其餘的也都免談。人民是需要政府來照顧的，一個國家的組成本是以人民爲主，所以，「養民以惠」居君子之道之一。〔註21〕因此，執政者必須先照顧好老百姓，才能更進一步做教化的工作，孔子回答冉有的問話，便揭示了由「庶」至「富」再到「教」的階段。〔註22〕孔子的志向是要做到「老者安之，少者懷之」，政治最基本的要求便是從重視人民的生活開始。

孟子更直接視爲人民爲國家最重要者。他提出：「民爲貴，社稷次之，君爲輕。」（《孟子・盡心》）的主張，將人民放在第一位，因爲人民才是一個國家組成的主要成分，依他的排列順序，國家尙且在人民之後，國君只能排在最後。由於孟子始終強調政治應以人民爲中心，所以指出國君的任免也應由民意來決定。《孟子・萬章》云：「天子能薦人於天，不能使天與之天下。……昔者堯薦舜於天而天授之；暴之於民而民受之。故曰：『天不言，以行與事示之而已矣。』……『使之主祭而百神享之，是天受之。使之主事而事治，百姓安之，是民受之也。』天與之，人與之，故曰天子不能以天下與人。」他

〔註20〕詳見金耀基：《中國民本思想史》，臺灣商務印書館，1993 年 8 月初版。

〔註21〕《論語・公冶長》：「子謂子產：『有君子之道四焉：其行己也恭，其事上也敬，其養民也惠，其使民以義。』」孔子稱讚子產，其中可見子產除了修養自己的德行之外，還能做到「養民」、「使民」，故得夫子讚賞。而「養民」便是孔子所重視的。

〔註22〕《論語・子路》：「子適衛，冉有僕。子曰：『庶矣哉！』冉有曰：『既庶矣，又何加焉？』曰：『富之。』曰：『既富矣，又何加焉？』曰：『教之。』」

指出天子不能隨便把天下給人，能行使這種權力的是「天」，故謂「天與」，而「天與」即是「人與」。由於國君的權力來源是天，是天道在人間的執行者，於是孟子採取一種迂迴的方式，雖云國君的正當性來自上天的授予，但是因上天無法開口說話，所以用「行」與「事」來告之。「行」與「事」即是人民同意與否，人民如果認同這個國君，便表示上天也認同。我們可用這麼一個圖形來看天、君、民的關係：

天是一個形式上的最高主宰，國君必須是「天子」，才能取得合法的統治地位，而在政治的組織裡，人民受到國君統治。孟子為人民請命，打破單向性的天——→君——→民關係，謂國君的權源雖來自天，可是天意是由民意所顯現，國君的品德和行事必須通過人民的檢驗，才有資格取得統治的地位。所以這樣的論證，民意才是決定何人可為國君的最終依歸。因此，「天與之」實則「人與之」。《孟子・萬章》云取得政權之正當性，從表面觀之，似乎「天」與「人」分言，但取決於民意者多，歸於天者絕少，僅時機及才能歸於天而已。勞思光云：「所謂天命，主要表現於民心。其可歸諸天者，唯某人之能否得時機以表現，及某人能否具政治才能而已。但時機與才能兩因素，不過限制人之能否試於民。至政權轉移時，則終以民心為決定條件。」〔註23〕因為天下是眾人之天下，非一人之天下，所以國君不能隨便把天下給人。所以取得（更換）政權的來源有二：一、取決於民心；二、是否得天子推薦（機運）。個人的道德修養僅是成王的基本條件，倘若不得時機，無法檢驗是否得到人民的認同，則無法為君。所以仲尼雖有德，卻無法為君。〔註24〕若得天子之薦，如傳位之桀紂，因殘民以逞、率獸食人，則當去位。不論如何，最終的決定在於民心的向背。

　　孟子直接以「民意」釋「天命」，遠承上古「天視自我民視，天聽自我民

〔註23〕見勞思光：《新編中國哲學史》第三章〈孔孟與儒學〉（下），三民書局，1991年1月增訂六版，頁178～9。
〔註24〕《孟子・萬章》：「莫之為而為者，天也；莫之致而至者，命也。匹夫而有天下者，必德若舜、禹，而又有天子薦之者。故仲尼不有天下。繼世以有天下，天之所廢，必若桀紂者也。故益、伊尹、周公不有天下。」孟子為有德者不有天下提出了如此解釋，甚至更進一步地強調：「聖人之行不同也，或遠或近，或去或不去，歸潔其身而已矣。」（《孟子・萬章》）

聽」(《逸尚書‧泰誓》)的思想,以民意代天意,充分表露他的民本意識。所以,孟子總結歷史的教訓,謂:「桀紂之失天下也,失其民也;失其民者,失其心也。得天下有道,得其民,斯得天下矣。得其民有道,得其心,斯得民矣。得其心有道,所欲與之聚,所惡勿施爾也。」(《孟子‧離婁》)得民心才可以得天下,而方法便是從其所好好之,所惡惡之。桀紂就是倒行逆施,失去民心,所以也失去為君的正當性。縱使他們曾得「天命」,但失去「民心」也就失去「天命」,故孟子重民的思想是確定不移的。所以徐復觀先生也說:「他之所謂『天與』,實際便是民與。……他便在兩千年以前,已經肯定了政治的革命權利(〈梁惠王〉:「聞誅一夫紂矣」),及人民對統治者的報復權利(同上:「夫民,今而後得反之也」)或將人君更換的權利(〈梁惠王下〉:「四境之內不治,則如之何?」「反覆之而不聽,則易位」)。」〔註25〕將人民提昇至政治的主體,並賦予人民政治的權力,這是孟子思想最重要的貢獻。

孟子既然把天下的得失繫於民心的向背,於是贊成國君倘若失道,人民有權推翻並誅之的「革命」論。《孟子‧梁惠王》:

> 齊宣王問曰:「湯伐桀,武王伐紂,有諸?」孟子對曰:「於傳有之。」
> 曰:「臣弒其君,可乎?」曰:「賊仁者謂之賊,賊義者謂之殘;殘
> 賊之人,謂之一夫。聞誅一夫紂矣,未聞弒君也。」

他明白地表示君位是可以轉移的,天下不是君王個人私有的,「天下非一人之天下,天下之天下也」。(《呂氏春秋‧貴公》)桀紂已失去為君的條件,故為「一夫」而非「君」。所以孟子書中雖無「革命」一辭,但其義散見全書,〔註26〕充分顯示孟子對政權的轉移是以國君「行道」與否為準則,而「行道」與否的認定則取決於人民的歸向。是故,孟子大力闡揚「民意」的重要性,其出發點便在於人民是一個國家的主體,人民有安居樂業的基本要求,故有更換國君的權力。儒家重視人民的思想至孟子而達高峰。

經過以上的分析,我們可以發現儒家所主張的「道德政治」實與其整體學說息息相關,亦即從人性本善為出發點,對於政治也以倫理道德一以貫之,不管是重建社會秩序所必須的禮,或重視人民的思想,都以「仁」為中心,故成其「道德政治」的理論。

〔註25〕徐復觀:〈孟子政治思想的基本結構及人治與法治問題〉,《中國思想史論集》,
　　　　學生書局,1959年10月初版,頁135。
〔註26〕《孟子》梁惠王下,八;公孫丑下,四;萬章下,九。皆可見「革命」一義。

以下續論儒家對於個人參與政治的歷程所做的設計，即「內聖外王」的形成及意義。

第二節　「內聖外王」的形成及意義

「內聖外王」一詞雖首見於《莊子》，〔註27〕但它卻是代表儒家對於自我實現與社會關係所建構的一個藍圖。從個人的修身做起，至「修己以安人」、「修己以安百姓」，這一條直貫之路，已成爲儒家自我期許的必經之道。

新儒家認爲儒學具有高度的宗教性格，甚至以「儒教」稱之。〔註28〕這種說法頗能切中儒家對社會所負擔之責任感，以及改善時局的積極性格，因爲儒家的理念就是一種「入世」的態度，雖然沒有具體的宗教儀式，可是卻深入中國人的日常生活之中。因此儒家在看待現實世界時，有著「舍我其誰」的使命感，甚至於明知現實之難以改變，也仍抱著「知其不可而爲之」的悲壯胸懷。先秦儒家之所以將個人修養貫通於外在的實踐與擴充，本身便含著一種自我期許與兼善天下的宗教情懷，一如佛教的大乘法門，是入世地普渡眾生。

孔子認爲，一個良好的政治系統必自每個人開始。我們可以把孔子回答仲弓與子貢問仁的話比並觀之，其云：「己所不欲，勿施於人。」（《論語・顏淵》）；「夫仁者，己欲立而立人，己欲達而達人。能近取譬，可謂仁之方也已。」（《論語・雍也》）前者是消極的自我約束，後者是積極的對外擴充。孔子認爲一切的道德都要從自己做起，爲政更必須嚴格要求。孟子繼承孔子的思想，他認爲「人皆有不忍人之心」，而人之所以異於禽獸，在於人有仁、義、禮、智四端之心，此四端之心就有如人之四肢，是天生而具備的。此四端若能擴而充之，可以保四海，行天下；如果不能擴充的話，連自己的父母都無法侍奉。所以先王因不忍人之心，故行不忍人之政，以人類共有的良知做爲政治的基礎。〔註 29〕故「天下之本在國，國之本在家，家之本在身。」（《孟

〔註27〕「內聖外王」一詞首見《莊子》天下篇，爲「古之道術」，是「聖之所以生，王之所以成，皆源於一」的根源，此「一」即「道」。與儒家要求由內向外的實踐工夫的主張，是兩種完全不同的説法。

〔註28〕當代新儒家牟宗三、唐君毅先生於其著作中都有論及儒家的「宗教性」，劉述先於《儒家宗教哲學的現代意義》中有詳細討論，可參考之。臺北：志文出版社，1974。

〔註29〕《孟子・公孫丑》：「人皆有不忍人之心。先王有不忍人之心，斯有不忍人之政矣。以不忍人之心，行不忍人之政，治天下可運於掌上。……惻隱之心，

子‧離婁》）修身爲始，唯有自己的德行有守，才能治國平天下，所謂「君子務本，本立而道生」，便是此義。《大學》記孔門之言謂「自天子以致於庶人，壹是皆以修身爲本」，「修身」成爲人人一致的工夫。《大學》又所謂「身修而後家齊，家齊而後國治，國治而後天下平」的思想，雖較晚出，卻很明顯地受到孔孟的影響，故爲後世儒家論政的依據，進而建立了「內聖外王」的觀念，成爲儒家獨特的政治觀念。

一個觀念的形成不是偶然，但也絕非必然。歷史的軌跡，是後人追溯過去的必經之途，我們唯有透過對文獻資料以及考古證據整理，才能掌握先人的思想脈動。「內聖外王」一詞雖非儒家所創，卻是儒家對於個人與群體之間的互動與影響所做下的最精闢目標，而中國歷代的讀書人也無不以這四個字爲自我要求的準則，不斷地向前努力。而「內聖外王」觀念的中心意涵，即個人內在德性的建立能與國家社會做一道德性的關聯，透過對自我德性的要求，轉而成爲對社會國家的責任，如此便可建立一個理想的道德社會。我們想探究的，是「內聖外王」的觀念如何形成。以下分別就歷史以及思想兩個系統進行討論。

一、歷史發展與社會背景

儒家重視歷史，我們從孔子與孟子對先王及先政的態度便可明白。敬古的想法，無可避免地會吸收許多先民遺留下來的智慧，其中對於歷史的傳承，構成了儒家思想極爲重要的一環；對於血緣關係的重視，就成爲儒家精神的中心。「內聖外王」觀念的形成，也延續著中國歷史發展的精神，它的來源與中國血緣一貫有很密切的關係。而周代行宗法制，將血緣關係與政治關係結合爲一，更是一個關鍵。以下便就此點做一分析。

做爲人類起源的一支，中國有著異於西方的發展，其中最特殊的一點，便是中國人對於血緣關係的重視。血緣及姻親關係的結合，交織成一張密實的大網，將中國社會連結起來。表現在社會上，是「父慈子孝」、「兄友弟恭」

仁之端也；羞惡之心，義之端也；辭讓之心，禮之端也；是非之心，智之端也。人之有四端也，猶其有四體也。有四端而自謂不能者，自賊者也。謂其君不能者，賊其君者也。凡有四端於我者，知皆擴而充之矣。若火之始然，泉之始達。苟能充之，足以保四海；苟不充之，不能事父母。」「不忍人之心」是孟子論政的根本，因有「不忍人之心」，才行「不忍人之政」，內聖外王的觀點因此而立足。

的親情；在政治上，則是君主世襲制或貴族官吏可以蔭及親屬等。〔註30〕而血緣之所以能與中國的政治結構結合密切，實以周公確立宗法繼承制開始。

中國由早期的狩獵游牧，進入農耕的定居狀態，社會體系也由母系轉爲以父親做主的父系社會。而中國從親親至尊尊，於周代成立了「傳子不傳弟，尊尊多禮文」〔註31〕的世襲制度，不待秦漢以後的大一統，父系社會的傳承制度已然大致完成。社會以父系爲主，代表政治客觀化的形成，即嫡長子爲當然的繼承，可避免後繼者爭奪正統的混亂。尊尊之義的出現，使得「延續」此一觀念，很早便落實到現實社會之中。「父死子繼」成了一縱貫的軸線，家族的延續也成爲可能，而上貫至王位的繼承，亦是傳子不傳弟。這一制度的確立，使中國的政治態度自周已定型，同時擴大到整個社會基層，宗法社會於焉形成。

我們有足夠的理由與證據相信，中國人對於國家（社會）與宗族（家庭）的觀念，是當做一個整體的結構來看。〔註32〕商殷時期的國家是由部族與部族聯合組成，而部族是由原始時代的部落組織演變而來，成爲一個以血緣連繫爲基礎的社會組織。〔註33〕從部落到國家，中國形成以「宗族血緣」爲連繫國家社會的特殊形式，杜正勝稱此文化體系爲「家族文化叢」，因爲「維繫父系家族的重要標誌便是『姓』，每個家族都戴上一個姓，不可隨意改變的。（初期並不嚴格，後來愈嚴格）。」〔註34〕「姓」成了父系社會的一個重要指標，它象徵著強大的家族控制力，使每個人一出生便限制在一個緊閉的環節之中，負有承先啓後的重大使命。而林安梧以「血緣縱貫軸」做爲連結個人與家族乃至於國家的一個根本結構，還指出儒家將道德性與血緣性連結成一個不可分的整體。〔註35〕所以，從社會的組織來看，中國走向以血緣爲主的

〔註30〕 關於貴族的特權，可參考瞿同祖：《中國法律與中國社會》，里仁書局，1984年9月初版。

〔註31〕 牟宗三先生說言周文，此兩句盡之矣。見牟宗三：《歷史哲學》，臺灣學生書局，1988年8九版，頁30。

〔註32〕 中國遠古「家」的含意是一政治單位，與「國」相同。而家和族的歷史功能最顯著的分野大概發生在春秋時代，孟子約處於這個關鍵時期。詳見杜正勝：《古代社會與國家》，允晨文化實業出版，民國81年，頁779～780。

〔註33〕 詳見張榮明：《殷周政治與宗教》，五南圖書出版公司，1997年5月初版。

〔註34〕 見杜正勝：〈古代史研究的現代意義〉，《古典與現實之間》，三民書局，1996年，頁47。

〔註35〕 參見林安梧：《儒學與傳統中國社會之哲學省察——以「血緣性縱貫軸」爲核心的理解與詮釋》，幼獅文化事業公司，1996年4月初版。

倫理社會；從政治的結構來看，中國將倫理與政治緊密結合，使得個人與國家的關係成為一個整體。

孟子說：「天下之本在國，國之本在家，家之本在身。」（《孟子・離婁》）將家、國、天下連成一貫，實導因於中國自上古以來的社會組織演變。而「家」、「國」、「天下」三個層級，藉由宗法制度使「家」的精神貫穿於各個層級之中，成為整個政治結構的基礎，〔註36〕「個人」，是置於最基層的。身為社會國家組成的基本份子，個人的力量便不可忽視，儒家的理想便是人人都能夠發揚先天本善，如此則天下和諧。孟子云：「凡有四端於我者，知皆擴而充之矣。……苟能充之，足以保四海；苟不充之，不足以事父母。」（《孟子・公孫丑》）人雖四端本具，倘若不能擴充發揮，仍然沒有任何作用，甚至連最基本的孝順父母都做不到。故《大學》便云：「自天子以至庶人，壹皆是以修身為本。」個人修養的功夫與成果，直接關係到國家是否政通人和。所以牟宗三先生謂中國的「政治與家庭社會，有其不隔之粘合性，政治制度以及整個周文，直接生根於社會及家庭。」〔註37〕傳統政治是建立在家庭之上，亦可謂家庭倫理觀念的延長。在這個觀念的牢牢束縛之下，在現實中的個人，很自然地便與社會國家連繫在一起。不論是由上至下的「天子以至於庶人」；或從下往上的上達天命，每個人都負有強烈的家國使命感，造就了中國人內在的「血濃於水」的情感。中國廣大的國家組織，就是藉由血緣關係的連繫，形成一個穩固的個體；家族與家族之間也藉由婚姻關係而形成環環相扣的社會主體，促使中國社會內部形成一種穩定的形態。金觀濤與劉青峰在《興盛與危機》一書中，稱家庭與國家組織為「一對同構體」，而協調宗法組織及國家社會組織的橋樑，則是儒家學說。〔註38〕基本上，我們可以把國家組織視為家庭的延長，宗法血緣關係連繫起中國五千年的歷史與廣闊的領土，而儒家這個橋樑功能，只是順著三代以來的歷史發展，重新建構的一套理論，待兩漢以後才主宰著全中國。

孔子之時，周天子雖然還維持一個名義上共主的地位，但是諸侯多已提

〔註36〕詳見王健文：《奉天承運——古代中國的「國家」概念及其正當性基礎》第五章〈宗廟、社稷與明堂——國家的政治社會結構及其象徵〉東大圖書，1995年6月初版。

〔註37〕見牟宗三：《歷史哲學》，學生書局，1988年8台七版，頁34。

〔註38〕見金觀濤、劉青峰：《興盛與危機》，風雲時代出版公司，1989年12月初版，頁51～55。

高自己的權力與地位，各方霸主的情勢逐漸形成。唯此時的霸主還以「尊王攘夷」爲目標，欲維持一個名義上的周天子地位，且以安定天下局勢爲己任，「霸政可說是變相的封建中心」。〔註39〕儘管當時的宗法與封建制度開始崩壞，孔子仍對霸者持一肯定的態度，期待周禮再度復興。孔子所肯定的，是能維持華夏正統，他稱讚齊桓公與管仲，就是針對這一點。〔註40〕孔子歸納春秋時代以來的歷史表現，指出歷史發展有一定的通則，從他心儀周文，以及著《春秋》的態度，我們可以看出他對歷史的尊重。孔子盛讚周文，認爲周公制定周文是一個很重要的成就，將夏商兩代所累積的文化，加以具體化爲禮儀的形式，故孔子云：「周監於二代，郁郁乎文哉。」（《論語・八佾》）孔子欲延續周文，很自然地便吸收了宗法制中個人與社會連繫的重要觀念，於是他提倡「爲政以德」，希望能以道德修養成爲統治者施政的基礎。孔子的「德治」是針對統治者而言，然而孔子對個人仍做出「己欲立而立人，己欲達而達人」的要求，因爲政治非統治者一人之事，而是人人都必須要負擔的責任。於是，我們很清楚地可以看見，建立在血緣關係上的宗法制，不唯在實際的制度上使倫理與政治結合，也使得每一個人除了修養自己之外，還必須面對國家社會。儒家承襲並發揚了這種精神，形成了「內聖外王」的觀念。

　　孟子所處時代，是中國歷史上一個劇烈變動的時期，諸侯紛紛擁兵自重，以富國強兵爲治國第一要務。孟子面對這樣的社會形勢，並沒有短視近利，反倒承繼孔子之志，以仁義之言爲天下尋求一長遠之計。〔註41〕只不過，爲因應彼時的情勢，孟子較孔子更進一步重視人民的生活，所以孟子勸齊宣王曰：「明君制民之產，必使仰足以事父母，俯足以畜妻子；樂歲終身飽，凶年免於死亡。然後驅而之善，欲民之從之也輕。」（《孟子・梁惠王》）先做好「保民」的工作，

〔註39〕此爲錢穆語，見《國史大綱》上冊，臺灣商務印書館，1995年7月修訂三版，頁60。錢先生爲「霸者」所下的定義爲：一、尊王；二、攘夷；三、禁抑篡弒；四、裁制兼并。霸政使得當時諸夏的中原文化得以保存，同時維持封建國家的形勢。見是書第二編，第四章〈霸政時期〉。

〔註40〕《論語・憲問》中有孔子稱讚管仲「仁」之語，便是著眼於霸諸侯、匡天下的舉動，使華夏正統能繼續維持，而不致於「被髮左衽」，同時人民因而免於戰亂之苦，故稱其仁。

〔註41〕《史記・孟子荀卿列傳》載：「當是之時，秦用商君，富國彊兵。楚魏用吳起，戰勝弱敵。齊威王宣王用孫子田忌之徒，而諸侯東面朝齊。天下方務於合從連衡，以攻伐爲賢，而孟軻乃述唐虞三代之德。是以所如者不合，退而與萬章之徒序詩書述仲尼之意，作孟子七篇。」

才能使「教民」易行。依蕭公權先生所言,孟子對於仁政的具體設施,可以「教」、「養」為兩大端。〔註42〕對人民百姓的重視,成了孟子思想中重要的一環,也因為以人民為第一優先的考量,使得儒家對於政治的理念更向前推進了一步。我們如果說孟子是繼孔子對「內聖外王」最積極的實踐者,是一點也不為過的。

二、思想內涵

儒家吸收了先人的智慧,尤其是對典籍的重視,使得儒家觀念中含有很深地先民意識,孔子不但「祖述堯舜,憲章文武」(《中庸》),而且對周文又極力稱許,故孔子的思想中承襲著前人思想的精華。《書經·堯典》載:

> 曰若稽古,帝堯曰放勛,欽明文思安安,允恭克讓,光被四表,格於上下。克明俊德,以親九族;九族既睦,平章百姓;百姓昭明,協和萬邦,黎民於變時雍。〔註43〕

「九族」是宗法連結的血親關係所形成的,堯之時仍是一部落社會,「九族」是部落與部落間的血緣聯繫。我們可以很明顯地看到:要使九族和睦、天下太平,必須從修身做起。可見「內聖外王」思想的雛型很早便已建立,而且是針對統治者而言,即一個國家的領導者如果要保境安民,就必須先注意自己的德性修養。故《禮記·大傳》云:

> 親親故尊祖,尊祖故敬宗,敬宗故收族,收族故宗廟嚴,宗廟嚴故重社稷,重社稷故愛百姓,愛百姓故刑罰中,刑罰中故庶民安。

從親親到安百姓這一連貫的想法,使家族與國家社會緊緊結合成一體。文王和周公對孔子的影響極大,〔註44〕故文王和周公之德是孔子稱許、學習以及

〔註42〕 見蕭公權:《中國政治思想史》,聯經出版事業公司,1982年3月初版,頁93。蕭先生謂孟子對於養民較重視,教民只是附帶提及,這與當時民生困苦的社會背景有很大的關係,但並不表示孟子不重視教化的,相反地,孟子堅守孔子之教,時時以仁義說君,希望國君行仁政以為教化之本。

〔註43〕 屈萬里考證曰:〈堯典〉之著成在孔子之後、孟子之前,故其思想受孔子影響。見屈萬里:《尚書釋義》,中國文化大學出版部,1980年8月出版。筆者以為,〈堯典〉顯示出「修身齊家治國平天下」的思想當無疑義,但要據此謂〈堯典〉受孔子影響恐有不妥,或可云兩者有思想上的關聯,可以視作「內聖外王」觀念的雛型。

〔註44〕 《論語·八佾》有「周鑒於二代,郁郁乎文哉,吾從周」語;〈子罕〉篇云「文王既沒,文不在茲乎」;〈述而〉篇云「甚矣,吾衰也,久矣,吾不復夢見周公」,在在顯示出孔子對文王和周公的尊崇。

傳播的重點。根據徐復觀先生對文王和周公所做的分析，可以看出文王和周公都非常體恤人民，他們常通過自己深厚的仁心，去感同身受民眾的艱難，並且留意傾聽民間的聲音，把自己置身於人民之中。政治，是以愛民爲出發點。〔註45〕而「孔子所說的仁，是把修己與治人，融合在一起的無限自覺向上的努力，這即是文王周公『明德』、『愛民』的觀念，在生命中生根的進一步的發展。」〔註46〕孔子發揚了文王周公明德愛民的精神，提出「仁」爲道德的原則；同時爲維繫敗壞的封建制度，對於「禮」也特別強調，也注意到「禮」須因時制宜，故以「仁」爲「禮」的中心，提倡以「修己」到「治人」的一貫思想體系。成「聖」一直是儒家要求的目標，而人格完成的最終目的，便是能推己及人，只有自己德性的修養是不夠的，如果不能使其他的人也一同達到成德的境界，仍舊是個缺憾。

　　《論語》書中提出「君子」一詞，做爲德性完成的一個目標。「君子」本是貴族在位者的通稱，到了孔子始成爲一種道德的理想。〔註47〕而對於成君子的要求，可以看出孔子如何設計由內而外的力行體證。《論語・憲問》載：

> 子路問君子，子曰：「修己以敬。」曰：「如斯而已乎？」曰：「修己以安人。」曰：「如斯而已乎？」曰：「修己以安百姓。修己以安百姓，堯舜其猶病諸。」

欲成「君子」，僅「修己」仍是不足，必待完成「安人」及「安百姓」的工夫，才算達成。故人格修養的完成，必待層層外推，做到「己欲立而立人，己欲達而達人」（《論語・雍也》），才是一個「仁者」。《大學》也對這個觀念做了完整的表述：

> 古之欲明明德於天下者，先治其國。欲治其國，先齊其家。欲齊其家者，先修其身。欲修其身者，先正其心。欲正其身者，先誠其意……

〔註45〕徐先生於《周秦漢政治社會結構之研究》一書中，摘錄詩、書的資料，歸納出文王具有：（1）很敬謹於自己的生活行爲。（2）非常勤勞；並自己參加工人製器，農人種田的工作。（3）用刑很謹慎，愛撫人民，惠及鰥寡。（4）承當人民怨詈之言，以人民怨詈之言策勵自己。四項平實的精神。至於周公則殷殷教誡康叔與成王，要以戒慎恐懼的精神整飭自己的行爲，並把自己和農業、農民結合在一起。他們兩個人都是發揮仁心於政治上的領導。是書今改名爲《兩漢思想史》卷一，學生書局，1978 年 10 月四版，頁94～97。

〔註46〕同上註，頁97。

〔註47〕余英時於〈儒家「君子」的理想〉一文有詳細的論述，可參考之。是文收於《中國思想傳統的現代詮釋》，聯經出版事業公司，1987 年 3 月初版。

> 意誠而後心正，心正而後身修，身修而後家齊，家齊而後國治，國
> 治而後天下平。自天子以至庶人，壹是皆以修身爲本。其本亂而末
> 治者否。

《大學》雖較晚出，但可視爲儒家進入漢代時已成熟的作品，其云要能將道德實行於天下，首先得使自己的國得其治，國欲得其治，便得由個人的修養做起。其中最重要者，以「修身」爲成就一切的本源，明顯地表露出儒家的道德本位主義。《大學》尚云：「所謂平天下在治其國，上老老而民興孝；上長長而民興悌；上恤孤而民不倍；是以君子有絜矩之道。」再一次地強調了在上位者自我要求的重要。是以，孔子透視周文，拈出「仁」、「義」二字，予周文以超越之安立。孔子一切思想，皆可以「仁」爲起點，孔子在談政治時，也是如此。他的理想政治是仁治，其云：「爲政以德」，政治與德行是不能分的。孟子繼承孔子的思想，他認爲「人皆有不忍人之心」，才能行「不忍人之政」。由人之四端擴而充之，才能保四海。〔註48〕所以，「天下之本在國，國之本在家，家之本在身。」（《孟子‧離婁》）修身是基礎，唯有自己的德行有守，才能治國平天下，所謂「君子務本，本立而道生」，便是此義。所以，儒家要求平時便做好準備工夫，待時機來臨才能執行「富民」、「教民」的兼善天下責任。孟子有云：

> 故士窮不失義，達不離道。窮不失義，故士得己焉；達不離道，故
> 民不失望焉。古之人，得志，澤加於民；不得志，修身見於世。窮
> 則獨善其身，達則兼善天下。（《孟子‧盡心》）

孟子很清楚地表示「修身」的最終目的是「澤加於民」，不得志時所做的修身是一種儲備工夫，爲了將來有機會能爲民服務時，可以馬上施展抱負。不管得志與否，皆不能離道，唯有從反求諸己做起，才有成就兼善天下的可能。

孔子雖無明言人性，但已透露其端。孟子則肯定地指出人性本善，認爲人天生具有仁義禮智的四端之心，並藉由這個基本的命題，確定「擴而充之」的可能。是故，不忍人之政是由不忍人之心而來，雖是針對君王而言，但是人人皆有善性的肯定，使得四端之心向外擴充成爲一個普遍的全稱命題。孟

〔註48〕《孟子‧公孫丑》：「人皆有不忍人之心。先王有不忍人之心，斯有不忍人之政矣。以不忍人之心，行不忍人之政，治天下可運於掌上。……凡有四端於我者，知皆擴而充之矣；若火之始然，泉之始達。苟能充之，足以保四海；苟不充之，不足以事父母。」孟子這一段話，是他對「內聖外王」的觀念所提出最好的註解。「仁」雖在每個人的心中，但是唯有擴充出去，才有眞正的價值。

子的「盡心知性而知天」是一縱向的連貫，而「萬物皆備於我」則是一橫向的擴充。陸象山云「孟子十字打開」正是此義。「內聖外王」的內外兼修，在孟子得到了最好的解答。而大學所謂「身修而後家齊，家齊而後國治，國治而後天下平」的思想，雖較晚出，卻很明顯地受到孔孟的影響，故為後世儒家論政的依據。進而建立了「內聖外王」的觀念，成為中國獨特的政治理念，所有的讀書人也都朝向此一目標努力。

　　此外，我們還必須注意一個問題，即實踐的過程中，「修身」以至於「平天下」的對象是針對「士」而言。春秋戰國以來，貴族不斷下降為士，而庶民階層則大量上升為士，士的階層擴大，其性質也起了變化。〔註49〕而這些有知識學問的士人，便以「仕」為其出路。子夏云：「學而優則仕，仕而優則學。」（《論語·子張》）學是仕的條件，仕也必須以學為標的。所以孔子對於漆彫開能自我量力不肯就仕感到欣喜，〔註50〕而孟子也非常重視「仕」的問題，《孟子·滕文公》載：

> 周霄問曰：「古之君子仕乎？」孟子曰：「仕。傳曰：『孔子三月無君，則皇皇如也；出疆必載質。』公明儀曰：『古之人，三月無君則弔。』」「『三月無君則弔！』不以急乎？」曰：「士之失位也，猶諸侯之失國也。……」「『出疆必載質』，何也？」曰：「士之仕也，猶農夫之耕也；農夫豈為出疆舍其耒耜哉？」曰：「晉國亦仕國也，未嘗聞仕如此急；仕如此其急也，君子之難仕，何也？」曰：「……古之人未嘗不欲仕也，又惡不由其道；不由其道而仕者，與鑽穴隙之類也。」

藉由孟子和周霄的答問，我們可以清楚地看出孟子對於「仕」的態度是「不枉道」，而士人就仕的基礎是「士志於道」，目的便是從內聖達於外王的不斷擴充，是不帶有任何一己之私的。我們必須明白，儒家欲就仕之心是受到道德良知所驅迫，其出發點是「仁」，所懷對天下國家的責任，而非後世讀書人多以求一官半職，為謀功名利祿。子夏云：「百工居肆以成其事，君子學以致其道。」（《論語·子張》）讀書求知一如百工之一技，必須為社會貢獻所學，而目的便是「致其道」，成「外王」事功。孟子在回答弟子萬章時，也明確地

〔註49〕關於「士」階層的興起及其文化淵源，可參考余英時：〈古代知識階層的興起與發展〉，《中國知識階層史論（古代篇）》，聯經出版事業，1980 年 8 月初版。

〔註50〕《論語·公冶長》：「子使漆彫開仕。對曰：『吾斯之未能信。』子說。」

說孔子求宦是「事道」，為了推行「仁政」而努力。是故，「內聖外王」的想法並沒有考慮個人的功利，而純粹是以「人飢己飢，人溺己溺」的精神來奉獻，這是儒家一再強調的精神。

至於「內聖」與「外王」的契合點何在？我們可以這麼說：先秦儒家以「心」為統攝內聖外王的一個基點。孔子雖未明確指出心是統攝一切的主宰，然其論仁之來源，以及一以貫之的道，都透露出「心」的重要。到了孟子提出四端之心，做為道德之源，故通過盡心、知性才能知天。當代新儒家馬浮，承繼了孟子的思想，從志氣如一的進路來詮釋孔子的仁教，並認為這個精神是貫徹五經的。而這個精神便是「心」，心統性情，六藝攝於一心也。他說：

> 《詩》是內聖，《書》是外王；《樂》是內聖，《禮》是外王；《易》
> 是內聖，《春秋》是外王；《詩》既統攝《書》，《禮》亦攝《樂》；合
> 《禮》與《樂》是《易》，合《詩》與《書》是《春秋》；又《春秋》
> 為禮義大宗，《春秋》即《禮》也；《詩》以動天地、感鬼神，《詩》
> 即《易》也；交相融攝，不離一心。〔註51〕

內聖與外王的本源，是我們人人都具備的「心」。而近代思想大家馮友蘭先生對於孔孟承繼的論述，反以分析方式，言兩人各有所偏。他說：

> 孔子講仁及忠恕，多限於個人之修養方面；孟子則應用之於政治及
> 社會哲學。孔子講仁及忠恕，只及於「內聖」；孟子則更及於「外
> 王」。〔註52〕

其實，孔子首先奠定了「內聖外王」的基礎，孟子後而充之，並沒有誰較重「內聖」，誰較重「外王」的問題。孔子講仁及忠恕，也一再路強調實踐的重要；孟子雖廣泛地討論了社會政治的問題，但是對於道德心性的根源論述有更深入的說明。兩人雖然面對的時代問題不盡相同，但是基本的理路是一致無歧的，不能說各重一面，所以就孔孟言，「內聖」與「外王」是並重的。而且孟子發揮了孔子有關人類道德行為與理想人格的根源與實踐的問題，對於外在的社會規範，反倒不如荀子來的重視與詳細，也就是荀子更突出了事功的精神，強調客觀面的實際運用，較諸孔孟，顯然更偏向「外王」的一面。

經過以上的分析，我們可看出儒家的「內聖外王」歷史及思想的演變兩個成因，這樣的觀念也持續發酵的影響後人。個人人格發展的最高目標是內

〔註51〕見馬一浮：《復性書院講錄》，廣文書局，1971年，頁103。
〔註52〕見馮友蘭：《中國哲學史》，藍燈文化事業，1989年10月，頁154。

在之善擴充到極至，而擴充不僅僅是個人的修為，還必須旁及他人，甚至全人類。這是儒家「內聖外王」最高的理想，如果人人都能做到這一點，「天下大同」或「烏托邦」的理想，或許就不再是理想了。

小　結

　　本章透過對儒家「道德政治」與「內聖外王」的分析，指出儒家的政治理論是建立在道德的基礎之上。以道德做為建立政治秩序的指導原則，而個人德性完成的「內聖外王」，也是為了達成以道德改善政治的理想。就一個理想的狀態言，一個國家的政治如果能夠做到人人都是君子，人人都能謙恭有禮，人人都能盡到自己的本分，這個國家必定安和樂利，富而好禮，自然也不需要任何刑法律令。我們可以引孟子說的一段話來說明：

> 孟子曰：「道在爾，而求諸遠；事在易，而求諸難。人人親其親，長
> 其長而天下平。」（《孟子‧離婁》）

孟子將天下太平的最終理想歸諸於人心的自覺，天下人皆肩有使天下太平的責任，人人都能親其親，長其長便是從自身做起，一如孔子常說德性不假外求之義。孟子明確指出天下太平的道理就在每個個人，「內聖外王」的起點即從個人的道德修養做起，與「道德政治」同其根源。焦循於《孟子正義》中疏解孟子這段話，特別強調「由近而遠」的次序，以「孝弟」次序，以「孝弟」為實踐的根本，並批評空談心性，是捨近求遠，故近取諸己，才為易。其云：

> 自首章言平治天下，必因先王之道，行先王之法，反復申明，歸之
> 於居仁由義。何謂仁？親親是也；何謂義？敬長是也。道，即平天
> 下之道也；事，即平天下之事也。指之以在邇在易，要之以其親其
> 長。親其親，則不致於無父；長其長，則不致於無君。堯舜之道，
> 孝弟而已。其為人也孝弟，犯上做亂，未之有也。舍此而高談心性，
> 辨別理欲，所謂求諸遠，求諸難也。〔註53〕

平天下的道理其實很簡單，就是從日常生活的道德實踐開始。

　　儒家對於人的期待，建立在人性本善的基礎上，這是儒家內在超越的根源，「道德政治」與「內聖外王」的設計也是依此為起點。後世以儒學為中國

〔註53〕見焦循：《孟子正義》，沈文倬點校，北京：中華書局，1987 年 10 月第 1 版，頁 508。

文化的主流，使得這樣的政治理想成爲中國知識份子一直努力的目標，二千年來的讀書人無不以救國救民爲己任，不獨過去，今日亦是，有識者都陷入對自我要求的情結之中。孔子亦看到現實與理想的差距，曾歎道：「道不行，乘桴浮於海。」（《論語・公冶長》）畢竟，純以道德爲政治的訴求，的確有一道難以跨越的鴻溝，只能做一種理想性的象徵，我們要問：何以這樣的理念沒有辦法在現實政局中完全實行？「道德政治」與「內聖外王」是儒家的理想，知識份子也無不以達成此一理想而努力，然就政治層面而言，這個理想從未在現實世界中完成，反而民間講學成了延續儒家精神的所在。就因爲政治現實不可爲、不能爲，只好將外王轉向教學之路，期待社會潛移默化。弔詭的是：「私學」一旦成爲「官學」，便喪失原本的活力與精神。儒家在面對君主專制的政治體系時，其實已經處於下風，有著深沈的無力感。換個角度言，中國的政道是君主專政，儘管從宰相以下的官僚體再完善，仍受限於最高權力——皇帝的宰制。

理想與現實之間存在著一種看似相對卻又相互影響的微妙關係，表現在中國知識份子「仕」與「隱」的態度上，也顯示了「內聖外王」的另一個面向。「理想」與「現實」是相對的兩難，有意思的是：理想一旦落實，那麼這個理想是否還成其爲理想？而現實世界如果缺少了理想的推動，是否即失去繼續向前的力量？儒家一再地要求聖王，以達成上行下效的德化政治，然而事實上中國幾千年來並沒有儒家理想中的聖王出現。劉述先云：「儒家的思想顯然是有很強烈的理想化的成份，而它的力量的泉源恰正來自它對於理想的堅持。正因爲它的理想對反於現實，才對於現實產生巨大的衝擊，這就是歷史的弔詭。」〔註54〕理想與現實的互動，或許才是支持中國文明延續如此長久之因吧！

也因著「理想」需落實於「現實」，所以與孟子同時的荀子更著眼於經驗世界的種種問題，他以一種較務實的態度來處理政治，以爲國家的首要目標需「富國強兵」，唯有先使國家富足強盛之後，人民才能獲得保障。下一章便討論儒家的政治理論在實際的運用上會遭遇的問題，再下一章則詳論先秦儒家的殿軍——荀子，如何因應現實政治的局勢，將儒家的政治理論做了些許更改。儒家能在先秦後成爲中國的主流思想，荀子實佔有一關鍵地位。

〔註54〕見劉述先：〈論儒家的理想與現實的互動關係〉，《理想與現實的糾結》，臺灣學生書局，1993年8月初版，頁112～113。

第參章　孔孟政治理論實行的困難

　　不可諱言的，先秦儒家對於政治問題所提出的各項解決之道，都是針對
當時的政治環境所言。然而，儒家的政治理論之所以能流傳千年，甚至讓歷
代知識份子謹守且極力提倡，就不單純只是一個因應當時環境的政策而已。
先秦儒家所主張的道德與民本的思想，已然成為一個「常道」，可以歷千年而
不墜。「常道」是不變的，但是表現的方法卻是因時制宜，隨時代而變。孔子
的「因革損益」說開啓了儒家守常達變的思想和智慧，孟子稱讚孔子為「聖
之時者也」，(《孟子·萬章》) 以及《中庸》:「君子之中庸也，君子而時中。」
的說法，都表示了儒家能夠順應時勢，又不背離常道的想法，所以本節所討
論者，即針對儒家的這個「常道」來討論。而「道德政治」不僅僅在先秦無
法實現，經過了兩千多年的中國歷史也從來沒有真正實現過。這個問題不在
於先秦的時代背景，也不是與中國的社會文化無法配合，實際上是儒家政治
理論本身的問題。因為儒家政治思想中含有烏托邦思想的性質，[註1] 在理想
與現實相對的兩難中，便造成了許多衝突與妥協。理想與現實是相對的，然
而理想一旦落實了，又往往失去了原本的理想性，而理想之所以能為理想，
雖在現實上無法達成，但卻能敦促現實世界往前邁進，提供一個向上的力量
泉源。這是理想與現實的弔詭。
　　本章以儒家政治理論中的「道德政治」與「內聖外王」兩大重點來分析，
討論儒家政治理論所含有的理想性格何在，以及在面對現實環境時，之所以
會遭遇挫折的原因為何。同時從這些分析當中，也附帶討論了儒家思想在面

[註1]　參見陳弱水:〈追求完美的夢——儒家政治思想的烏托邦性格〉，《理想與現
　　　　實——中國文化新論·思想篇》，聯經出版事業，1982 年 10 月初版。

對劇烈變動的現代，該有何因應之道。

第一節　「道德政治」的問題——倫理行爲與政治行爲無法區別

「道德政治」的最大問題，在於視道德爲設計政治制度及解決政治問題的指導原則，將道德與政治融合爲一。在孔孟的觀念裡，人性可以做爲個人、團體與國家求善求好的原動力，認爲道德可以解決人世間所有紛爭，包括政治上的種種問題。孟子說：「人皆有不忍人之心。先王有不忍人之心，斯有不忍人之政矣。」（《孟子・公孫丑》）善政（不忍人之政）的根源，建立在先王有一顆不忍人之心。根據孟子的想法，政治行爲只是人類團體生活的一個具體結合，既然每個人都有先天良善的本質，只要進一步加以發揮，政治行爲也必然可能是善的。但是，這個觀點在現實上有著極大的盲點：倫理行爲與政治行爲無法等同視之，兩者有現實上的差異。〔註2〕自我人格的實現，可以透過內心自覺來達成，而不假外求。但是向外擴充，即要求他人向善或成就某些德性時，便不是一件容易的事。〔註3〕而政治上的問題更是包羅萬象，有個人與國家間權利與義務的關係，有社會上各個團體間的利益與衝突，以及內政、外交各方面的問題。執政者的每一個政治行爲都可能有不同的動機，譬如爲了國家（個人）的利益，不得不犧牲人民的權益；或是爲了自身統治權的穩固，實施善意的政策。有時，愛國思想往往是狹隘的威權統治的擴張，即盡忠報國到底是爲了大多數人民，還是那一個高高在上的國君，便不得而知了。不論國君是利己，或是利他，動機的不同，就會造成不同後果，甚至於執政者的行爲並非出於自由意志，必須受到某些條件的約束。這表示政治行爲不是單純地由不忍人之心出發，便可以做到盡善盡美的境界。

〔註2〕　關於儒家對於倫理行爲與政治行爲的混淆，陳弱水在〈「內聖外王」觀念的原始糾結與儒家政治思想的根本疑難〉（《史學評論》第3期，70年4月，頁79〜116）及〈追求完美的夢——儒家政治思想的烏托邦性格〉（《理想與現實——中國文化新論・思想篇》，聯經出版事業，1982年10月初版）兩文中有詳細的討論。

〔註3〕　這點可由古今中外的宗教來說明，宗教皆勸人爲善，也都透過各種有形的儀式或無形的義理宣導，甚至以展現神蹟的方式，來達到淨化人心，改善社會的目的。最終的目標無非是希望人人都能修成正果或脫離苦海，但事實證明，這樣一個工作有多困難，更可能永遠無法達成。

　　換言之，孔孟將政治過份單純化，以爲道德良知足以成就善政，這點由
他們主張平天下要從個人修身做起可證。畢竟，治理天下如果僅僅憑藉著道
德良知，國家社會能否上軌道，人類文明會不會進步，可能都是個大問號。
當代基督教神學與政治思想家尼布爾（Reinhold Niebuhr）曾指出：任何政治
團體領導者有關團體決策的行爲，基本上是不道德和非理性的，「自利」是一
切團體、階級、國家行爲之最高指導原則。而那些宗教及理性的道德家，不
懂得人類集體行爲是殘酷的，也不明白集體關係裡面所有的自私，和集體的
自我主義是強勢且霸道的，以爲社會衝突只是一種暫時的現象，只要有完美
的教育和純潔的宗教，這一切混亂便會被消弭。事實上，在人類的歷史中，
無論社會的智識與精神上的道德觀增加到什麼地步，始終不能消解社會衝突
本身。〔註4〕在西方，有種族、宗教、經濟等各種衝突；在中國，有社會階層、
民生經濟及戰亂紛爭等各種問題，種種在政治實際運作必需面對的問題，並
非能以道德一概包含之。亦即當國家在與他國進行往來時，所講究者是如何
保護本國的利益，不致使自己的權利受損而便宜了他人；又或者社會上不同
的團體在面對同一件事時，往往有不同的立場，難免會引發一些爭議與衝突。
先秦時的諸子百家互相詰難辯駁，所爭者皆是希望自己的主張能獲得國君認
同；而現代面臨經濟開發與環境保護的兩難時，工商業團體、環保團體，甚
至在地民眾都有不同的立場觀點，而其間的衝突摩擦進而談判妥協，無非是
就各種不同的利益尋求一個平衡點，各個團體有所犧牲在所難免。所以，在
處理公共的問題時，要完全撇開利害關係而以道德標準相對待，實際上是行
不通的。無怪乎梁惠王所關心的是「何以利吾國」，不管他是爲了自己還爲了
國家，在國君的想法裡，言「利」，才是國家能在列強環伺之下謀求生存的方
法。

　　孔子和孟子都有周遊列國，向國君推銷自我的抱負和主張。孔子是根本
沒有獲得國君的重視，而孟子雖於宣王時仕齊爲卿，致祿萬鍾，但是他的仁
義之說仍無法獲得認同，最後只好掛冠求去。他們所見到的國君，可讚賞者
極少，然「望之不似人君」者，卻比比皆是。孔子對從政者的總評是：「噫！
斗筲之人，何足算也？」（《論語・子路》）爲何這些國君在孔孟的道德放大鏡
檢視下，紛紛得到不及格的成績單？因爲國君要面對的是國家是否能夠強

〔註4〕詳見尼布爾（Reinhold Niebuhr, 1892～1971）：《道德的人與不道德的社會》
　　　（Moral Man and Immoral Society）楊縉譯，永望文化事業，1982 年 6 月初版。

盛，可以不受外敵的侵擾，甚至如何才能稱霸天下，所關注者，自然是「利害」的問題。孔孟希望國君能著眼於人民的生計與精神生活的提升，治國的眼光必須放遠，這當然是爲政必須努力的目標，然而就當時的政治情勢而言，這種主張畢竟不符合立即之需要。〔註5〕此外，就「道德政治」的理論來看，「爲政以德」的最大問題，便是無法有效地解決許多社會問題。因爲政治的問題不是單純的倫理關係，所涉及的層面有人民與政府的權責義務以及外交、經濟、民生、教育諸問題，非常廣泛與複雜。是故，將所有的政治措施完全訴諸於道德，難免陳義過高，忽略人性在面對現實會發生的不當行爲，這便是倫理行爲與政治行爲最大的差別所在。就人的精神層面言，心靈的淨化與提升是一種無形的潛移默化；至於政治的設計，所面對的是國家社會是否能夠長治久安，以及人民生活是否溫飽等現實層面所遭遇的問題，而對於這些問題的解決之道，一套有效的政治制度以及一個清明有爲的領導中心，便是確實有效的方法。

前已說明，「內聖」與「外王」皆以「道德」爲中心。「外王」本身的意涵其實所指爲個人對外在社會國家所應負的責任，有實踐的精神在內，但後世所謂的事功精神，與眞正客觀化的政治結構卻有著一段相當的差距。因爲設計一套完整的政治藍圖，必須有相當的考量與實際的運作才能不斷地吸收經驗與改進缺點。而中國在面對所謂的政治設計，顯然缺乏一個客觀的視野，像中國國土龐大，政治組織層疊架屋，造成中國傳統社會的法律多元主義。〔註6〕許多政策往往向下傳遞幾層，便失了原義，或是聽憑基層自行執行。故牟宗三先生曾明確地指出：「此一文化系統，唯一不足之處，即在國家政治法律一面。」〔註7〕而儒家倫理又使家族緊密地結合在一起，家規甚至比國法還來得直接。民眾不願進官府，而官吏也儘量多一事不如少一事。百姓如有爭執，告官往往是最後手段，之前多半和解私了。這種情形，使得人治重於法治，對於問題的解決，往往訴諸於人心。我們可以舉《孟子》中一段很著名的公案來說明。《孟子・盡心》云：

　　桃應問曰：「舜爲天子，臯陶爲士；瞽瞍殺人，則如之何？」孟子曰：

〔註5〕　但是在一個政權穩固之後，儒家主張以教化「改革」人心的做法，馬上能受到統治者的青睞。這也是儒家成爲中國「國教」的一個原因。

〔註6〕　見林端：《儒家倫理與法律文化──社會學觀點的探索》，巨流圖書公司，1994年1月一版。頁83～86。

〔註7〕　見牟宗三：《歷史哲學》，臺灣學生書局，1988台七版。頁38。

> 「執之而已矣！」「然則舜不禁與？」曰：「夫舜惡得而禁之！夫有
> 所受之也。」「然則舜如之何？」曰：「舜視棄天下，猶棄敝屣也。
> 竊負而逃，遵海濱而處；終身訢然，樂而忘天下。」

舜在面對自己的父親殺人這一事件，並不能阻止皋陶執行法律，只好採取放棄
王位，背父而逃的方式。這樣做似乎兼顧情與法，可是當我們仔細考量，卻發
現許多問題存在。其一，舜雖然無法不讓皋陶追補殺人的瞽瞍，自己卻也沒有
遵守法令，將兇手繩之以法。在上位者無法以身做則，又該如何要求其他人呢？
朱子註云：「蓋其所以為心者，莫非天理之極，人倫之至。」過分地強調「親情」
的作用。不獨孟子如此說，孔子也強調「父為子隱，子為父隱，直在其中。」
（《論語·子路》）原始儒家是站在「親情」來看問題的，認為「天下無不是的
父母」，治天下從倫理出發，必然會將倫理道德置於法治之上。畢竟，在倫理與
法律兩難之下，人性中親情一面仍為儒家所重。但是我們換一個角度來看，被
殺的人也有父母子女，如果犯人因家人庇護而逍遙法外，受害者是否就得自認
倒楣？道德政治在面臨客觀的法律時，問題就被突顯出來。其二，舜為了此事
棄帝位而逃，「視棄天下，猶棄敝履」，王位沒什麼好眷戀的，甚至逃到海邊，
還「終身訢然，樂而忘天下」，將王位的責任輕易卸下，也絕非一個良好的示範。
孟子的原義是說一旦面臨情與法的決擇時，只好採取棄位保父而逃的折衷方
式。這種作法，形成中國喜言「人治」的政治環境，而無法成就一套客觀的法
律秩序。儘管儒家有強調「禮」的一面，可是當儒家在面對所謂「情」、「理」
兩難的情況下，仍是以「情」為最後的決定。儒家視倫理道德為第一要務，使
得中國的法律常常形同虛設，法律之前講的是人情請託，而非人人平等，「王子
犯法與庶民同罪」只是個掛空的口號。豪強權勢欺壓老百姓的情形也就不足為
奇了。至於尋私舞弊、內舉不避親等，在歷史上也層出不窮。當然，孔孟重視
人倫關係所建構的社會秩序，而非法家漠視倫理，只重賞罰的功效，這不單是
「人治」與「法治」的問題。但是強調血緣親情的重要，勢必使政治天平有所
傾斜，這是以宗教血緣為軸的「道德政治」得面臨的後果。

　　孔子強調「為政以德」，具體推動的方式就是——教育。透過教育可以把
做人為學的道理傳播給每一個人，藉以誘發人人為善行，守正道，政治便可
清明。孔子將知識從王公貴族的手中傳達到平民百姓，進而使得「士」階層
獨立出來。〔註8〕而且教育的內容不僅僅是知識的傳授，更包含了禮樂道德等

〔註8〕　「士」從上古的貴族到四民之一，其間的轉變頗為複雜，而其性格也有了根

條目。在孔子的心中，教育的目的不在於從政，而在於是否能體現「道」；他也不反對知識份子參政，但從政的前題不是爲了個人的富貴權勢，而是爲了實現儒家的政治理想。﹝註9﹞到了孟子與荀子之時，加重了知識份子學問能力的條件，使得士人政治的型態逐漸形成。士人政治是「勞心者治人，勞力者治於人」的社會分工想法之實現，原本是爲了確保政府施政品質，但是在後世卻演變成讀書的目的是爲了求仕，致鍾萬祿，再加上學問的主流是國君認可的官學，篩選過後的學問知識，其內容便可想而知了。士人政治的原味變了調，而這種以上對下的傳導方式，很容易爲有心人所利用，漢代設立官學似乎是爲了學問文化的延續，其實骨子裡是爲了鞏固執政者的統治權，學術爲政治服務，成了箝制人民思想的極佳利器。所幸，儒家思想中的議政精神始終在知識份子的血液裡流動，孔子云：「天下有道，則庶人不議。」（《論語·季氏》）這句話的反面意思就是「天下無道，則庶人議。」批評討論時政，成了中國歷史上維繫政治清明的一股主要力量，而「庶人議政」的傳統，就在民間與知識份子的心中保存下來並持續地發酵著。﹝註10﹞因此，儒家論政本於其所尊崇之「道」，視「道」比「政」要高一個層次，企圖以「道」來領導「政」，雖然在現實中遭遇了層層的阻力，但是在精神上卻引領著知識份子對政治的議論。儒家沒有區分倫理行爲與政治行爲，使得「道德政治」只能是書本中的理想，可是從另一個角度觀之，卻是促使政治活動不致墮落的主因。

第二節 「內聖」與「外王」的關係

　　「內聖外王」是人格完成的目標，也是成仁成道的工夫與必經之路。儒家所強調者，在於由「內聖」通向「外王」的順序，要做到外王，就必須先達成內聖，亦即從修養自己的德性開始，「內聖」與「外王」是不能倒置的。《大學》一書，是儒家「內聖外王」觀念完整且清楚的表述，其開宗明義便云：

　　　　本的變化。詳見余英時：〈古代知識階層的興起與發展〉，《中國知識階層史論》，聯經出版事業，1980年8月初版。
﹝註9﹞孔子反對爲求個人富貴而仕官，他說：「天下有道則見，無道則隱。邦有道，貧且賤焉，恥也；邦無道，富且貴也，恥也。」（《論語·泰伯》）從政是爲了行「道」，若是爲了富貴是可恥的。所以他曾感嘆地說：「三年學，不至於穀，不易得也。」（《論語·泰伯》）眞正爲了理想而求學者是很難得的。
﹝註10﹞詳見余英時：〈反智論與中國政治傳統〉，《歷史與思想》，聯經出版事業，1976年9月初版，P7～10。

> 大學之道，在明明德，在親民，在止於至善。知止而後有定，定而
> 後能靜，靜而後能安，安而後能慮，慮而後能得。物有本末，事有
> 終始，知所先後，則近道矣。古之欲明明德於天下者，先治其國。
> 欲治其國，先齊其家；欲齊其家者，先修其身；欲修其身者，先正
> 其心；欲正其身者，先誠其意；欲誠其意者，先致其知；致知在格
> 物。物格而後知至，知至而後意誠，意誠而後心正，心正而後身修，
> 身修而後家齊，家齊而後國治，國治而後天下平。自天子以至庶人，
> 壹是皆以修身為本。其本亂而末治者，否矣。其所厚者薄，而其所
> 薄者厚，未之有也。

「欲明明德於天下」，首先得使自己的國家得其治，國家欲得其治，便得由家庭做起，而家庭的齊一，由個人的修養做起。個人→家庭→國家→天下，這一個連續性的整體，就是儒家所謂外王的事業。「修身」，則是成就一切的本源，格物→知至→意誠→心正，則是修身的過程，為內聖的養成工夫。就《大學》來看，儒家「內聖」、「外王」的理想是不能分割的，且「自天子以至庶人，壹是皆以修身為本」，可見以「內聖」工夫為本，再通「外王」的順序是確定的。

「內聖」與「外王」組合成一個完整的概念，其連接點在於「推己及人」的想法。儒家始終認為一個人得道並不是真的得道，必須拉拔他人，做到擴充與推廣的工夫，天下大同，才是「仁」的實踐。「內聖」與「外王」在儒家的思想中，成為儒者一貫的目標，唯在主客觀的因素之下，做到「內聖」或「外王」並不是一件容易的事，更遑論兩者兼俱。再者，由「內聖」通「外王」是成仁的理想，但是「內聖」與「外王」是否有必然的連繫？亦即要完成「外王」的事業，就非得從「內聖」而來嗎？在儒家的想法中如此，在現實世界中卻未必盡然。以下便就這兩點，來談談「內聖外王」在現實所遭遇的問題。

一、「內聖」與「外王」難以達成

「內聖外王」是「仁」的實踐，然必須先達到「內聖」的境界，才能再進一步完成「外王」事業，而「內聖」的完成，在於「修身」的工夫。關於「修身」，簡單的說就是自我道德的養成與實踐。孔孟都肯定自我實現的可能。孔子曾說：「為仁由己，而由人乎哉？」（《論語・顏淵》）；「仁遠乎哉？我欲仁，斯仁至矣！」（《論語・述而》）德性是不假外求的，行仁與否，全視一己之念，為一自覺的工夫。孟子更確定了性善之論，他認為「仁義禮智」

是每個人先天本有的，「非由外鑠我，我固有之也。」(《孟子‧告子》)四端之心雖是人人都有，成聖成德卻是操之在己，「從其大體爲大人，從其小體爲小人」(《孟子‧告子》)大體即本心，小體指感官四肢，要成爲大人或小人，完全看自己的選擇，也就是所謂的一念之間。唯儒家雖云德性本於人心，並強調當下體悟，看似簡單，但是德性的維持卻不是一件容易的事。孔子說：「君子無終食之間違仁，造次必於是，顛沛必於是。」(《論語‧里仁》)爲仁的工夫不能稍有疏忽，必須時時刻刻提醒自己。顏回是孔子盛讚的弟子，也僅能做到三月不違仁，〔註11〕且孔子亦不敢自居仁聖，他說：「若聖與仁，則吾豈敢？抑爲之不厭，悔人不倦，則可謂云爾已矣。」(《論語‧述而》)不管孔子此言是否如朱子註爲「夫子之謙辭」，但是「爲之不厭」一語，卻昭示了「仁」的修持是不能間斷的。可見要做到「內聖」的要求並非易事，個人的修養工夫是沒有止境的，必須不斷地超越。

「內聖」不容易達成，更何況「仁」的完成，還必須通過「安人」與「安百姓」的進路，〔註12〕亦即「外王」的事業表現在「安人」、「安百姓」乃至於「天下平」。然而，連堯舜都感嘆無法做到「安百姓」，更何況一般人。在儒家的想法裡，「外王」是德性向外推展，使其他的人也都能感同身受，再各自推廣出去，就像傳教般形成一個「道德網路」，藉以實現天下有道。這個推展，可以分別就「國君」與「士」的角色來談。就國君言，儒家希望聖王在位，因爲國君可以起領導的作用，然而在位者幾乎沒有一個可稱爲聖王，所以孔孟盡力地遊走各國，就是爲了說服國君能改善自己的行爲。領導中心有德，才能進而影響人民，使天下有道，只可惜國君多不採納。退一步言，冀望國君既不可行，儒家便轉而要求以「士」爲「道」的承擔者。孔子說：「士志於道，而恥惡衣惡食者，未足與議也。」(《論語‧里仁》)他的弟子曾參更把士的責任提高：「士不可不弘毅，任重而道遠。仁以爲己任，不亦重乎？死而後矣，不亦遠乎？」(《論語‧泰伯》)「士」肩負了傳道與弘道的責任，唯「士」往往受限於最高統治者——國君的限制，無法順利的一展抱負，只能退居文字著述、講學傳道或隱逸山林之間。於是「士」成了中國歷史上「道

〔註11〕《論語‧雍也》：「子曰：『回也，其心三月不違仁，其餘則日月至焉而已矣。』」
〔註12〕《論語‧憲問》：「子路問君子。子曰：『修己以敬。』曰：『如斯而已乎？』曰：『修己以安人。』曰：『如斯而已乎？』曰：『修己以安百姓。修己以安百姓，堯舜其猶病諸。』」

統」的傳承者，與「政統」隱隱相抗衡之。

　　儒家將「道德」與「政治」合而爲一，也視「安人」、「安百姓」爲份內之事，所以中國知識份子有一個很特殊的面象，即自古不僅以傳承上帝之事爲旨，更管起凱撒之事，後世所謂「以天下爲己任」、「天下興亡，匹夫有責」等觀念，可謂由此濫觴。〔註 13〕然而，在德性的外推上卻遭遇了一個難題，即外在的世界不是靠個人的意志所能達成。不管是聖王難得或知識份子力求道德的宣揚，要使天下人齊一心志，皆成有教養之士，事實上是不可能的。如果「外王」的事業必須做到「平天下」才算合格，不但是一件極困難的工作，也沒有人能眞正地達成這個標準。

　　儒家對自我的期許是可以理解的，但是從現實面來說，「內聖外王」的確有其實踐的困難。儒家之所以立定「內聖外王」，無非希望有一個目標，可以讓每個人持續地努力，這個目標必須有一定的超現實成份，才能引領著人們不斷地向前向上。孔子其實也明白「道之不行」是必然的，但是不能因爲結果而放棄理想，爲了理想必須不斷地向前進，亦即「知其不可爲而爲之」含有「殉道」的成份在內。孔子鼓勵讀書人爲行道而入仕，不要獨善其身，長幼之節與君臣之義不能偏廢，由長幼之節到君臣之義正是一條「內聖外王」之路。《論語・微子》記載了這麼一件事：

> 子路從而後，遇丈人，以杖荷蓧。子路問曰：「子見夫子乎？」丈人曰：「四體不動，五穀不分。孰爲夫子？」植其杖而芸。子路拱而立。止子路宿，殺雞爲黍而食之，見其二子焉。明日，子路行以告。子曰：「隱者也。」使子路反見之。至則行矣。子路曰：「不仕無義。長幼之節，不可廢也；君臣之義，如之何其廢之？欲潔其身，而亂大倫。君子之仕也，行其義也。道之不行，已知之矣。」

荷蓧丈人雖然選擇了隱居，但是從他招待子路吃飯、住宿，以及呼兒見客人的舉動來看，荷蓧丈人仍能守長幼之節，只不過對於政治上的君臣論說持反

〔註13〕此爲余英時先生論中國知識份子的四個基本特徵之一。其他三者爲：第一、在理論上，知識份子的主要構成條件已不在其屬於一特殊的社會階級；第二、知識份子不但代表「道」，而且相信「道」比「勢」更尊；第三、由於「道」缺乏具體的形式，知識份子只有通過個人的自愛、自重才能尊顯他們所代表的「道」。這些觀點與本文有許多相發之處，可參考之。見余英時：〈道統與政統之間──中國知識份子的原始形態〉，《史學與傳統》，時報文化出版事業，1982 年 1 月初版。

對的態度。而孔子對隱者雖持欣賞的角度，卻不認為逃避是解決問題的方法，因為長幼之節、君臣之義是維繫社會正常運作的關鍵，只守長幼之節而廢君臣之義，天下仍不能治。孔子藉子路之口說出：「君子之仕也，行其義也」，充分表現出儒家積極入世的精神，為官的目的，就是為了守住君臣之義，為了天下人民生活而努力，雖然「道之不行，已知之矣」，卻不構成儒家入仕的阻力。儘管孔子曾說：「道不行，乘桴浮於海」；孟子也說：「古之人，得志，澤加於民；不得志，修身見於世。窮則獨善其身，達則兼善天下。」（《孟子‧盡心》）似乎進退皆有所處，但是「修身」是平時準備的工夫，機會來時才能「兼善天下」，所以儒家修身的最後目的，就是為了「澤加於民」的外王事業。

二、「內聖」與「外王」沒有必然的連結

儒家視政治為道德的延續，對於「仁」的完成，自然也以「平天下」為極致，「修己」只是個人的道德修養，必待「安人」與「安百姓」之後才算完美。於是，在儒家的想法中，由「內聖」至「外王」是自然而然的必經之途。在《論語‧憲問》中，孔子與子路的對話可謂孔子對於「內聖外王」觀念的完整表述：

> 子路問君子。子曰：「修己以敬。」曰：「如斯而已乎？」曰：「修己以安人。」曰：「如斯而已乎？」曰：「修己以安百姓。修己以安百姓，堯舜其猶病諸。」

成為君子的過程，可分為「修己」、「安人」與「安百姓」三個階段。「修己」是「內聖」的工夫，而「安人」與「安百姓」是「外王」的事業。從「安人」到「安百姓」，是孔子心中所期許的目標，他也清楚地知道要做到「安百姓」並非易事，故與子貢的對話中，說明了「仁」與「聖」之別，也就是「安人」與「安百姓」的不同：

> 子貢曰：「如有博施於民，而能濟眾，何如？可謂仁乎？」子曰：「何事於仁？必也聖乎！堯舜其猶病諸。夫仁者，己欲立而立人，己欲達而達人。能近取譬，可謂仁之方也已。」（《論語‧雍也》）

要做到「博施於民」、「濟眾」，即「安百姓」的境地，連堯舜都尚有困難，要真能做到就是「聖」了。而「仁」者需做到「己欲立而立人，己欲達而達人」的工夫。前已說明這也不是一件容易的事，但是「安人」與「安百姓」相較，又有難易程度上的區別。陳弱水對「安人」與「安百姓」兩個意涵進行分析，

謂此二者是兩個意義不同的概念：「安人」是一種個人行爲，「安百姓」是一種社會行動。只是這種社會行動之所以能達成，全賴政治領導者的個人行爲。〔註14〕不管是對統治者的要求，或期待聖君的出現，都使得「安百姓」有現實難以達到的困難。畢竟，在現實世界中是很難有聖王出現的，這是一個常識性的認知。更何況，有德者不見得能取得統治的地位，若退而求其次——爲臣或爲官，卻往往受限於僵化的制度或人事傾軋或國君的限制，無法一展抱負，只能徒呼負負罷了。如此一來，儒家理想中的「修己」到「安人」、「安百姓」之間便出現裂痕，「內聖」無法通至「外王」。儘管我們可以掌握自己，卻無法對外在的世界有所要求；我們可以掌握自己，將道德的理念推廣，卻無法達到預期的目標。這樣的一種限制，使得中國的知識份子只能每每看著政局，而有深沈的無力感，發爲一聲慨歎：「非不爲也，實不能也」。

　　爲了「內聖外王」這樣的理想，致使中國歷代的讀書人都以從政爲目標。畢竟，要達成「安百姓」的理想仍然得從政治上著手，「學而優則仕」雖然不是孔子說的，〔註15〕卻成爲中國每一個知識份子奉爲圭臬的準則。對於時政的批評與建議，成了知識份子責無旁貸的使命感，而其中的基本動力，便是著眼於社會民生的福祉。誠然，要是能謹守「道」，不計較個人的私利，「爲民謀福」的想法確實可在菁英政治中獲得部分實現。可惜的是中國的知識份子因而把路限制住了，「當官」成了讀書的唯一目的，做官所帶來的權勢與利益，才是爲官的價值所在，「爲民服務」淪爲一種口號，成爲一個幌子罷了！誠如徐復觀先生所云：「中國文化，本是人文主義的文化，本是顯發人生的文化。但中國的智識份子，主要精力，下焉者科舉八行，上焉者聖君賢相，把整個人生都束縛于政治的一條窄路之中；而政治的努力，又僅在緩和專制之毒，未能發現近代的民主政治，以致人生不能從政治中解放出來，以從事於多方面的發展；這是中國化的一大漏洞，也是中國文化的一大悲哀。」〔註16〕當然，中國之所以沒能發展出民主自由，知識份子的自我束縛只是一部分原因，但是「內聖外王」的想法卻根深柢固在中國人的腦海裡，演變成求學的目的是爲了做官，做官的目的只是爲己的偏差想法。「萬般皆下品，唯有讀書

〔註14〕參見陳弱水：〈「內聖外王」觀念的原始糾結與儒家政治思想的根本疑難〉，《史學評論》第 3 期，70 年 4 月，頁79～116。

〔註15〕此爲子夏語，《論語・子張》：「子夏曰：『仕而優則學，學而優則仕。』」

〔註16〕見徐復觀：〈政治與人生〉，《學術與政治之間》，臺灣學生書局，1985 年 4 月臺再版，頁99～100。

高」、「十年寒窗無人識，一舉成名天下知」的想法，已完全背離儒家原本冀望從參政來改善民生的最初企圖。所以，我們要指出「內聖」與「外王」並沒有必然的連結性，每個人能做好自己份內的工作，盡自己的本分最重要，至於是否能推向外王，就必須視機緣而定。治國平天下固然重要，修身齊家也得經過重重的努力。尤其今日的政治型態丕變，完全不同於中國兩千多年的君主專政，「內聖外王」的觀念更有調整的必要。唯「內聖」與「外王」的連結，雖然沒有本質上的必然性，但是儒家以「道德」爲此二者之橋樑，亦即「內聖外王」皆是爲了成就「仁」，倘若沒有這樣的一種結合，儒家便不能成其爲儒家。不管這樣的責任感使得知識份子遭受了多少的挫敗，中國也因此得以延續與成長，這也是歷史的弔詭之處。

　　還有一點必須辨明的，即先秦儒家雖認爲不管是天子或庶人，都要以修身爲本，但是在德性的外推上並非以強迫的手段要求他人。儒家所講的修身治國等語，主要是針對政治負責人（貴族）而言；對於百姓並沒有特別的要求，只希望國君能把人民照顧好，依循「民之所好好之，民之所惡惡之」的原則而已。「修己」與「治人」的對象是不一樣的。「修己」是對自己，而「治人」的對象是百姓，如果以同一標準來要求，可能會產生嚴重的誤差。孔孟雖然肯定每個人先天善良的本性，但「人人皆可爲堯舜」或荀子說的「塗之人可以爲禹」只是說明成君子、成聖是每個人都有可能的，但絕不是要求人人都要成聖成賢。董仲舒在《春秋繁露・仁義法》也中討論了這個問題，其云：

> 以自治之節治人，是居上不寬也；以治人之度自治，是爲禮不敬也。
> 爲禮不敬則傷行而民弗尊；居上不寬則傷厚而民弗親。弗親則弗信；
> 弗尊則弗敬。

董氏所說即「嚴以律己，寬以待人」之意，明顯地出自孔子：「躬自厚而薄責於人，則遠怨矣。」（《論語・衛靈公》）如果拿修身的標準來要求別人，便失之於嚴苛，不但不能推行「道」，反而會出現反效果。所以徐復觀先生在〈釋論語「民無信不立」〉一文中云：

> 孔孟乃至先秦儒家，在修己方面所提出的標準，亦即在學術上所立的標準，和在治人方面所提出的標準，亦即在政治上所立的標準，顯然是不同的。修己的學術上的標準，總是將自然生命不斷底向德性上提，決不在自然生命上立足，決不在自然生命的要求上安設價值。治人的政治上的標準，當然還是承認德性的標準；但這只是居

於第二的地位，而必以人民的自然生命要求居於第一的地位。治人
的政治上的價值，首先是安設在人民的自然生命的要求之上；其他
價值，必附麗於此一價值而始有其價值。〔註17〕

「修己」與「治人」雖是一體兩面的事，但是在實際的施行上，我們必須清
楚地區分「修己」與「治人」所要求者為何，才能掌握到儒家政治理論中的
真義所在。因為，「若以修己的標準去治人，如朱元晦們認為民寧可餓死而不
可失信，其勢將演變而成為共產黨之要人民為其主義而死，成為思想殺人的
悲劇。另一面，若以治人的標準來律己，於是將誤認儒家精神，乃停頓於自
然生命之上，而將儒家修己以『立人極』的工夫完全抹煞。」〔註18〕從「修
己」到「治人」是個人德性完成的階段，就對自我的要求而言，都是以成就
君子的「仁」為依歸；就「修己」與「治人」的對象言，便有道德行為與政
治行為的區別，亦即徐先生指出在修己所提出的學術上之標準和在治人方面
的政治上之標準是不同的，如果混為一談，不但曲解先秦儒家，更會造成「以
理殺人」的悲劇。這便是徐先生區分「修己」與「治人」的重要性。

三、必須由內聖之學開出「新外王」

儘管儒家的政治理論在主客觀都存在著一些現實中的難題，但並非意味
儒家已經走入死胡同，必須徹底捨棄。相反的，儒家有著強韌的生命力，有
關道德修養的主張更是一種「常道」，是放諸四海皆準的。唯儒家在政治方面
所遭遇的難題，在今日正好有民主政治可代為解決，這幾乎是所有學者共同
的看法。〔註19〕而當今學者的工作，便是在傳統與現代的劇變中，找尋一條
出路。早在一九五七年，當代新儒家唐君毅、牟宗三、徐復觀及張君勱四位
先生在〈中國文化宣言〉中即清楚點出「主體轉化的創造說」，為儒學尋找一
個新的轉進的可能。牟宗三先生後來所提出的「良知自我坎陷說」，即是深化

〔註17〕見徐復觀：〈釋論語「民無信不立」〉，《學術與政治之間》，臺灣學生書局，1980
新版，頁299。

〔註18〕見徐復觀：〈儒家在修己與治人上的區別及其意義〉，《學術與政治之間》，臺
灣學生書局，1980新版，頁231。

〔註19〕新儒家的徐復觀先生謂：「中國歷史中的政治矛盾，及由此矛盾所形成的歷史
悲劇，祇有落在民主政治上才能得到自然而然的解決。」（〈中國的治道〉，《學
術與政治之間》，臺灣學生書局，1980新版，頁126）自由主義的代表殷海光
先生也說：治亂的安全辦法，祇有民主政治。（〈治亂底關鍵〉，收入徐復觀：
《學術與政治之間》，臺灣學生書局，1980新版，頁146）

「新外王」的理論，指出從道德本體論轉出認識論的原則，使道德本體得以調適吸收民主與科學。牟先生此說遭至許多評批與討論，甚至還有根本否定之論。〔註 20〕不論如何，討論是必須的，藉由多元性的討論才能使學術向前跨步，但是正確理解牟先生的論點仍屬必要，以免辯論的焦點不同，討論便無意義。當代新儒學對於中國文化如何「返本開新」，做了很多的討論與思考，其中以牟宗三先生著力最深，也迭有新見，故本節討論以牟先生為代表。

牟先生曾明確地指出儒家當前的使命，是「開新外王」。而開新外王的第一義是「要求民主政治」，而另一方面則是「科學」。前者為新外王的形式意義，後者則為材料內容。〔註 21〕我們要問，何以牟先生在今日所要求者，仍是五四時代所喊出的德先生與賽先生，中國經過了這幾十年的時間，難道一點成就也無？實則自民國建立以來，迭經動盪，內憂外患接踵而至，說是中國的一場大劫數，當不為過，民主與科學一直未能好好落實。以下便分析牟先生所提開出「新外王」之法。

（一）就形式言——需通過曲折的方式

牟先生曾指出中國政治的不足處，謂：「此一文化系統，唯一不足處，即在國家政治法律一面。」又說「在古代，社會簡單，國家政治法律由宗法關係所成之生命集團直接顯示，尚無不足處。演變至近代，則必須有一曲折，而為間接之表現。如是近代化的國家政治法律始能成立。」至於成立之依據，則在道德精神做一個曲折，道德不是始終掛空的精神理想，而是可以落實於現實之中。因為「精神，不但上升表現為道德的主體，亦須下降表現為『思想主體』（理解形態）」，〔註22〕精神不能滿足於形而上的道德主體，還必須存在於實際的作用之中。是故，精神必須改變以往高高在上的姿態，就外在的形式言，必須通過曲折的方式迎接近代社會的變革。

這裡牟先生仍是將認識心當做是第二義的，即良知理性為能達成現實世界的實現，不得不委屈一下，自行做了曲折，放下身段而表現為思想的理解形態。他後來提出的「良知坎陷說」，更是明確地表達了這樣的想法。良知的

〔註20〕大陸學者朱學勤便直言：「老內聖開不出新外王」。（〈老內聖開不出新外王——評新儒家之政治哲學〉，《二十一世紀雙月刊》總第九期，1992 年 2 月，頁116～124。）

〔註21〕牟宗三《政道與治道》新版序——〈從儒家的當前使命說中國文化的現代意義〉，學生書局，1996 年 4 月增訂新版五刷。

〔註22〕牟宗三：《歷史哲學》，學生書局，1988 年 8 台七版，頁38。

曲折，是一種間接的表現，能夠面對「非道德」的一面。牟先生還說明了良知的曲折與宗法社會的關係，他說：

> 既是一曲折而爲間接之表現（就國家政治法律言），則只衝破其與宗法關係之直接關係，而不能反而否決宗法關係，宗法關係此時可退處於家族自身而爲社會之底層，不再放大而投入于國家政治。〔註23〕

中國以往是良知道德與倫理爲主體，人間的一切都必須由此出發，政治也不例外。道德政治是宗法的擴大，人倫的包袱始終背在中國的肩上，近代有學者指出中國的文化爲一「超穩定結構」，就指出中國宗法社會的一體化結構，造成中國不易改變的特性。〔註24〕是故，要開出近代的民主政治，宗法關係要退出政治體系是必要的。假如執政者的繼承是以世襲的方式，與舊中國是沒有差別的。牟先生有鑑於此，便一再地強調要源於倫理的宗法關係退處社會底層。

此外，牟先生也認爲以往的「外王」是不夠的，也不是現代所能採行，故於〈中國文化的特質〉一文中，以「曲折」一詞來打開新外王。他說：

> 中國的文化生命向上透，其境界雖高，而自人間現實「道德理性」上說，卻是不足的。……這就表示中國以前儒者所講的「外王」是不夠的。以前儒者所講的外王是由內聖直接推出來：以爲正心誠意即可直接涵外王，以爲盡心盡倫盡制即可推出外王，以爲聖君賢相一心妙用之神治即可涵外王之極致，此爲外王之直接形態。這個直接形態的外王是不夠的。現在我們知道，積極的外王，外王之充份實現，客觀地實現，必須經過一個曲折，即前文所說的轉一個彎，而建立一個政道，一個制度，而爲間接的實現：此爲外王之間接形態。亦如向上透所呈露之仁智合一之心須要再向下曲折而轉出「知性」來，以備道德現性（即仁智合一心性）之更進一步地實現。經過這一曲折，亦是間接實現。〔註25〕

言曲折，亦是從中國文化本身說起。儒家生命一向重視本體精神，由個人德行直推出去，強調以自我的道德感化天下人，舊時的「內聖外王」便是立足

〔註23〕同上註，頁39。
〔註24〕見《興盛與危機》，金觀濤、劉青峰著，風雲時代出版公司，1989年12月初版。他們的論點有許多仍有待商榷，但宗法所形成的強控性，卻是一個顯見的事實。
〔註25〕此文收於《中國文化的危機與展望——文化傳統的重建》一書，時報文化，1982年初版。

這一點來著眼。只是，我們看到在中國古代政治機制的控制下，這個理想始終沒有充份達成，放在今日的社會中，那更是難上加難的神話了。牟先生認為內聖之學直推出去，只能產生平天下的外王學，而現代社會所要求的民主科學，是直通無法達成的，故直通既不成，就採取曲通。曲通就是曲轉，也是一種曲折，即用此一曲折，讓理性的架構表現出來。〔註26〕

（二）就本質言──良知需自我坎陷

從五十年代中期起，牟先生開始使用「良知自我坎陷」一語。〔註27〕因為，直接從良知道德通貫，絕對無法開出近代的自由民主與科學，中國如果繼續走傳統的「內聖外王」，會永遠維持君主專制的政體。故就道德主體的本質言，必須自我坎陷一下，才能注意與認識外在的民主法治精神。

牟先生認為道德理性雖然也指導實踐，可是所成就者，為個人成聖成賢的德行，至於知識的吸收與創造，卻必需藉由認知心來達成。「即由動態的成德之道德理性轉為靜態的成知識之觀解理性。這一步轉，我們可以說是道德理性之自我坎陷（自我否定）：經此坎陷，從動態轉為靜態，從無對轉為有對，從踐履上的直貫轉為理解上的橫列。」〔註28〕良知的轉折有其可能性，我們不能讓良知一直停留在形而上的道德理型，必須將良知坎陷一下。經過了這樣的轉折，良知便可無誤地開列認知心，而成就客觀的理性世界。此外，牟先生還詳述了良知自我坎陷的自發性，其云：

> 知體明覺之自覺地自我坎陷即是其自覺地從無執轉為執。自我坎陷就是執。坎陷者下落而陷於執也。不這樣地坎陷，則永無執，亦不能成為知性（認知的主體）。它自覺地要坎陷其自己即是自覺地要這一執。〔註29〕

牟先生認為，道德實體唯有通過這一步地坎陷，才能開出理性的精神實體。中國本來沒有民主科學，道德理性便能自我吸收，自己要求擁有。看似很玄，其實一點也不複雜。即我們今日學習西方的民主與科學，在制度與實用方面以補不足，然非做一移植的工作，而仍依良知的道德判斷，做認識的裁決。

〔註26〕牟宗三：《政道與治道》，學生書局，1996年4月增訂新版五刷，頁55～57。
〔註27〕見〈理性的運用表現和架構表現〉一文，原刊於《民主評論》，6：13，1995年10月，今已成為《政道與治道》一書第三章。
〔註28〕牟宗三：《政道與治道》，學生書局，1996年4月增訂新版五刷，頁58。
〔註29〕牟宗三：《現象與物自身》，1978年8月初版，頁123。

良知如果不經過這一番的轉折，便會永遠屬於道德主體，與知識無緣。故良知自我消退，從無到有，充分表現了靈轉如意，不自我封閉的開闊胸襟。

有許多學者不能接受或質疑「良知自我坎陷」一詞，〔註30〕姑不論牟先生所造此詞是否無瑕，我們從牟先生的思想中可發現，要使儒家數千年來的道德本位主義有所變更，將良知稍微請下來以橫列之心觀之，確實有其必要。坎陷不是拋棄，只是自我否定一下，以便能重新接受新的觀念與思想。良知是自覺要如此，也是儒家從以往走出來的契機。

我們從以上的論述，可以發現一個有意思的現象，即不論是講「曲折」或「良知坎陷」，牟先生首要把握的，仍是道德良知的本體。民主科學雖為必需，卻不得本末倒置，還是得先從內聖學入手，對於德行有所把握，才不致於迷失。如發明原子彈是一項科技的成就，但是它可以消弭戰爭，也可以挑起戰爭，端看使用者如何運用這一成果，而使用者一心所繫，即取決於其道德良知。道德優先於科學的理由在這裡。當然，所謂的優先不是優劣的比較，而是就道德和科學對人類文化影響所做的分判。再先進的科技，也無法改善人類的一切惡行，一個社會不管再如何地現代化，仍需尋求一個安身立命的依歸，而儒家對人文的終極關懷，所努力者即在此。我們要把握的，不是泛道德主義，也不是道德本位主義，而是中立式的人文主義立場。儒家以往過份強調道德修養的重要性，至使對統治階級及政治結構的設計，產生了根本的疑難。〔註31〕牟先生提出「開出新外王」的主張，便是為了打破舊儒學的僵局。

良知自我坎陷的說法，肯定了中國文化的基本價值，且以更宏達的態度，打開儒家的心扉，使良知也能面對快速進步的時代。如果中國仍照著自己的路走，所謂的民主科學，是永遠不可能開出來的。新儒家之「新外王」提出，遭致不少非議的眼光，也有能平心觀之者。不論贊成與否，我們如果拋開所謂的門戶之見，仔細來思考牟先生的論點，其實是非常精闢的見解。牟先生所提出的「良知自我坎陷說」只是一理論性的疏通，並非實際運用的方法，

〔註30〕其中的代表當推余英時先生。他曾寫了一篇長文：〈錢穆與新儒家〉（《猶記風吹水上鱗》，三民書局，1991年10月初版）其中對新儒家的「開出」說及牟先生的「良知自我坎陷」，有強烈的批評。余文引起了多方的討論，楊祖漢：〈論余英時對新儒家的批評〉（第二屆當代新儒學國際學術會議，1992年12月）一文，有詳細的答辯，茲不贅引。此外，張灝及林毓生也在其文章及著作中，對新儒家多所質疑。

〔註31〕參見陳弱水〈「內聖外王」觀念的原始糾結與儒家政治思想的根本疑難〉，《史學評論》，3，1981年4月，頁79～116。

林安梧先生指出：「像『良知的自我坎陷以開出知性主體』是爲了安排科學與民主的曲折轉化，這乃是後設的，回到理論根源的疏理，並不是現實理論的指導。」〔註32〕所以批評新儒家沒有提出具體的方法，是不恰當的論點。當然，學術是多元的，也絕不會定於一尊，我們所要求者，都是著眼於社會家國的安定與進步，這個大方向是不變的。

第三節　最後決策者的限制

　　儒家希望國君能起到典範的作用，不但讓人民的行爲有所依循，更使人民起而效尤，就能達成清明祥和社會。於是對於國君的要求便較一般人爲高，同時也強調對國君的尊敬。在孔孟的認知裡，國君一定得是聖王，如果不是就必須更換，因此無須擔心國君的權力。可是他們萬萬沒想到後世的君權會擴張如此，皇帝成了一頭無法控制的張牙舞爪的怪獸。黃梨洲在《明夷待訪錄‧原君》中比較古今之君，以爲「古者以天下爲主，君爲客。凡君之所畢世而經營者，爲天下也。」今之爲君正好相反，「以爲天下利害之權，皆出於我。」視天下爲一己之私，所以「其未得之也，屠毒天下之肝腦，離散天下之子女，以博我一人之產業，曾不慘然，曰：我固爲子孫創業也。其既得之也，敲剝天下之骨髓，離散天下之子女，以奉我一人之淫樂，視爲當然，曰：此我產業之花息也。然則爲天下之大害者，君而已矣。」〔註33〕黃梨洲發出了如此沈痛的指控，絕非空穴來風，實在是國君的諸多惡行讓人深惡痛絕，知識份子處身在這種情況之下，也無法可想。儒家對統治者的道德要求在這裡觸了礁，發揮不了多大的作用，唯一處置的方法——革命，也在皇帝緊握權力之下，無法輕易爲之。

　　權力集中在國君身上，國君可以任意而行，卻沒有辦法可以有效地限制。在這種情況之下，「道德政治」的想法便遇到麻煩。國君的行爲僅憑自身的道德自覺，是沒有任何保障的，更何況國君也是人，過多的要求加諸於國君身上，是沒有任何著力點的。所以在中國數千年之久的歷史上，聖君是一個也無，稱的上是明主的也聊聊可數，就是這個原因。

〔註32〕見林安梧：〈「當代新儒學」及其相關問題之理解與反省（上）〉，《鵝湖月刊》19：7，223，1994 年 1 月，頁18。
〔註33〕清‧黃宗羲：《明夷待訪錄‧原君》，北京：中華書局，1985 北京新一版。

一、最高的權力為一人掌握

儒家對於政治的規劃，強調在上位者以身作則的「典範」型之領導，不管孔孟「以德化民」或荀子「以禮教民」，所寄託者都是政治最高領袖的國君。在他們的想法中，理想的國君是聖王。聖王是愛民的，也遵循著「道」或「禮」，如此便沒有設計一套客觀的法律或監督機關來考核國君的行為，當然，在國君的權力之下也無法成立類似的機構，就算如唐初三省制對君權有所劃定限制，最後仍流於形式。〔註 34〕畢竟，國君握有最高權力，可謂政治上的「權原」，〔註35〕任何對皇帝的限制都可在皇帝的一念之間化為無形。要執政者自己設立監察機關來監督自己，無異緣木求魚，難以達成。

這樣的政治型態之所以一直無法出現較大的變革，或發展出民主政治，其中的關鍵點在於「聖君賢相」的政治格局。不論宰相多賢能，一旦遇到昏君，一切都沒輒，賢相是伴隨著聖君而生的。皇帝主宰了政治，「家天下」是一人之天下，儒家只能企盼所有的讀書人做到從旁輔助的功效，以內聖通外王只能建立在這種不客觀的政治形態下。而要求從政者從自身修養做起，本是為了教化之依據，但政治卻絕非教化即能順利達成。過於強調道德本位，不但不能有效地處理社會問題，反而易使「人治」主導了政治，各種弊端也由此而生。雖然中國有一套龐大的官僚系統，但是政治實際上的最高統治者仍是皇帝。孔子將君臣的關係視為一種倫理的關係，兩者是相對的，故「臣使君以禮，君事臣以忠。」（《論語‧八佾》）然自漢以後，國君以「君權神授」的姿態統治臣民，君權因此擴張而成絕對之王權，政治上的權力遂集中於一身，造成中國數千年來的專制局面。〔註 36〕我們要認清的是，不論儒家再如

〔註34〕余英時分析中國歷史上對於君權的限制有三種：一、儒家一直想抬出一個更高的力量來約束君權，漢儒的「天」和宋儒的「理」顯然都具有這樣的涵義。二、自秦、漢大一統帝國建立之後，君權本身逐漸凝成一個獨特的傳統，因而對後世的君主多少有些約束力。三、君權的行使在事實上所遭遇到的最大阻力來自傳統的官僚制度。前兩種的力量都相當薄弱，只有第三項較能發揮作用。但是無論如何，在很大的程度上都是受到君權操縱的。余英時：〈君尊臣卑下的君權與相權〉，《歷史與思想》，聯經出版事業，1976 年 9 月初版，頁50～53。

〔註35〕「權原」一詞為徐復觀先生所創，他說：「專制時代的『權原』在皇帝，政治意見應向皇帝開陳。」（徐復觀：〈中國的治道〉，《學術與政治之間》，學生書局，1985 年 4 月臺再版，頁102）

〔註36〕專制一詞，在中國與西方是不一樣的。徐復觀先生在〈封建政治社會的崩潰及典型專制政治的成立〉一文指出中國專制的不同，謂古巴比倫和埃及的專制政治，是立基於殘酷地奴隸制度之上；而且一般的社會生活狀態，幾乎沒有自由

何地強調道德政治，如何要求讀書人以天下興亡爲己任，然有一關鍵點，即「聖君」仍是最後且最重要的一環。畢竟，皇帝掌握了最後的生殺大權，不管臣子有多賢能，所做的建議多可行，一旦犯了「聖意」，則一切都沒輒。儒家一再地期待聖君，其實只是個自欺欺人的陷阱，也是儒家無法拋開的包袱。「聖君賢相」既然已缺了一角，儒家的期望只能落得跛腳政治之下場，而中國只好一直持續著「君主專制」的政體，無法達到全民政治的民主政體。所以，「在『君尊臣卑』的原則之下，君權與相權從來就不是平行的，其間也缺乏一種明確的界限。君權是絕對的（absolute）、最後的（ultimate）；相權則是孳生的（derivative），它直接來自皇帝。」〔註37〕於是「中國政治史始終陷於『君尊臣卑』的格局之中。」〔註38〕皇帝是不能公開罵的，那可是殺頭的重罪。如此高高在上的地位，無怪乎皇帝是個神話式的人物，而其下的臣子只有苦水往肚裡吞了。

　　宗法制度的一貫性，造成家、國與天下概念的混淆，「國家」的連稱，已經顯示中國特殊的政治形態。到了漢代之後，「天下」成了一家之天下，《史記・高祖本記》：「天子以四海爲家」，《漢書・竇田灌韓傳》：「天下者，高祖天下」都是顯例。「家天下」概念的成形，自然使國君成爲最高領導者，且統治者以受命於天的姿態，理所當然地享有高高在上，獨一無二的權力。這種權力集中於一身的情形，是中國政治史中難以突破的重要因素之一。於是，先秦儒家所揭櫫的「內聖外王」的理想，在現實政治環境遭受到強力的挑戰，其間的差異性，在歷代一直造成儒者和統治者間的緊張衝突。我們可舉韓愈和朱子爲例。史稱韓愈「操行堅正，鯁言無所忌」，然爲了憲宗的佞佛事件，韓愈差點喪命，最後被貶爲潮州刺史。〔註39〕朱子爲南宋大儒，治學極廣，「出入於老釋者幾十年，

可言。而中國自秦政建立專制政體，中國的專制一方面指的是對封建政治下的諸侯分權政治而言的中央專制；另一方面所謂的專制，指的是朝廷的政權運用上，最後的決定權，乃操在皇帝一個人手上，皇帝的權力，沒有任何立法的根據及具體的制度可加以限制而言。這便是本文據以立論「內聖外王」難以突破的現實阻礙。是文見《周秦漢政治社會結構之研究》一書，今改名爲《兩漢思想史》卷一，臺灣學生書局，1978年10月四版，頁128～135。

〔註37〕余英時：〈君尊臣卑下的君權與相權〉，《歷史與思想》，聯經出版事業，1976年9月初版，頁50。

〔註38〕余英時：〈反智論與中國傳統〉，《歷史與思想》，聯經出版事業，1976年9月初版，頁45。

〔註39〕見《唐書》卷176。而韓愈在赴潮州的路上寫下〈左遷至藍關示姪孫湘〉一詩，充分表露出儒者欲行道於天下的抱負，但是在現實上卻遭遇難以克服的挫折

返求諸六經而後得之」，對於中國學術頗具承先啓後之功。然朱子在世時，「登第五十年，仕於外者僅九考，立朝才四十日」，且備受權臣韓侂冑及其黨羽的排擠，甚至其學亦被稱之爲「僞學」。〔註40〕直至後世才得平反，並以其集注之「四書」做爲科舉考試的教科書。由以上的例子可知，當儒者想貢獻一己之力爲國爲民，一但與現實利益相衝突時，只有失敗一途。儒家雖然一直以道德提昇來期許統治者，但政治權力的掌握，是不容許任何挑戰，故明太祖一讀到孟子「草芥寇讎」語，立刻暴跳如雷，要罷孟子的配享。〔註41〕雖然孟子的地位因錢唐的死諫得以保存，可是我們不難看出帝王的權力是何等的強大。如果明太祖不接受錢唐的勸諫，錢唐仍是死路一條。此外，我們還可看到全朝文武多人，只有錢唐敢諫，與其責備他們怕死，不如說他們已被「君命不敢違」的觀念洗腦。由這些例子，我們可見儒學與現實世界的緊張關係。

　　中國的政治始終面臨一個難解的問題：即政治主張的理想是以民爲本，然而在現實執行上，卻受到最後決策者——國君的限制。儒家的政治思想一再強調以民爲本，認爲民是政治的主體，但是在中國數千年的歷史中，實際上卻是以君爲主體。這種矛盾性，徐復觀先生稱之爲中國政治上的「二重主體性」。他說：

　　　　在中國的過去，政治中存有一個基本的矛盾問題。政治的理念，民才是主體；而政治的現實，則君又是主體。這種二重的主體性，便是無可調和對立。對立程度表現的大小，即形成歷史上的治亂興衰。

　　　　於是中國的政治思想，總是想消解人君在政治中的主體性，以凸顯出天下的主體性，因而消解上述的對立。〔註42〕

中國歷史上之所以會有治亂興衰的一再循環，在於政治權力一直未能客觀化。國君掌有天下，而國君的更替是宗族的直系傳承，中國的政治制度一直是「家天下」，改朝換代也非得等到國家動亂，內憂外患四起之時，才有人以武力殺戮爭奪最高的統治地位。人民與國君處於一種對立的地位，而屬於治道系統的士人官僚儘管想要做到治權的民主，但是遇到政權的不民主，治

　　　　與困境。

〔註40〕　見《宋史》卷429。

〔註41〕　《明史・錢唐傳》載：「帝嘗覽《孟子》，至「草芥」、「寇讎」語，謂非臣子所宜言，議罷其配享，詔有諫者以大不敬論。唐抗疏入諫曰：『臣爲孟軻死，死有餘榮。』時廷臣無不爲唐危。帝鑒其誠懇，不入罪。孟子配享亦旋復。」

〔註42〕　徐復觀：〈中國的治道〉，《學術與政治之間》，臺灣學生書局，1980新版，頁104。

權的民主也只是掛空的口號。雖然過去中國有許多人都意識到這個問題，但是都無法跳脫這個框框。從先秦儒家的政治理念爲始，都非常重視人民的生存與教養，後繼者也無不念茲在茲地希望做到「致君堯舜上，再使風俗淳」〔註43〕的境地。然而，每每都在皇帝這一關遭遇挫敗，最後只能以悲劇收場。徐復觀先生稱之爲政治的二重主體性，而牟宗三先生也據此論述中國的政道與治道的二重性，是中國一直無法產生西方的民主的原因之一。〔註44〕

　　要消除這二重主體性所帶來的弊端，唯有將政權從統治者手中還至人民手上。中國以往都過於強調從精神層面上對國君進行心靈改革，「要人君從道德上轉化自己，將自己的才智與好惡捨掉，以服從人民的才智好惡。在專制政治下言治道，不追根到這一層，即不能消解前面所說的在政治上二重主體性的基本矛盾，一切的教化便都落了空。所以中國過去一談到治道，便不能不落到君道上面；而一談到君道，便不能不以『堯舜事其君』，即是落在要其君作無爲地聖人上面。」〔註45〕中國的讀書人囿於歷史環境的限制，始終無法對這個問題做突破性的思考，只能一再地抬出先聖先王爲榜樣。時至今日，如果還是走中國以往要求統治者的路，是永遠無法脫離二重主體性的限制，因爲這條路終究是個死胡同。所以徐先生分析了這個問題，謂：「中國歷史上的聖賢，是要從『君心』方面去解除此一矛盾，從道德上去解除此一矛盾；而近代的民主政治，則是從制度上，從法治上解除此一矛盾。首先把權力的根源，從君的手上移到民的手上，以『民意』代替了『君心』。政治人物，在制度上是人民的雇員，它即是居於中國歷史中臣道的地位，人民則是處於君道的地位。……作皇帝最難的莫過於不能有其自己的好惡。其所以不能有其自己的好惡，因爲人君是『權原』，人君的好惡一與其『權原』相結合，便衝垮了天下人的好惡而成爲大惡。……在民主政治之下，政治領導者的好惡，與『權原』是分開的，其好惡自然有一客觀的限制而不敢闖下

〔註43〕語出杜甫：〈奉贈韋左丞丈二十二韻〉，是杜甫的抱負與理想。

〔註44〕關於中國的政道與治道的二重性，牟宗三先生在《政道與治道》一書中有詳細分疏。他認爲只有治權的民主，而無政權的民主，則治權的民主亦無客觀的保證，而無法得其必然性。而眞正的民主必須寄託在政權的民主，所以中國沒有出現西方意義上的民主。詳見其《政道與治道》與《歷史哲學》兩書。

〔註45〕徐復觀：〈中國的治道〉，《學術與政治之間》，臺灣學生書局，1980 新版，頁123。

亂子，於是其心之『非』不格而自格了。」〔註46〕國君握有政治實權，也沒有任何強制的法令可以約束，僅憑良知道德的精神層次上的要求，當然很難達到政治客觀化的效果。在今日民主政治的局面，在上位者自然不比中國過去的皇帝，不過權力集中一人的「強人政治」陰影，卻似乎仍持續地存在著。因此，消除中國過去的政治二重主體性，不是單單施行「形式上」的民主政治即可，重要的是該如何確實掌握民主政治的內涵，且人心是否都能接受並認可這樣的制度，才能真正地消除二重主體性的問題。

二、對統治者的要求過高

就儒家的政治理論言，「仁」不但是個人德性修養的中心，也是社會倫理與政治秩序的原則，故孔子認為行仁政的起點是國君以身作則，才能收到上行下效之功，這是道德政治的理想。我們引《論語》兩段來說明：

> 季康子問政於孔子。孔子對曰：「政者，正也。子帥以正，孰敢不正？」
> （《論語‧顏淵》）

> 子曰：「其身正，不令而行；其身不正，雖令不從。」（《論語‧子路》）

在上位者若能以身做則，在下者必然能起而效尤，任何法令規定，亦不待刑罰申誡，自然能順利推行。這樣的要求，似乎並不難達成，國君並不需要具備其他的專長，只要能「正其身」即可。然而，中國地廣人眾，有著各式各樣的問題，而國君又是最後的決策者，要以一人之力做這許多的決定實無可能。中國的官僚系統便是受限於此，儘管能為皇帝諮詢，但採納與否的決定權卻是在國君手裡。再者，過份強調統治者的「帶頭」作用，極易造成在下位者逢迎阿諛，心中的一把尺成了國君玩弄權術的最佳工具，風行草偃的立意卻成為反效果。癥結所在，便是把國君的地位及重要性放在一個高高在上位置，國君成了權力的集中點，也因此對國君的要求也大為提高，較諸他人有更高的道德標準。

對國君的要求過高，無可避免地造成後代君王的壓力。我們可看到中國歷史上的各朝各代，幾乎都是開國奠基者為一代英主，而子孫便一代不如一代，最後又改朝換代。畢竟，加諸於國君身上的責任過於繁重，甚至不是一個凡人所能做到。徐復觀先生便說：「人不一定要做聖人，但硬要把人君綁

〔註46〕同上註，頁125。

架上聖人的神龕上去，作一個無欲無為的聖人，這對人君而言，也的確是種
虐待。所以納諫是中國政治思想上婦孺皆知的大經；而殺諫臣，殺忠臣，也
是中國政治現實中的家常便飯。」〔註47〕徐先生還舉唐德宗與陸贄為例，
說明「聖君賢相」的要求往往是造成悲劇的主因。〔註48〕孟子曾對齊宣王
雪宮之問，答曰：「樂民之樂者民亦樂其樂，憂民之憂者民亦憂其憂。樂以
天下，憂以天下。」（《孟子・梁惠王》）冀望國君以感同身受的心情來看待
天下人，從人同此心，心同此理的角度為天下人民請命。我們可以發現，孟
子的這個要求是建立在他的人性論的基礎之上，唯有堅信人人皆有四端之
心，才能使國君重視人民。只不過這樣的想法過於樂觀，因為，國君若是處
於統治者的地位，已然形成一種階級意識，在處理天下的問題時，很難以客
觀公允的態度來面對，更遑論其他種種的要求。皇帝也是人，也有人的一切
性格與優缺點，傳統文獻中對皇帝的描寫：「與天合德」、「天縱英武」、「德
配天地，道貫古今」等，都是些神話式的用語，充滿奉承阿諛的味道，事實
上真正能在道德上超人一等的皇帝可謂少之又少，這些話反倒是一大諷刺
啊！儒家對執政者有超高的要求，但是未能解決如果國君做不到這些要求的
時候該當如何的問題，致使儒家的想法只能掛空地冀望聖王在位。

小 結

　　誠然，「內聖外王」對於所有讀書人而言，是個正面且積極的目標，只可惜
在追求目標的過程中，卻有著許多難以跨越的鴻溝與層層的阻礙。如果我們把
現實與理想放在對立的角度，則儒家的政治思想含有很濃的超現實成份，或可
稱之為一種「烏托邦」的政治理想，〔註49〕因為不可能實現，是故成其為理想。
只是，我們務必清楚地分析儒家思想原義，在政治理論上，儒家確有其理想化
的性格，然其對人性與道德修養方面，卻起了積極向上的作用，不能一概否定。

〔註47〕引徐復觀：〈中國的治道〉，《儒家政治思想與民主自由人權》，臺灣學生書局，
　　　　1979 年 8 月初版。頁246～247。
〔註48〕同上註，頁221～248。
〔註49〕陳弱水曾為文云：「在儒家思想的發過程中，原始形態的烏托邦思想（大同世
　　　　界）並未成為儒家政治思想的主流。然而，奇妙的是，儒家政治思想的主流
　　　　卻都含有烏托邦思想的性質。」見陳弱水：〈追求完美的夢——儒家政治思
　　　　想的烏托邦性格〉，《中國文化新論——思想篇・理想與現實》，聯經出版事
　　　　業公司，1882 年 10 月初版。

故在此僅稱儒家對於政治的構想，含有理想的烏托邦成份在。

孔子終其一生都在爲確立人性的尊嚴而努力，可是他的主張非但沒能在當時付諸實行，甚至之後的中國都沒有完全體現孔子的政治理念，儒家的理想自始至終還是以理想做結。蕭公權說他是「偉大之政治思想家而失敗之政治改進者。」〔註50〕他的失敗，只因「陳義過高」四字。就整個歷史所呈現的現實言，孔子對於政治的設計並沒有完全在中國社會出現過。孔子始終以道德爲一切準則，以爲只要道德能付諸實現，所有的理想都成爲可能。也因此儒家把教化看的比什麼都重，面對政治也是如此。要有好的政治，一定要有「良好」的人民，以及如「聖人」般的統治者。當然，這個理想如果實現，人類的進步便無法以千里計，甚至是個現在不能想像的世界。就因爲不可能達成，我們只好將儒家的政治理想視爲一個「烏托邦」。所以，「內聖外王」的要求，不可避免地承受著極大的壓力，對於個人的德性修養，至少尚可操之在己，然而一旦面對外在的環境時，卻有著許多難以突破的限制。

中國的學術一向理論重於實際，喜談理想，也好議論。孔子雖然大力提倡躬身實踐的重要，但僅止於倫理道德的日常實踐，因此構成儒家千年來的觀念，以爲只要提昇人類精神層面上美好的一面，便能直接達到人類社會的各種需求。用於政治上，即成完美的道德政治，人人都有良好的德行，政治豈有不清明之理。可惜的是，人人雖然都有向善的一面，卻難逃現實的各種誘惑。就像「權力使人腐化」這句西方名言，每個人都有支配的欲望，一旦獲得了這樣的權力，實在沒有什麼人可以輕言放棄，能急流湧退的人畢竟仍是少數。雖然如此，今日我們還有繼續前進的原動力，不得不感謝儒家積極進取的哲學。人類因爲受不了誘惑而偷吃禁果，又因好奇心打開了潘朵拉的盒子，當然得承受自己帶來的惡果。所幸，儒家肯定人類積極向善的精神，政治的理想雖然無法達成，孔子仍舊「知其不可爲而爲之」，這是令人動容的態度。也因爲這種積極的精神，儒家能一路長久走來，成爲中國文化中最具代表性的一支。

是故，中國雖沒有一日真正達到孔孟的理想，卻在整個文化體系融入了儒家的「人本主義」以及道德取向的人生觀。現今一提到中華文化，任誰都會浮現「儒家」這兩個字。當然，儒家不是中國唯一的思想，但卻是影響力最大的一種。所以余英時稱「儒家通過文化教育所發揮的對政治的影響力，

〔註50〕蕭公權：《中國政治思想史》，聯經出版事業公司，1982 年 3 月初版，頁55。

遠大於它在政治方面的直接成就。」〔註51〕一語道中了儒家在中國影響的層面。

〔註51〕余英時:〈君尊臣卑下的君權與相權〉,《歷史與思想》,聯經出版事業公司,1976 年 9 月初版,頁51。

第肆章　先秦儒家政治理論的殿軍——荀子

　　孔孟的政治理論儘管沒有在先秦獲得重視，但是荀子「禮治主義」的提出，拉近了儒家與現實的距離，同時藉由吸收其他諸子的想法，間接促成了儒家在漢代定於一尊，可謂儒家政治理論在先秦的一次大轉化。荀子加重了禮樂的功用，同時否定人性本善的觀念，強調人類動物性的一面，走向以禮制改善政治的速成手段。他這種作法有現實的考量，畢竟，戰國末年是群雄割據，諸強並起的局面，如果沒有強大的國力，早已成爲他國的禁臠，更別提行仁政云云。荀子身處日益混亂的局面，必須提出立即可行的辦法，使失序的社會儘快回復常軌。因此荀子的思想有很強烈的事功精神，他雖然在本質上也希望以禮義治國，並且也區分了王與霸的不同，但是在面對迫切關鍵的政治問題，也不避諱地大談富國與強兵的理念。尤其是認爲統治者除了道德之外，更要兼具施政的能力，於是荀子的思想與孔孟相較，顯得獨樹一幟。再者，荀子是先秦晚期的大儒，對於諸子的思想都有研究，從其〈非十二子〉、〈解蔽〉、〈天論〉諸篇談論諸子百家學說的清晰深刻，可以看出荀子用功之勤、考辨之確。他批評各家學說都有所蔽而不知全，不但展現了一種宏觀視野的全面與企圖心，也在這樣子直接或間接的批判之下，受到了諸子的影響與啓發，可謂吸收融合了諸子的思想。故其基本性格雖爲儒家，但與孔孟思想已有一段距離，爲儒家思想重新開創了一片天空。

　　《史記‧韓非列傳》載韓非李斯爲荀子的門人，這個記載似乎暗指荀子與法家的關係。因爲韓非與李斯既然受業於荀子，自然承襲了老師的學說，雖不必盡同，但有一定的關聯。然這種說法僅憑歷史的記載而言說，是一外在的證明，並不能全然使人信服；或言荀子重禮，遂轉化爲法家重法的精神，故荀子

爲法家先趨。誠然，從「禮」的外在規範性而論，的確與「法」有相似之處，韓非從荀子那兒習得了現實主義的精神，並且加以發揚光大，這是不爭的事實，但不能反證荀子是法家，或直言荀子開啓了法家一派。〔註1〕荀子重禮，他的學生——韓非和李斯將荀子重禮的精神進一步發揚，只不過他們沒有學到老師重禮的眞精神所在，反而將禮進一步外化而與法結合，其實已然脫離荀子思想。韓非是法家的集大成者，《韓非子》更是法家的代表作，他雖然師承荀子，但是他的思想融合了儒、道、墨、法、名諸家，而以修法執勢、富國強兵爲學說的中心，就吸收諸家學說這點而言，韓非頗有乃師之風，但所論者皆從統治者的權勢著想，與荀子重民的思想南轅北轍，其不同處自不待言。

禮治主義是荀子設計政治制度藍圖的核心思想。要探索這麼一個議題，我們不能孤立的談，而必須把握荀子整個思想體系，其中關於荀子之所以會主張禮治主義的原因，他的性惡論是一個關鍵。性惡論與孟子性善論似乎是完全相反的衝突，然兩人討論人性的焦點並不一致，故有各說各話的情形。但是兩人對於人性的論點雖不同，關於重民的思想卻是一致。荀子爲了糾正孟子向內轉，重道德主體性的形上實體，所以向外開顯，整個哲學體系，大部分是針對孟子而發。因此，荀子思想中有關政治的部份，較孟子更能切中時代的弊病，可謂爲一重現實世界的經驗主義者。

荀子死後，其學說曾盛極一時，《荀子·堯問》載其第子言：「今之學者，得孫卿之遺言餘教，足以爲天下法式表儀。」司馬遷也說：「孟子、荀卿之列，咸尊夫子之業而潤色之，以學顯於當世。」（《史記·儒林列傳》）〔註2〕劉向、董仲舒、王充都對荀子屢有稱讚，可見荀子在秦漢之時一直受到重視，唯唐韓愈言孟子傳孔子之道，爲「醇乎醇者」，而荀子卻是「大醇而小疵」，使荀

〔註1〕 韋政通在《荀子與古代哲學》一書中，依牟宗三先生的思想理路，辨清荀子與法家並無直接明顯的關係，但是他以孔孟爲尊而論斷荀子與法家的關係，是由於荀子系統的缺陷所引起的，這種論斷並不十分恰當。就荀子而言，他有一套完整的思想體係，並非缺陷，更不是病源。荀子重外王，尚論治道，固爲孔孟的轉進，也透顯出荀子因時局所做的反應，同時在理論系統上吸收了其他諸子的思想，這是荀子認知心的表現。我們不能因爲荀子的轉變，而云其有所缺陷。
（韋政通：《荀子與古代哲學》，臺灣商務印書館，1992年9月二版）

〔註2〕 弟子稱讚自己的老師，或許尚有偏袒之嫌，但是司馬遷說荀子與孟子並傳孔子之學，名著於世，再加上漢代學者的贊辭，可見荀子之說曾盛極一時。而荀子能在當時受到重視，與其弟子推行法家之術不無關係。因爲荀子加重了君主的權力，韓非更是爲國君設計了一套統治的方法，李斯則使秦國一統天下，追溯其源，自然是從荀子而起，無怪乎荀子能在戰國末年受到重視。

子在宋明理學大盛之時被打入冷宮，直到清朝和近代才又再度引起學界重視。其間的演變有諸多歷史因素，本文不擬細究。〔註3〕然荀子的學說到底與孔孟有何不同之處？其所「疵」者何在？與法家以其他諸子又有何關聯？是值得我們加以探討並且釐清的。

　　荀子力主性惡之論，進而推演出「禮治」、「尊君」等論點，成了他政論的重點。關於荀子爲何會有這樣的轉變，我們可以從內因與外緣兩部份來考察，即荀子在儒家體系中思想觀念的轉化，以及荀子身處戰國末期的社會政治現況對荀子造成的影響。〔註4〕本文著重於荀學內部的轉變，即荀子繼承了儒家的那一部分，他自己又形成了怎樣的一套政治理論。本章擬就荀子的政治思想爲討論重點，先從其性惡論談起，闡明人性論是其政治理論的基礎，由此而引出其重禮的特色，並以禮治主義爲貫穿政治理論的中心。第三、四節詳細地論述荀子在君道、臣道及富國強兵等議題的發揮。在論述過程的同時，指出荀子與孔孟間的異同之處。

第一節　「性惡」論是形成禮治主義的基本原因

　　荀子言性惡，與孟子言性善成一強烈對比。然觀察兩個人的論調，皆各有所據，各有其理，唯兩人對於人性的認知並不是站在同一範疇來立論，於是造成公說公有理，婆說婆有理的局面。以下便就荀子論性惡的部分做一討論，同時指出荀子與孟子兩者間的差異，藉以引導出荀子欲以「禮」來「化性起僞」的關鍵所在。

　　關於荀子隆禮義而殺詩書的客觀系統之所以建構，從探究荀子所處時代社會背景入手，當可找出些許相關的外緣因素，但是無法說明其系統之所以如此的必然理由。〔註5〕所以我們直接從荀子的思想切入，先從其人性論的部

〔註3〕　關於歷代荀學的演變，可參考郭志坤：《荀學論稿》第二十二章〈歷代對荀子
　　　　以及荀學的評論〉，上海：三聯書店出版，1991年9月第一版，頁296～307。
〔註4〕　關於這點，黃俊傑在〈儒學傳統中道德政治觀念的形成與發展〉一文中論及：
　　　　「我們追索荀子在這個關鍵問題上轉折之原因，有根源於荀學思想體系內部
　　　　的要求，也有受到政治現實情況變化的刺激者，兩者交互爲因果。」《國立台
　　　　灣大學中山學術論叢》，3，1982年12月，頁105。
〔註5〕　從當時的社會環境去探究荀子思想生成的原因，是歷史環境的外緣研究。對
　　　　於荀子思想起源的解讀，是一種常識性的分析，只能做從旁的輔助，而不能
　　　　說明荀子思想系統何以必然如此的充份理由。因爲同樣的時代背景，卻造就

－97－

份談起，說明荀子因主張性惡，故隆禮義爲必須；其次討論人的本性雖然是動物性的需求，但能學習並接受禮義法制的規範，在於人類有一能認知之心，亦即荀子以爲人的心是一認知心，可以學，可以事，可以對道有所認識，化性起偽才有可能。

一、生之所以然者——性惡說之本質

荀子思想的根本，是主張「人性本惡」的性惡說，而他對於政治所主張的禮治主義，即根源於此。性惡的主張，使先秦儒家的人性論做了一百八十度的轉變，孔子雖未直言性善，然其云「性相近」也，肯定人人皆有一先天相同的本性，再從「人之生也直，罔之生也幸而免」、「仁遠乎哉？我欲仁，斯仁至矣」等話語，很明顯地可看出孔子面對人性的傾向，直指性善的根源。至孟子更不懷疑，明言「性善」，以爲「人皆有不忍人之心」、「人人皆可爲堯舜」，開啓人本主義的積極精神。然荀子著重現實觀察，以欲爲性，站在經驗主義的立場以言人性，故有性惡的主張，〔註6〕亦即荀子所著重者爲人的動物性。《荀子·性惡》云：

> 人之性惡，其善者偽也。今人之性，生而有好利焉，順是，故爭奪
> 生而辭讓亡焉；生而有疾惡焉，順是，故殘賊生而忠信亡焉；生而
> 有耳目之欲、好聲色焉，順是，故淫亂生而禮義、文理亡焉。〔註7〕

荀子用「生而有」來解釋性，認爲「性」是每個人生下來就具備了，人作爲動物的一種，不論是生存的本能或感官的欲望，人人皆然。〔註8〕他說：「生

了不同體系的思想家，故不能藉以論證荀子政治理論的來源，所以，充份的原因必須自荀子思想本身去尋求。

〔註6〕 徐復觀先生謂荀子論人性論是一「經驗主義的人性論」，清楚地說出荀子思想依據的根本所在。見徐復觀：〈從心善向心知——荀子的經驗主義的人性論〉，《中國人性論史》，臺灣商務印書館，1969年1月初版。

〔註7〕 所引《荀子》原文，皆據《荀子集解》，清：王先謙撰，藝文印書館，1988年6五版。

〔註8〕 《荀子·榮辱》云：「凡人有所一同，飢而欲食，寒而欲煖，勞而欲息，好利而惡害，是人之所生而有也，是無待而然者也，是禹桀之所同也。目辨白黑美惡，耳辨音聲清濁，口辨酸鹹甘苦，鼻辨芬芳腥臊，骨體膚理辨寒暑疾養，是又人之所長生而有也，是無待而然者也，是禹桀之所同也。」荀子明顯地把人類身體的需求與感官欲望，視爲眾人皆有的「性」。就這個角度言，荀子所論有一定的道理，只不過他反對孟子言性善，並沒有弄清楚孟子是從人的精神層面言人性，所以造成各說各話。後人不察，以爲兩人是持相反的立場。

之所以然者謂之性，性之和所生，精合感應，不事而自然者謂之性。」（〈正名〉）性，是人類先天自然的生命，是「天之就也，不可學，不可事。」（〈性惡〉）所以「性」字對荀子而言，只是純粹的自然之性。〔註 9〕荀子論天，言天只是自然，天地萬物是天所生，是自然而然，故視性亦爲自然，人生的意義與天無關，所謂的「善」，則是後天人爲的。故「性者，本始材朴也；偽者，文禮隆盛也。無性則偽之無所加，無偽則性不能自美。性偽合，然後聖人之名一，天下之功於是就也。」（〈性惡〉）爲了改變這天生的惡，於是人類用禮義來克制，雖然人的本性是不變的，但經過後天禮義的修飾，才能使性變得美好。我們可以發現，荀子所謂的「生之所以然」的性，其實是一種自然的本能反應，並無所謂的善惡之分，只不過站在儒家人文主義的角度觀之，才賦予一價值判斷，稱這種先天的本性爲惡。〔註 10〕所以荀子所言的性是指一先天的自然本性，與孟子所言「人之所以異於禽獸」的道德精神之性，是兩個完全不同的範疇。

　　荀子觀察人類生活的情形，駁難孟子性善之說，指出：「今人之性，饑而欲飽，勞而欲休，此人之情性也。今人饑，見長者而不敢先食者，將有所讓也。勞而不敢求息者，將有所代也。夫子之讓乎父，弟之讓乎兄；子之代乎父，弟之代乎兄。此二行者，皆反於性而悖於情也。然而孝子之道，禮義之文理也。故順情性則不辭讓矣，辭讓則悖於情性矣。用此觀之，然則人之性惡明矣。」（〈性惡〉）我們可以明顯地看出，荀子所謂的「性」完全是一種動物的本能，餓了要吃，累了要休息，這是每個人都必需的，不管是貴爲天子或平民百姓，這種求生存的本能，本質上無所謂善惡。至於禮讓、孝悌等德性，則是與先天自然本性相衝突的，所以荀子歸納出禮義是爲了抑制先天本性而創造的。禮義的效用，是使人類社會有秩序，在荀子看來，禮義的生成就是爲了限制人類的本性。因此，若從動物性言人之性，則不管賢愚不肖，

〔註 9〕　徐復觀先生認爲荀子言性有兩面的意義：一是求生的根據，是從生理現象推進一層的說法，與孔子「性與天道」及孟子「盡其心者知其性也」同一層次；一是在經驗界中可以把握的性，同於告子「生之謂性」。我們以爲，荀子根本就沒有與孔孟同層次的性之意，「生之所以然者謂之性」的「性」其實就是天生而成，是自然本有的，他無意爲「性」去尋找一個形上學的意義，只落在經驗層立論。
〔註10〕　就荀子論人性的本質一面言，實同於道家言自然之性，只是在面對人性的態度時，是以儒家教化爲之。可參見唐亦男師：〈荀子思想之一省察 —— 會通儒道〉，《成功大學學報》，第二十五卷（人文・社會篇），1991 年 3 月，頁 1〜26。

每個人都是一樣的。然而，如果這些自然本性沒有加以節制，任由欲望衝動，便會衍發出許多惡行，造成社會動亂。人也是動物，做為動物，人也有動物一切為求生存的本能，這是不能否認的事實，不過，若為了生存而自相殘殺；為了耳目聲色之欲而任加強暴侵害，人類就會像其他動物一樣，毫無秩序可言，更別提文明的進步與文化的發展了。於是荀子為先王所立之禮義，找到了一個根據。也就是先王為使人類的動物性需求有一定依循的規則與秩序，所以「積思慮，習偽故」，運用智慧與長時間不斷地累積與觀察，制定了一套禮法，使人們在立身處事上有所依循，社會這才上了軌道，朝文明前進。

凡人雖有君子、小人之分，但是人性都是一樣的。故善惡的區別不在於性，而是後天化性起偽的工夫。荀子說：「凡人之性者，堯舜之與桀跖，其性一也；君子之與小人，其性一也。」（〈性惡〉）；「材性智能，君子、小人一也。」（〈榮辱〉）人的本性、素質和認知能力都是一樣的，但是之所以會有君子、小人的分別，則是後天的學習及改造程度的差異。荀子指出了幾個具體的方法：其一為學習的積累；〔註11〕其二為老師的教授；〔註12〕其三為環境及習俗的薰陶。〔註13〕因為這些因素的影響，造成個體的差異性。如此一來，荀子把後天條件對人性影響的比例加重，使得禮義的功用更加突顯出來，這也就是為什麼性惡論在荀子思想體系中為一根本基礎的緣故。

二、化性起偽的根源——認識心

人性不美，是荀子人性論的特點，而這不美的人性卻能經過禮義的包裝而呈現出一個整齊秩序的社會。他說：「性也者，吾所不能為也，然而可化也。」（〈儒效〉）性，是生與俱來的，沒有辦法自我選擇取捨，但是人性是可化的，即可以改造的。荀子觀察現實世界的現象，得到人類求生存的本能與動物無異，故表現出爭奪強盜的樣子，但是人類之所以不同於動物，能組織創造並利用萬物的關鍵，就在於人有一認知的心。隆禮義的需求因人性本惡，而人性雖惡，卻有習善的可能，主要的原因即人類的心能夠學習，具備求知的能力，所以經過學習後，能判斷是非、辨別同異。所以禮義之所以生，所以成，

〔註11〕關於學習的重要，在《荀子》一書中處處可見，〈勸學〉、〈修身〉、〈儒效〉、〈解蔽〉及〈性惡〉諸篇多有討論。

〔註12〕關於師法的重要，〈儒效〉、〈王制〉諸篇有所討論。

〔註13〕〈勸學〉及〈儒效〉篇都強調不同的文化環境會使人形成不同的性情。

便在於人類有認知心。荀子云：「凡以知，人之性也；可以知，物之理也。」
（〈解蔽〉）〔註14〕「所以知之在人者，謂之知；知有所合，謂之智。」（〈正
名〉）「凡以知，人之性也」是說人有「可以知」的本性，與「知之在人者」
意同，而物有可知之理，這些可知之理與人產生關聯，而有智的表現。就動
物性言，人性是惡的，但是從認識上言，人類擁有一智思之性，能認識萬物。
此智思之性，就是一認知心。《荀子‧解蔽》云：

　　心不可以不知道，心不知道，則不可道而可非道。人孰欲得恣，而
　　守其所不可，以禁其所可！以其不可道之心取人，則必合於不道人
　　而不知合於道人。以其不可道之心與不道人論道人，亂之本也。夫
　　何以知？曰：心知道然後可道，可道然後能守道以禁非道。以其可
　　道之心取人，則合於道人而不合於不道之人矣。以其可道之心與道
　　人論非道，治之要也，何患不知？故治之要在於知道。

心必須知道，才不會恣意而行，而心既然可以知道，可見荀子所說的心為一
「認知心」。心認知的對象是「道」，此「道」泛指一切客觀的知識及道理，
若嚴謹一點來看，「道」便是「禮」。〔註15〕心認識了道，才能守道而不悖；
知禮而不亂。行為的適中與否，在於心是否知道，心雖具備了「知道」的能
力，但是有沒有去知道，去了解道，就決定了一個人品德的高下，為君子或
做小人，端看學習的工夫。〔註16〕故「心知道然後可道」，「心」所扮演的角
色是一能知能明的關鍵，也是心所具備的能力與其效用。

　　是故，人類之所以能推行仁義的道理，在於人人都有學習的心，都能藉由
學習的後天工夫成就聖人之道，甚至於可以達到聖人之境，故「塗之人可以為
禹」，因為：「塗之人也，皆有可以能仁義法正之具，然則其可以為禹明矣。」

〔註14〕「凡以知」三字於文不洽，胡適以為「以知」上脫「可」字；「可『以』知」
　　　　之「以」字元刻本無。原文當作「凡可以知，人之性也；可知，物之理也。」
　　　　據熊公哲：《荀子今註今譯》，臺灣商務印書館，1990年10月修訂四版，頁447。
〔註15〕這裡的「道」即指禮義之文。〈儒效〉篇云：「先王之道，仁之隆也，比中而
　　　　行之，曷謂中？曰：禮義是也。道者，非天之道，非地之道，人之所以道也，
　　　　君子之所道也。」先王所立的「道」，即後世所依循的準則，也就是「禮義」。
　　　　這個準則規範著人從生到死的一切行為，故「終始如一，是君子之道，禮義
　　　　之文也。」（〈禮論〉）另外，〈樂論〉有云：「先王之道，禮樂正其盛者也。」
　　　　說明荀子心目中的「道」是能立身處世，審一定和的禮樂是也。
〔註16〕用荀子的話來說，〈勸學〉中云：「君子博學而日參己，則知明而行無過。」
　　　　要能明白道理並且使行為無過，必須靠努力不懈的學習與反省的修養工夫，
　　　　這是荀子一再強調的。

荀子肯定每個人都有一個可以知仁義法正的本質，所以「使塗之人伏術爲學，專心一志，思索孰察，加日縣久，積善而不息，則通於神明，參於天地矣。」（《荀子‧性惡》）荀子特別強調學習的工夫，其實根源於此。〔註17〕通過學習，則小人也可以成爲君子。因此，成聖成君子是一個「願不願」而非「能不能」的問題。至於化性起僞的關鍵，在於人有一「認知心」。人的本性雖然是一動物本能，但是人類能藉由後天的學習來克制天生的欲望。這個後天學習的可能，便在於「認知心」。

　　牟宗三先生認爲，荀子的心表現在認識思辨上，與孟子從道德仁義識心成爲一個對比。故「荀子于動物性處翻上來而以心治性。惟其所謂心非孟子『由心見性』之心。孟子之心乃『道德的天心』，而荀子于心則只認識其思辨之用，故其心是『認識的心』，非道德的心也；是智的，非仁義禮智合一之心也。可總之曰以智識心，不以仁識心也。此智心以清明的思辨認識爲主。」〔註18〕牟先生區別了荀子的心與孟子的心在本質上的差異。藉著這個對比，讓我們清楚地看出荀子對於「心」的把握在認知學習的一面，學習的動機在於抑制先天欲望，唯學習與實踐的成效，決定成爲君子或小人。所以，「塗之人可以爲禹」是有條件的，亦即透過後天學習仁義法正，才能達到和禹一般的聖人地位，如果學習不力，仍然只是個小人，亦即荀子此說含有些許警惕的意味，要人孜孜不倦地努力。而孟子云「人皆可爲堯舜」，是肯定人人都有仁義禮智的四端之心，「仁義禮智，非由外鑠我也，我固有之也。」（《孟子‧告子》）人之所以與堯舜同，便在於這四端之心是生來即有，並非由外求得。所以人人都能成聖，是不須要談條件的，天生即有的仁義禮智只是本具而已，必須靠後天擴充的工夫，才能有效實現這先天的良善本心，故「從其大體爲大人，從其小體爲小人」（同上），視個人自覺的程度而言，如此，從良知本心起念是大人，反之，從軀殼起念則是小人。因此，孟子與荀子對於後天的學習修養都是採取積極肯定的態度，但是對於學習的動機卻有著南轅北轍的不同，使得孟子的學習爲「啓發」，荀子的學習爲「約束」，要導正人的動物本性。而這個分別就在荀子與孟子對「心」的把握，徐復觀先生云：「孟子所把握的心，主要是在心的道德性的一面；而荀子

〔註17〕《荀子》一書以〈勸學〉爲首，不時強調「眞積力久而入」的道理，足見不斷學習爲荀子重視的工夫。
〔註18〕見牟宗三：〈荀學大略〉，《名家與荀子》，學生書局，1994年8月初版五刷，頁224。

則在心的認識性的一面；這是孟荀的大分水嶺。」〔註19〕荀子與孟子對心的體認不同處，從徐先生簡明扼要的這幾句話，可以清楚分別。

　　雖然人人都具備一顆能夠學習的心，但不是每個人都能真正地體道、明道，所以荀子認為心要能清楚地思辨，必須「虛壹而靜」，即心中不能先存有任何成見，否則會影響判斷事情的角度。他說：「凡人之患，蔽於一曲，而闇於大理。」（〈解蔽〉）一曲即一隅。人們在學習的過程中最容易犯的一個毛病，就在於輕易被一些片面的現象所蒙蔽，而無法全面察照事物的整體性。更可怕的是一如瞎子摸象，各人皆以為所得即為事情的真相，致使心存定見，而自以為是。所以荀子批評古之人君、人臣及賓萌為「曲知之人，觀於道之一隅而未之能識也，故以為足而飾之」，於是「內以自亂，外以惑人，上以蔽下，下以蔽上」，使得社會混亂以及種種邪說暴行橫行，這些都是因為蔽於一曲所造成的。鑒於人們在認識論上容易陷入蔽於一曲而不自知的困境，所以荀子提出「虛壹而靜」的方法，藉以解心之蔽，明經之理。荀子說：「人何以知道？曰：心。心何以知道？曰：虛壹而靜。」（〈解蔽〉）心能知道，但是心能知道的條件，在於「虛壹而靜」。亦即心如果不能虛壹而靜，就不能學習體道。

　　「虛壹而靜」是荀子論心的屬性。他解釋說：「心未嘗不臧也，然而有所謂虛。心未嘗不兩也，然而有所謂壹。心未嘗不動也，然而有所謂靜。」（〈解蔽〉）「臧」與「虛」，「兩」與「壹」，「動」與「靜」，都是認識過程中會產生的相對性之狀況。所謂的「虛」，是不以已有的認識妨礙新的認識，亦即時時保持一種虛心的態度來面對各種不同角度的觀點，故「不以所已臧，害所將受謂之虛」，就是這個意思。而「壹」指思想專一，不三心兩意。心雖然具備認識與分辨各種事物的能力，但是要深刻地認識一種事物或鑽研一門學問，就非得專心一志，不一心兩用，故「兩」與「一」的對比，相當於「博」與「約」相對的關係。至於「靜」的工夫指思想寧靜，也就是不受外物干擾或胡思亂想，使心寧澄清。如果能做到這三種工夫，才能把握真正的道。故「虛壹而靜，謂之大清明」，進入大清明之境，認知便不會偏差。唐君毅先生在《中國哲學原論・導論篇》原心章下，將荀子與孟墨莊三家比較，而得到如此結論：荀子重心之知物辨類與墨子似同，荀子重心之虛壹而靜與道心人心之分與莊子相同，荀子重心養心治氣之術以及盡善浹之精神與孟子相同。〔註20〕

〔註19〕見徐復觀：《中國人性論史》，臺灣商務印書館，1969 年 1 月初版，頁239～240。
〔註20〕參見唐君毅：《中國哲學原論・導論篇》，學生書局，1986 年 10 月全集校訂版，

唐先生將荀子的心做更詳盡的分殊，認為在認知外物，求取知識這一方面，荀子與墨子有相似之處，但是在心能「虛壹而靜」並且有道心及人心的分別上，卻與莊子相同。前有言，荀子吸收了諸子思想的精華，表現在他的學說之中，故言心也可看出其他諸子思想的痕跡。唐先生與牟先生對荀子「心」的看法雖不盡相同，但是都肯定了荀子的「心」含有吸收思辨外在「道」的功能。故荀子在理解與思考政治問題時，能以一理智的思辨來正視現實的問題，因為他知道任何理論都是為尋求實現而立論，如果脫離現實或是不為國君所用，再好的理論也無濟於事。所以荀子論政治比孔孟更實際，更著重於現實功利考量，在政治的影響上也較大。

第二節　政治制度之設計——禮治主義

荀子既然主張從動物性一面言人性，對於人性就必須有所有限制與改進，所依持者便是禮。首先，人性既然為惡，則禮義從何而來的問題得先解決；其次，禮是荀子思想的中心，禮是人類世界一切行事的依據，它的重要性自不待言，在政治的運用上，禮更是國家興亡的指導原則，故稱荀子的政治理論為「禮治主義」，而禮的意義與功用，也是本節要討論的。再者，荀子有分別王霸之不同，而孟子也有王霸之辨，兩者間的異同也是必須加以討論分析的。最後，荀子主張法後王，而孟子言法先王，這個議題向來為學者所論辨，本節也做了論述。

一、禮義之源及其意義

荀子之學，以禮為宗。若從人的動物性欲望言性惡，則後天的節制便有其必要，避免欲望無限擴張，於是，後天的化性起偽便成為一重要工夫，此工夫者，即「禮」。

荀子論禮的起源，偏重其制約一面。《荀子・禮論》云：

> 禮起於何也？曰：人生而有欲，欲而不得則不能無求；求而無度量分界則不能不爭。爭則亂，亂則窮。先王惡其亂也，故制禮義以分之，以養人之欲，給人之求；使欲必不窮乎物，物必不屈於欲。兩者相持而長，是禮之所起也。

頁112。

之所以要有禮，蓋人類生而有欲望，有欲必相爭，故先王制定禮文以節之。重要的是，荀子並不主張禁欲，而以爲欲望應該合理分配，禮義不是用來限制人們，而是公平地分配資源，這便是禮之起源。然而，爲了使大家都能遵守禮文，於是將制定禮文者歸於先王，言禮儀法度是從聖人而來。他說：

> 凡禮義者，是生於聖人之僞，非故生於人之性也。故陶人埏埴以爲
> 器，然則器生於陶人之僞，非故生於人之性也。故工人斲木而成器，
> 然則器生於工人之僞，非故生於人之性也。聖人積思慮，習僞故，
> 以生禮義而起法度。然則禮義法度者，是生於聖人之僞，非固生於
> 人之性也。（〈性惡〉）

荀子用陶人及工人爲例，說明他們生產的器物與他們的本性無關，同理証明聖人能創制禮義，也與他們的本性沒有關係。亦即聖人是有意的創制禮義，將禮義完全客觀化，使其成爲如器物一般的外在實體，以便後世的人依禮行事。而且，禮是聖人制定，眾人便必須遵守。這種說法，同時也解決了人既然是天生性惡，那禮又何來的問題。因爲荀子認爲「聖人之所以同於眾而不異於眾者，性也；所以異而過眾者，僞也。」聖人的本性雖然與眾人是一樣的，但聖人之所以爲聖人，在於聖人能透過不斷地學習與認知，抑制如動物般的本性，故能獲得禮義。我們可以將禮視爲數學上的定理，而聖王一如數學家，經過不斷地演算思考，將這些定理找出並加以定名。所以，陶人與工人的技藝不是平空而來，是不斷學習累積所得；禮義也不是平空而生，是聖人以其認知心，努力學習而得。

禮既然是聖人制定來節制人類的行爲，則每個人都必須認眞地學習各種禮儀，故荀子論學特別強調禮之重要，其云：

> 學惡乎始？惡乎終？曰：「其數則始乎誦經，終乎讀禮。其義則始乎
> 爲士，終乎爲聖人。」（〈勸學〉）

孔孟重詩書而荀子特重禮，這也是孔孟與荀子一大分野所在。唯荀子對於「讀禮」的目的，仍是成聖成賢，與孔孟言道德仁義是爲成聖之學的最終目的相同。但是在孔子思想中，仁是本，禮是末，孔子所要求者，爲禮儀背後之仁的精神。〔註21〕而荀子卻只重視禮在形式意義上的功能，亦即將禮完全地外

〔註21〕《論語・八佾》載：「林放問禮之本。子曰：『大哉問！禮，與其奢也，寧儉；
　　　　喪，與其易也，寧戚。』」孔子回答禮之本，特別指出所謂的禮文只是外在的
　　　　形式，如果一味地強調儀式的繁雜隆重，就會忽略爲什麼要行使這些禮儀的

在客觀化，用於政治上，即一端正風氣改善人心的利器。因爲禮文有具體的儀式，人民能夠遵守這些禮文，政治便能清明上軌道。

荀子雖然將禮外在客觀化，但是與法家所倡導之法並不相同，〔註22〕「禮」有積極導正人心的功效，而「法」只是消極地防止懲罰罪惡的發生。荀子也講法，但是禮與法有輕重之分，禮爲法的基礎。他說：「禮者，法之大分，類之綱紀也。」（〈勸學〉）禮與法有層次之別：禮高於法，亦即禮是法度與統類所依循的準則。而且「禮義生而制法度。」（〈性惡〉）先有禮義，才有法制。所以要國家富強，就必須行禮義，至於「法」則是從旁輔助。立法的前提是愛民，並且依禮來制定法律，否則隨國君一己之意制定的法律，往往是亂法暴法，是不可行的。故「人君者，隆禮尊賢而王，重法愛民而霸。」（〈彊國〉）蓋禮義有教化人心之用，人君者行禮義得以王天下，而僅以法律來治國者，只能做到霸的地步。〈彊國〉篇論威勢有三：道德之威、暴察之威、狂妄之威。修禮樂，明分義，使人民從內心對國君敬服，則政修國彊；如果不修禮樂，重刑罰，則民怨恨在心；如果任意驅使人民，亂法狂妄，則民心背離，國家將亡。故以法行之或可強盛一時，若欲使國家長治久安，則唯行禮義方可。〈王霸〉篇談到傷國之處，言儒者治國就不會讓這些事發生，「必將曲辨，朝廷必將隆禮義而審貴賤。若是，則士大夫莫不敬節死制矣。百官則將齊其制度，重其官秩，若是，則百吏莫不畏法而遵繩矣。」可以清楚地看出禮義能讓士大夫心甘情願的敬節死制，但是法只能令百吏「畏法而遵繩」，是治標之法。

所以，《荀子》全書談政治時，只有一個中心觀念——治國須以禮義爲依據，行禮義是王天下的條件。茲舉數例明之。

1. 國無禮則不正。禮之所以正國也，譬之有衡之於輕重也，猶繩墨之於曲直也，猶規矩之於方圓也，既錯之而人莫之能誣也。（〈王霸〉）

荀子政治思想的核心在禮。禮是立國的標準，治國的一切法度皆以禮爲正。故禮爲政治之基，國家維繫的命脈。荀子有云：「禮義者，治之始也。」（〈王制〉）；

眞正意義。所以孔子說：「禮云禮云，玉帛云乎哉！樂云樂云，鐘鼓云乎哉！」（《論語・陽貨》）：「人而不仁，如禮何？人而不仁，如樂何？」（《論語・八佾》）禮，是仁的表現形式，仁本禮末，不可本末倒置。

〔註22〕梁啟超於《先秦政治思想史》有言：「荀子所謂禮，與當時法家所謂法者，其性質實極相逼近。」其實誤解了禮在荀子思想中的意義。東大圖書公司，1987年2月再版，頁112。

「人之命在天，國之命在禮。」(〈彊國〉)一再強調禮對於國家的重要。

2. 彼國者，亦彊國之剖刑已！然而不教誨，不調一，則入不可以守，
出不可以戰；教誨之，調一之，則兵勁城固，敵國不敢嬰也。彼
國者亦有砥礪，禮義節奏是也。故人命者在天，國之命在禮。人
君者，隆禮尊賢而王；重法愛民而霸；好利多詐而危；權謀傾覆
幽險而亡。(〈彊國〉)

國家能教化、調一，自然兵勁城固。因為以禮義教化之，兵為仁義之兵，
為國家犧牲奉獻是出於自然，戰鬥力當然超人一等，敵國便不敢來犯。就兵
而言如此，就國家整體的制度來說更是如此。

3. 禮者，治辨之極也，強國之本也，威行之道也，功名之總也。王
公由之所以得天下也，不由所以損社稷也。故堅甲利兵不足以為
勝，高城深池不足以為固，嚴令繁刑不足以為威。由其道則行，
不由其道則廢。(〈議兵〉)

禮，不僅僅是個人行為的準則，在政治上的運用，更關係到一個國家的
興衰，無論在「治辨」、「強國」、「威行」及「功名」各方面，「禮」都扮演著
中堅領導的角色。其他主張嚴刑峻法或堅甲利兵，都只是表面工夫，與行禮
義的效用是不可比擬的。除此之外，禮還包含了明分、給養、節文各方面：

辨莫大於分，分莫大於禮。(〈非相〉)

禮者，養也。君子既得其養，又好其別。(〈禮論〉)

禮者，節之準也。程以立數，禮以定倫，德以敘位，能以授官。(〈致
士〉)

禮者，政之輓也，為政不以禮，政不行矣。(〈大略〉)

禮義生而制法度。(〈性惡〉)

荀子雖賦予「禮」許多的解釋，然皆顯示禮的統攝性。禮，成為一切行事的
指導原則，故「禮義之謂治，非禮義之謂亂。」(〈不苟〉)欲王天下者，非行
禮義不可。

隆禮，是荀子思想最重要的一部分，而其中與孔孟之異的關節，更須釐
清。就孔、孟、荀所表現之時代使命感而言，是先秦儒家的共同性格，而此
一時代使命，即欲以周文為一型範，掃除當時日下的世風並重整混亂的政治，
回復一個有秩序的社會。孔子透視周禮背後的仁心，以道德為周禮的基礎；

使客觀的禮儀法度與人類個體生命之間，有一先天的道德本體在其後支撐。故孔子在談論政治時，便一再強調道德的重要，他期待一種發自內在本體的仁心來指導外在的政治制度，所以《論語・爲政》云：「道之以政，齊之以刑，民免而無恥；道之以德，齊之以禮，有恥且格。」孔子將政刑與德禮對舉，德禮內在於人心，與外在規範的政刑正是一對比。孔子認爲與其用外在高壓的刑罰誡律來管理百姓，不如使眾人都能受到在上位者的精神感召，使守禮重份皆發自內心，循規蹈矩是發自於內心的，相較於從外在來控制人民的行爲，德與禮，誠所謂治本也！「禮」在孔子的心中，是與德性並觀的。顏淵向孔子問仁，孔子回答：「克己復禮爲仁。一日克己復禮，天下歸仁焉。」（《論語・顏淵》）要做到仁，就必須克除己私，回復道理。「禮」即「理」，凡事有條有理，眾人皆依禮而行，便能達到「仁」。如果只是將「禮」視爲外在的行爲規範，是不能合於孔子的本義的。〔註23〕所以禮不僅是一種外在的行爲規範，在人心中是有根據的。而孟子言「禮」，更指出其爲人性的善端之一，與仁、義、智三者並稱。禮，根本是一內在化的德性。

　　而荀子看到當時混亂的時局，解決之道已刻不容緩，因此不得不加強禮文的制約功能，同時不避言法令規章，以期收到快速的成效。〈性惡〉篇云：「古者聖人以人之性惡，以爲偏險而不正，悖亂而不治，故爲之立君上之埶以臨之，明禮義以化之，起法政以治之，重刑罰以禁之，使天下皆出於治，合於善也。」禮義爲古之聖王所立，而國君便是實際的執行與監督者。荀子同時還強調法政與刑罰，與孔孟純粹從道德教化言政治已有不同。前言荀子特重禮，他已將禮的意義擴大，尤其是成爲一種「定尊卑，別貴賤」的原則，廣泛地運用在政治的各個層面，與孔孟視禮爲一種合理行爲的意義已有區別。故荀子所主張的禮已不同於孔孟之禮，蕭公權謂：「荀子所謂的禮，其實已變孔孟而近於申韓。」〔註24〕就禮的客觀制約性而言，與申韓所主張的法有些許相似之處，但是在禮的作用性言，並不同於嚴刑峻法。只能說，荀子

〔註23〕孔子有云：「禮云禮云，玉帛云乎哉！」（《陽貨》）告誡眾人所謂的儀式條文是死的，並非禮之本。故林放問禮之本，孔子答曰：「禮與其奢也，寧儉；與其易也，寧戚。」（《八佾》）禮不是僵化不變的，就怕人們把禮看成死的。所以，「禮」在孔子的心中不是一條條行爲的規範準則，只是一個「道理」而已。這要能守住這個道理，至於詳細的行爲規範則因時制宜，視情況而定。

〔註24〕蕭公權：《中國政治思想史》（上），中國文化大學出版部，1988 年 11 新四版，頁100～105。

強調禮文之制約意義，使禮的外在規範性強化，因而向強制的形式靠攏，近於申韓了。

　　孔孟云與天合德，道德有本源；荀子言自然的天，將天人的關係打斷，禮義只能歸於人為，這是荀子與孔孟言禮的不同點。牟宗三先生對此有精闢的分辨，他說：「自孔孟言，禮義法度皆由天出，即皆自性分中出，而氣質人欲非謂天也。自荀子言，禮義法度皆由人為，返而治諸天，氣質人欲皆天也。彼所見于天者惟是此，故禮義法度無處安頓，只好歸之于人為。此其所以不見本源也。」〔註25〕孔孟的天是道德的天，荀子的天是自然的天。從孔孟論禮的根源來看，荀子的確與之不相契合，但是從禮的作用，即政治上的教化功能上來看，荀子言禮實與孔子言禮同，可謂殊途同歸。就人的內在價值被抹煞來看，這是荀子始終遭致批評的地方，但是對當時的社會環境言，荀子如此主張自有其不得不然與突破時代格局之處，至於會引發後世的負面評價，就不是他能預料的。

二、王霸之辨

　　先秦儒家皆有王霸之辨的議論，孔子稱道桓公管仲，是就歷史事實而言，但是就道德政治的理想言，仍以堯舜為天下有道之聖王。孟子與荀子都有王霸之辨，也都以「聖王」為理想的國君型態。

　　孟子更強調了「王道」的重要性，他見梁惠王、齊宣王、滕文公等，都分別勸以「仁者無敵」的思想，唯有行「仁政」才能「王天下」。所以，「堯舜之道，不以仁政，不能平治天下。」（《孟子·離婁》）堯舜之所以為後世尊崇，只因其行仁政。故「三代之得天下也以仁；其失天下也以不仁。」（《孟子·離婁》）三代末之桀紂幽厲失天下，因其沒有仁德，不能行仁政，故失去為君的資格。孟子藉由三代的興衰，以歷史事實為証，希望所有的君主都能引以為鑑。故孟子區分「王」和「霸」的不同，曰：「以力假仁者霸；霸必有大國；以德行仁者王；王不待大。湯以七十里，文王以百里。以力服人者，非心服也，力不贍也；以德服人者，中心悅而臣服也。」（《孟子·公孫丑》）霸者，實際上利用武力，卻打著仁義的口號，這種假借仁的名義而行侵略之實的人，縱然擁有大國，終究不能長久；唯有以德服人，實行仁政，國家才

〔註25〕見牟宗三：〈荀學大略〉，《名家與荀子》，學生書局，1994 年 8 月初版五刷，
　　　　頁214。

能長治久安，進而王天下。所以商湯雖然只有七十里的地方，文王只有百里的地方，卻能王天下，就是因爲實行仁政。孟子反對「霸者」，希望所有的國君以成爲「王者」爲目標，這是一種「取法乎上」的理想主義之說。

荀子則肯定現實一面，他雖然也以「聖王」爲最終的國君理想型態，但能尊王而不黜霸。他在〈仲尼〉篇中言仲尼之門人皆羞稱五霸，並以齊桓公爲例，加以批判，一如孔子斥管仲器小，爲道德判斷。但是他也分析桓公之所以能稱霸而不滅亡的原因，讚美桓公有大節、大知、大決，故「其霸也宜哉，非幸也，數也。」縱使如此，桓公終究是霸而非王，荀子續論其仍爲霸者，是因其「非本政教也，非致高隆也，非綦文理也，非服人之心也。」以力服人，最多只能稱霸一時，除非行禮義，才是眞正的王者。一如他在〈彊國〉篇中稱秦之威彊比湯武有過之而無不及，但是秦國以刑法治國，還是無法長久。眞正的王者，必須「仁眇天下，義眇天下，威眇天下」（〈王制〉），其法在於行禮義而已。故行禮義與否，是荀子王霸之辨的根據。畢竟，希望國君能成爲聖王或以聖王在位，才是荀子最終的目標。

在荀子心中，王天下者必是一個仁知皆具的聖人。他說：「聖也者，盡倫者也；王也者，盡制者也。兩盡者，足以爲天下極矣。」（〈解蔽〉）聖，是道德方面的理想；王，則是處理政事的能力，兩者能夠兼具是最理想的狀態，但是就現實來看，荀子也明白這樣的要求不是容易達到的，所以他並不排斥霸者。〈彊國〉篇云：「人君者，隆禮尊賢而王；重法愛民而霸；好利多詐而危，權謀傾覆幽險而亡。」（〈大略〉亦見）可見他對王者與霸者皆稱許之，只是念茲在茲地希望這些霸者能夠再向王者之路前進。

荀子眞正反對的是「強」與「暴」。〈王制〉云：「王奪之人，霸奪之與，強奪之地。」強者以武力侵略他國，而暴者如桀紂之徒，《荀子》書中有極多的貶抑之辭，並常與堯舜對舉，要所有爲君者切不可同於暴者。所以，「義立而王，信立而霸，權謀立而亡，三者明主之所謹擇也。」（〈王霸〉）荀子已明示成王、成霸或爲強暴而亡，端看爲人君者如何選擇了。

三、法後王的眞相

隆禮義而殺詩書，是荀子論學的基礎。但是隆禮義不是單純地從理智性的思辨言，荀子更希望藉此進一步地達到理想中的政治，亦即鼓吹行禮治主義才是成王道的唯一途徑。於是荀子以歷史爲借鑑，以「法後王」做爲禮治

主義的依據來源。

關於「法後王」之說，歷來眾說紛云。或謂「後王，近時之王也」，從漢代司馬遷到唐代楊倞都持此說；或曰「後王」即周文王、武王，故荀子的「法後王」與孟子的「尊先王」是一回事；或以爲「後王」即有位或無位的聖人、素王，是一位尚未出現的王天下者。其實，「法後王」並非「近時之王」，亦非特定指周文王或武王，更不是一個尚未出現的王者，從荀子重經驗的思想性格來看，指的是當時可以把握的「周道」。《荀子》一書中，有許多地方提到先王制禮，明分等，可見荀子對於古之聖王非常崇敬，但是先王之跡久遠，而後世卻在先王的基礎更加精益求精，成就更燦然齊備的制度，由後代向上推，就可以知道周以前的先王。他說：

> 千萬人之情，一人之情也。天地者，今日是也。百王之道，後王是也。君子審後王之道，而論於百王之前，若端拜而議。(〈修身〉)

> 聖王有百，吾孰法焉？故曰：文久而息，節族久而絕，守法數之有司極而褫。故曰：欲觀聖王之跡，則於其燦然者矣，後王是也。彼後王者，天下之君也，舍後王而道上古，譬之是猶舍己之君而事人之君也。欲觀千歲，則數今日。欲知億萬，則審一二。欲知上世，則審周道。欲知周道，則審其人，所貴君子。故曰：以近知遠，以一知萬，以微知明，此之謂也。(〈非相〉)

由以上引文可知，荀子之所以稱道後王，就是因爲後王離我們的時代較近，故能掌握後王的制度精神，且後王是累積前代而來，能了解後王之法，自然能上推先王之道。荀子批評的是只知法先王，甚至只學到一部分的人，〔註26〕並非他自己不承認先王之道。〈王制〉篇云：「王者之制，道不過三代，法不貳後王。道過三代，謂之蕩；法貳後王，謂之不雅。」；〈儒效〉曰：「道過三代謂之蕩，法二後王謂之不雅。……百家之說，不及後王，則不聽也。」三代與後王並舉，其實所指就是一個不斷累積的文化系統，至周禮大成，此與孔子的歷史觀如出一轍。孔子說：「周因於殷禮，所損益可知也。」(《論語‧爲政》)；「周監於二代，郁郁乎文哉。」(《論語‧八佾》) 文化制度經過不斷

〔註26〕荀子在〈非十二子〉中批評惠施鄧析：「不法先王，不是禮義」；罪子思孟軻：「略法先王而不知其統」。在〈儒效〉篇中更批評當世俗儒：「逢衣淺帶，解果其冠，略法先王，而足亂世術，繆學雜舉。不知法後王而一制度，不知隆禮義而殺詩書，其衣冠行偽，已同於世俗矣。」荀子對於後王與先王都重視，尤其注意了解程度的深淺，所以對於「不法」及「略法」先王與後王者都有微辭。

地因革損益，到了周代呈現郁郁之風，故從周。荀子重視政治制度，對於周文自然也特別偏重。因此，「法後王」之說並無混淆不可解。徐復觀先生特別針對荀子與孟子法先王與後王之說做一分析，簡明清楚，引以爲結。徐氏云：「孟子特重政治的動機，所以特別重視堯舜，因爲堯舜是『性之也』。荀子特重政治的敷設，所以特別重視周道，因爲周是『郁郁乎文哉』；但這只是在歷史中的著眼點的重點不同，並非孟子尚古而荀子從今之別。荀子在政治思想上之異乎孔孟，主要是在其禮治思想。」〔註27〕法先王與法後王並不是孟荀的主要差異，荀子重視禮的態度才是他有別於孟子之處。

第三節　君道與臣道──君臣關係的建立

　　行禮義的作用，爲使政事入正軌，諸事有依循，最終的目的在撥亂反正，天下太平。然行禮義只就原則上言，具體的實踐必須落在現實的社會環境才有意義，所以荀子分別論述了國君與臣子應該盡到的責任。以下便先從荀子「明分使群」的觀念開始分析，了解荀子分工的想法，由此導出君道與臣道爲何。

一、明分使群──人盡其材的「正名」觀

　　荀子的經驗主義性格，使他除了人性論、知識論、天人關係等議題的討論之外，更將觸角深入社會之中。相較於先秦儒家的孔孟，《荀子》書中有系統地討論了有關社會階層、群體及組織等議題，大致含蓋了現代社會學所討論的層面，無怪乎有社會學家稱荀子爲「中國第一位社會學者」。〔註28〕

　　對於人類社會的觀察，荀子提出了一個重要的論點──「明分使群」。首先，他說明了人與大自然相比，只不過是萬物其中的一種，但是人類能夠利用自然萬物的最大原因，在於人能「群」。他說：

　　　　水火有氣而無生，草木有生而無知，禽獸有知而無義，人有氣有知
　　　　亦且有義，故最能天下貴也。力不若牛，行不若馬，而牛馬爲用，

〔註27〕見徐復觀：〈荀子政治思想的解析〉，《學術與政治之間》，學生書局，1985 年4 月臺再版，頁205～206。

〔註28〕見衛惠林：《社會學》，正中書局，1968 年9 月台四版，頁17。郭沫若也承認：「在先秦諸子中，能夠明顯地抱有社會觀念的，要數荀子，這是他學說中的一個特色。」（郭沫若：《十批判書・荀子的批判》，上海書店據群益出版社 1947 年版影印，頁195。）

何也？曰：人能群，而彼不能群也。（〈王制〉）

人與禽獸的一大差異，在於人能「群」。人類能夠團結，集合各人微薄的力量，發揮積少成多的效能。荀子所謂人除了有氣有知之外，還有義，就是具備能夠互相幫助的義氣，才能集眾人之力，這是能群的可貴。然「群」，也不是隨意聚集在一起，必須將每個人的力量發揮到最大，故需「分」。「分」，就是使各人皆有各人不同的職責，而依據各人不同的差異性來分配工作，是為人君者的任務。荀子說：

> 人之生不能無群，群而無分則爭，爭則亂，亂則窮矣。故無分者，人之大害也；有分者，天下之本利也。而人君者，所以管分之樞要也。（〈富國〉）

「明分」，是一種分工的觀念，每個人都能發揮自己的專長，各盡各的職責；「使群」，則是將眾人之力團結在一起，形成一股強大的力量。牟宗三先生曾就荀子能「明分使群」大加稱讚，他說：「荀子重義與分，足見有其客觀精神。此為孟子所不及。孟子主仁義內在，而向主體精神與絕對精神（天地精神）方面發展，客觀精神則不足。（此為後來理學家之通性）而荀子于此，則特見精采。蓋客觀精神必在現實之組織一方面顯。國家其典型也，所謂公體也。荀子重群，重分，重義，隆禮義而殺詩書，知統類而一制度，皆客觀精神之顯示。以義道之分，統而一之，類而應之，則群體歙然而凝定。客觀精神即尊群體之精神，尊群體則尊成群體之義道也。」〔註29〕牟先生所謂的「客觀精神」，即指現實世界中的差異性。蓋人類之所以異於禽獸，孟子從精神層面云人類具有四端之心；而荀子則從現實層面來分析這個問題，以為人類「力不若牛，走不若馬」，但牛馬卻能為人類所用，其中的關鍵在於「人能群，而彼不能群」。因為人類可以團結一致，集眾人之力便能勝過飛禽走獸，這便是「群」。人能群，但是人多手雜，人心不一，容易起爭執，故須分別每個人的才能所在，使各盡其材，這便是「分」。

明分的依據，自然是客觀的禮。荀子云：

> 先王案為之制禮義以分之，使有貴賤之等，長幼之差，知愚能不能之分，皆使人載其制而各得其宜，然後使愨祿多少厚薄之稱，是夫群居和一之道也。（〈榮辱〉）

〔註29〕見牟宗三：〈荀學大略〉，《名家與荀子》，學生書局，1994 年 8 月初版五刷，頁218。

先王惡其亂也，故制禮義以分之，使有貧富貴賤之等，足以相兼臨
者，是養天下之本也。(〈王制〉)

無分乃禍亂之源，先王爲使天下不至混亂不明，故制禮義以明分，不論貧富
貴賤，賢愚長幼都有一定的禮儀可以依循。故荀子在〈君道〉篇中詳細地闡
明，要扮演好各種角色，就需依禮而行：

請問爲人君？曰：以禮分施，均遍而不偏。請問爲人臣？曰：以禮
事君，忠順而不懈。請問爲人父？曰：寬惠而有禮。請問爲人子？
曰：敬愛而致文。請問爲人兄？曰：慈愛而見友。請問爲人弟？曰：
敬詘而不苟。請問爲人夫？曰：致功而不流，致臨而有辨。請問爲
人妻？曰：夫有禮則柔從聽侍，夫無禮則恐懼而自竦也。此道也，
偏立而亂，俱立而治，其足以稽矣。請問兼能之奈何？曰：審之禮
也。古者先王審禮以方皇周浹於天下，動無不當也。(〈君道〉)

社會能走正軌，在於人人能守禮，故「偏立而亂，俱立而治」，只有一部分的
人做到是不行的。而「明分」用於社會上的各個職位工作，便是人盡其材之
意。分工，表示荀子能正視人與人的差異性，「人之百事，如耳目口鼻之不可
相借官也，故職分而民不探，次定而序不亂，兼聽齊明而百事不留。」(〈君
道〉)人之百事，即在人類社群中的各項事務，每個職務都有其專業性，一如
耳目口鼻各司其職，不能互相干涉，一個人也不可能身兼數職。〔註 30〕唯有
清楚地分別各種職務，使人人各自明白職權所在，就不會爭奪混亂。此與孔
子所說：「不在其位，不謀其政」的意思是一樣的。

荀子也強調「正名」，他說：「王者之制名，名定而實辨，道行而志通，
則愼率民而一焉。」(〈正名〉)名各有稱，不容詭辯奇辭相混淆，先王制名，
都有一定，只可惜後世妄加曲解。荀子直斥這些亂名擅作者爲大姦，罪無可
恕。〔註 31〕荀子有鑒於此，所以積極地辨同異，別名實，要做到名實相符。
從〈正名〉、〈正論〉及〈非十二子〉諸篇的論述，我們可以看出荀子邏輯思
辨的能力，亦即其心靈活動爲一認知心的充分表露。荀子之正「名」，可從兩
方面言之，一是同於名家所論形名的問題，類似今日理則學的認識論；〔註 32〕

〔註 30〕荀子在〈儒效〉篇中列舉了士農工商各行的專長。在〈解蔽〉篇中更說：「自
古及今，未嘗有兩而能精者也。」有隔行如隔山的意思。

〔註 31〕《荀子‧正名》：「故析辭擅作名以亂正，使民疑惑，人多辨訟，則謂之大姦，
其罪猶爲符節度量之罪也。」

〔註 32〕〈正名〉篇中有針對名家所言一一批駁，謂其離正道而擅作，歸納爲三惑，

一是辨別現實世界中個體的差異，「名」是知者爲區別物體的同異所分別制定，〔註33〕並且以禮來規範這些不同，使貴賤輕重能有一定的分際。他說：「禮者，貴賤有等，長幼有差，貧富輕重皆有稱者也。」（〈富國〉〈禮論〉均見）正名的目的，就是爲了使名實相符，皆有所稱。故荀子所言的「正名」不同於孔子，孔子的「正名」思想是從倫理上來立說，人與人之間的關係以五倫爲主，孔子提出「君君、臣臣、父父、子子」的觀念，要每個人都能依倫理關係而守其份，人倫的關係是內在道德依據。而荀子雖然也有講五倫，卻以禮爲五倫的規範，在〈君道〉篇裡對於君臣父子兄弟夫妻各種身分都以禮規定之。〔註34〕人際關係並非源於發自內心的倫理情感，而是藉由禮來規定，禮成了維繫人間秩序的唯一準則，「禮以定倫」（〈致士〉）就是這個意思。

　　明分使群爲國君負責工作的分配，而非任何事情都是一把抓。眞正的明主能使人各盡其材，許行的君民並耕之說，完全不符實際，荀子也清楚地說明能因材任職，是「百王之所同」，「禮法之大分」，如此便能達到至平的社會。《荀子・王霸》有云：

　　人主者，以官人爲能者也；匹夫者，以自能爲能者也。人主得使人爲之，匹夫則無所移之。百畝一守，事業窮，無所移之也。今以一人兼聽天下，日有餘而治不足者，使人爲之也。大有天下，小有一國，必自爲之然後可，則勞苦秏頓莫甚焉。如此，則雖臧獲不肯與天子易埶業。……論德使能而官施之者，聖王之道也，儒者之所謹守也。傳曰：農分田而耕，賈分貨而販，百工分事而勸，士大夫分職而聽，建國諸侯之君，分土而守，三公摠方而議，則天子共己而已矣！出若入若，天下莫不平均，莫不治辨，是百王之所同也，而禮法之大分也。

能讓天下人各明其分，各得其所，就是天下太平，王天下僅此而已。是故，

<hr>

並謂可禁之以三驗。

〔註33〕《荀子・正名》：「知者爲之分別制名以指實，上以明貴賤，下以別同異。貴賤明，同異別，如是則志無不喻之患，而事無困廢之禍，此所爲有名也。」
〔註34〕《荀子・君道》云：「請問爲人君？曰：以禮分施，均遍而不偏。請問爲人臣？曰：以禮待君，忠順而不懈。請問爲人父？曰：寬惠而有禮。請問爲人子？曰：敬愛而致文。請問爲人兄？曰：慈愛而見友。請問爲人弟？曰：敬詘而不苟。請問爲人夫？曰：致功而不流，致臨而有辨。請問爲人妻？曰：夫有禮，則柔從聽侍；夫無禮，則恐懼而自竦也。此道也，偏立而亂，俱立而治，其足以稽矣。」

「救患除禍，則莫若明分使群」（〈富國〉）荀子已經作了很好的提示了。

二、君道——兼具道德與智慧的聖王

孔孟認為一個國君最重要的是本身的道德修養，而荀子則認為除了道德之外，更重要的是能力。包括判斷事理的思辨能力及掌握政事運作的能力，有點類似今天所謂的「強人」。荀子說：「聖也者，盡倫者也；王也者，盡制者也。兩盡者，足以為天下極矣。」（〈解蔽〉）聖，是道德方面的理想，而王，則是處理政事的能力，荀子理想中的執政者是「聖王」。他說：「天下者，至重也，非至強莫之能任；至大也，非至辨莫之能分；至眾也，非至明莫之能和。故三者，非聖人莫之能盡，故非聖人莫之能王。聖人備道全美者也，是縣天下之權稱也。」（〈正論〉）治理天下不是一件容易的事，除了超越常人的聖人之外，恐怕找不出第二個能勝任的人了。所以國君的責任及權力也相對的加重了：

> 人君者，所以管分之樞要也。（〈富國〉）

> 天子者，勢位至尊，無敵於天下。（〈正論〉）

荀子認為君王一職，是為了執行政策法令而設，國君必須強而有力，才能順利推行各項政策。因此在客觀條件上，荀子主張強化國君的威勢，他說：「君者，國之隆也；父者，家之隆也。隆一而治，二而亂。」（〈致士〉）國君有如一家之主，國之興亡皆繫於其身，君強則國強，君弱則國弱。且一山不能容二虎，唯有尊崇一人，才不會導致社會動亂。〈正論〉篇更是直截了當地說：「天子者勢位至尊，無敵於天下。……南面而聽天下，生民之屬莫不振動服從，以化順之。天下無隱士，無遺善。同焉者是也，異焉者非也。」天子是天下最尊榮的人，所有的人都要聽令於他，不能有任何人違背。荀子甚至不容許不表達意見的人，只有贊同與反對，沒有第二條路可走，所以他不同意隱士的存在。如此一來，便可以做到全國統一思想。荀子這種說法，看似與法家無異，其實有一大的不同點：荀子對於國君在主觀的條件上有「聖王」的要求，亦即國君需具備完美的道德及處理政事的能力。有這一點做保障，客觀上才能賦予國君絕對的權力，以便於政事的推行。所以他在〈君道〉篇中的論述，足可論證其重人甚於重法，茲援引如下：

> 有亂君，無亂國；有治人，無治法。羿之法非亡也，而羿不世中，禹之法猶存，而夏不世王。故法不能獨立，類不能自行。得其人則存，失其人則亡。

這裡所說的法是指制度。法，不是不重要，不過用法的是人，制定法的也是人，法並沒有好壞，完全看人如何使用。用的好，國治民安；用不好，國傾民亂，統治者成了一個國家興衰的關鍵人物，要負全部的責任。荀子理想中的國君是聖王，如果沒有一個完美的統治者，有再好的法也是徒然。此與孔子所說：「其人存則政舉，其人亡則政息」(《中庸》)的意思是一樣的。因此荀子說：「有良法而亂者有之矣，有君子而亂者，自古及今，未嘗聞也。」(〈王制〉) 在荀子的心中，仍然相信聖王賢君才能帶給人民幸福，國君肩負著國泰民安的責任，所以有一個聖王在世遠勝於任何的禮法。一個國君對於百姓的影響力，比禮義刑法高出不知凡幾，他說：「上好禮義，尚賢使能，無貪利之心，則下亦將綦辭讓致忠信而謹於臣子矣。」(〈正論〉) 仍不脫儒家以上化下的希求。故蕭公權云：「荀學誠有與孔孟精神一貫之處，特不在其論治法而在其重治人」。〔註35〕這是非常重要的論斷。至於現今許多貶抑荀子的論者，以為荀子重人治而不重法治是一大缺陷。其實，今天談法治的重要，是因為法治須有一套獨立運作的系統，不可受政治的干涉，〔註36〕古時並沒有這樣一個客觀的司法系統，古人觀念中的法也不同於今天的法律或法治。所以，荀子很自然地去要求國君的道德及能力，由「人治」的理想來達到「法治」的效果，故不能以今天的法治觀念來批評荀子有偏差。

　　因此，荀子不斷地強調君主立身的重要，君主完美的人格可以做為人民的表率，收到潛移默化的功效。他說：

　　　　君者儀也，民者景也，儀正而景正。君者槃也，民者水也，槃圓而水圓。(〈君道〉)

　　　　君者，民之原也；原清則流清，原濁則流濁。(〈君道〉)

　　　　主者民之唱也，上者下之儀也。彼將聽唱而應，視儀而動。(〈正論〉)

君與民的關係一如「原」與「流」，君主的言行舉止深深地影響著人民，當然必須有一個德行完美的聖人出任國君，這與孔孟重視在上位者以德性教化人

〔註35〕見蕭公權：《中國政治思史》(上)，聯經出版事業公司，頁109。
〔註36〕這是理想的法治，不過今日能做完全司法獨立的國家並不多見，台灣雖然喊了數十年的民主，今日才慢慢走上司法獨立，這由民國八十七年初的數起司法判決，可略窺之。許倬雲指出「法治之能否確立，繫於制法與執法兩端。」「法治與民主，彼此扶翼，法治不僅限於司法一端，但司法是其不可或缺的一環。」藉以論述這幾起司法判決是值得肯定的。(許倬雲：〈平心論法治〉，中國時報，1998 年 2 月 7 日第二版)

民的觀念其實一致。唯不同者，在於荀子還重視客觀制度的運用，即禮法的
規範也佔了統治方式的一部分。〈性惡〉篇中有云：

> 古者聖人以人之性惡，以爲偏險而不正，悖亂而不治，故爲之立君
> 上之埶以臨之，明禮義以化之，起法政以治之，重刑罰以禁之，使
> 天下皆出於治，合於善也。

禮義起於古聖王所制，而後世的國君負有執行的責任，同時還須以法政刑罰
做爲遏阻惡行的手段。可見荀子從其人性論出發，認爲人類劣質的本性除了
以禮義來勸導善誘之外，還必須加以法政的規範及刑罰的限制，才能收到治
理的功效。爲君之道，在於「以禮分施，均遍而不偏」（〈君道〉）禮儀法度通
過聖人的努力而建立，但要落實到現實社會，就必須有人負起執行的任務，
於是荀子將這個責任賦予君王。這與孔孟單純地從道德教化來論政治不盡相
同，但與法家將尊君視爲鞏固統治權的唯一手段卻又大不相同。從整體來看，
荀子論君道的道德一面比孔孟有過之而無不及，且《荀子》全書力倡禮義之
道，雖然荀子亦肯定法刑之用，但不是其所特重者，故仍與法家有一定距離。

　　還有一點可証明荀子的尊君不同於法家，即國君是爲了全國人民的利益
而存在，並非爲了自己。荀子認爲國君要盡到照顧人民的責任，如果不能，
就會走上滅亡一途。他用舟及水來譬喻君與民的關係，人民能支持君，也能
覆亡君，〔註 37〕國君的更替與人民的好惡有絕對的關係。他雖未直言革命，
但是肯定湯武伐桀紂是誅獨夫而非誅君，〔註 38〕可見他與孟子的革命說並無
出入。人民的地位在荀子心中比國君還來的重要，他在〈大略〉篇云：「天之
生民，非爲君也；天之立君，以爲民也。」國君這個職位是爲了服務人民而
有的。這與法家爲鞏固君權，極力爲國君設計各種掌握權勢的手段及方法，
有著顯著的差異。他的弟子只看重尊君一面，而沒有細究荀子尊君的條件爲
何，故產生了絕對君權的專制政治。

　　所以，荀子理想中的國君必須有良好的道德，在客觀方面也賦予國君權
力，但是追溯國君的權原，荀子仍然強調人民的重要。我們可得到這麼一個
結論：荀子尊君是以貴民爲目的。

〔註37〕　〈王制〉：「庶人安政，然後君子安位。傳曰：『君者，舟也；庶人者，水也；
　　　　　水則載舟，水則覆舟。』此之謂也。」〈哀公〉篇中也有同樣的話語。

〔註38〕　〈正論〉：「天下歸之之謂王，天下去之之謂亡。故桀紂無天下，而湯武不弑
　　　　　君。」；〈議兵〉：「湯武之誅桀紂也，拱挹指麾，而彊暴之國莫不趨使，誅桀
　　　　　紂若誅獨夫。」

三、臣道 —— 依禮事君

　　除了聖王在位，還需要有賢人在旁輔政。而用人之道，識人之明，便是一個良好的國君必須具備的。擇人的標準在「既仁且知」，而國君是否識人，能否用人，也顯示國君是否「仁知雙全」。荀子說：

> 爲人主者，莫不欲強而惡弱，欲安而惡危，欲榮而惡辱，是禹桀之所同也。要此三欲，辟此三惡，果何道而便？曰：慎取相，道莫徑是矣。故知而不仁不可，仁而不知不可，既知且仁，是人主之寶也，而王霸之佐也。不急得不知，得而不用不仁，無其人而幸有其功，愚莫大焉。(〈君道〉)

一國之君爲使國強盛，選擇得力的助手是非常迫切重要的。能夠「慎取相」，得到好幫手，是成就王天下大業的最快方法。因此，慎選輔佐的人材，善用各個人材，是爲人主者最重要的能力。

　　至於爲臣之道，在於「以禮待君，忠順而不懈。」(〈君道〉) 做爲一個臣子最基本的責任，就是輔佐國君。臣子是國君的左右，要幫助君王，又不能僭越君王，故須依禮守之。〈大略〉篇云：「下臣事君以貨，中臣事君以身，上臣事君以人。」說明爲國君舉賢，也是爲人臣的重要責任之一。

　　荀子將臣子分成四類：態臣、篡臣、功臣、聖臣。這四種臣子的類型也代表了中國歷史上的各色臣子，其云：

> 內不足使一民，外不足使距難，百姓不親，諸侯不信；然而巧敏佞說，善取寵乎上，是態臣者也。上不忠乎君，下善取譽乎民，不恤公道通義，朋黨比周，以環主圖私爲務，是篡臣者也。內足以使一民，外足以使距難，民親之，士信之，上忠乎君，下愛百姓而不倦，是功臣者也。上則能尊君，下則能愛民，政令教化，刑下如影，應卒遇變，齊給如響，推類接譽，以待無方，曲成制象，是聖臣者也。
> (〈臣道〉)

如何事君是爲人臣最重要的部分，亦即是爲人臣的責任。荀子分別從內、外、上、下來比評臣子的種類，國君如果用到好的臣子，便能收事半功倍之效，否則易招致亡國之禍。故「用聖臣者王，用功臣者強，用篡臣者危，用態臣者亡。態臣用則必死，篡臣用則必危，功臣用則必榮，聖臣用則必尊。」用不同的臣子就有不同的後果，荀子更用「必」字來加強語氣，頗有警示的意味。

　　荀子雖然希望聖人在位，不過就現實世界來說，國君並不盡如人意。因

此，事君之道，也依不同的國君，而有不同的差異。荀子將國君分為聖君、中君、暴君三種類型，說明遇到不同的國君該如何做事：

> 事聖君者，有聽從無諫爭；事中君者有諫爭無諂諛；事暴君者有補削無撟拂。(〈臣道〉)

事暴君最難，既不能正面纓其鋒，又不能不盡輔佐之責，只有用迂迴曲折的方法，「因其懼也而改其過，因其憂也而辨其故，因其喜也而入其道，因其怒也而除其怨。」藉由因時制宜的策略，慢慢導引其改過。不過自己要能把持住正道，不能因為國君為暴而隨之起舞，要「從道不從君」，否則便成了助紂為虐的爪牙。所以事暴君「若馭樸馬，若養赤子，若食餧人。」不可太過躁進。如果暴君無所改，只好進行更替國君的工作，亦即革命之。

由以上分析，可知荀子因明分使群的觀念，而論君與臣都有各自應盡的本分，職責由禮定之。他對於國君的要求更甚於孔孟，可見在戰國末期群雄並起的混亂時代，荀子多麼渴望能有聖王在位，達到一統天下的理想。

第四節　富國、議兵及貴民之道

富國強兵之道，是孔孟不重視的部份。在孔子看來，只要能照顧好人民的生活，施行德政，自然能獲得人民的擁戴。而孟子更以行仁政為王天下的唯一方法，因為當執政者的道德能感化天下人之時，近者悅，遠者來，天下皆依而歸往之，沒有了鬥爭，就不需要有任何的軍隊，也談不上富國強兵。他們所關心的是如何照顧好人民，怎樣使人民的需求能夠得到滿足，並且在精神層面得到道德的教化。荀子則較注意現實層面的具體實踐，他明白能以仁義治天下，當然是最好的為政之道，可是要以道德感化天下人並不是一朝一夕的事，當時的國君所著重者，在於如何使國家在短時間內強盛；也有不少國君是為了滿足個人的聲色耳目的享樂，他們更不會接受儒家陳義過高的道德教化之說，眼裡看到的只有戰無不勝的秦國，想著要如何向秦國看齊，也能稱王稱霸。有鑒於此，荀子也談富國、強國以及議兵之道，希望能先獲得國君的認同，但是骨子裡卻始終將人民擺在第一位，力倡「民富則國富」的道理，希望藉此換得國君對人民的重視。

荀子既然從人的自然欲望來觀察人性，對於政治的設計則一方面以禮節制人性，避免人類的欲望過度泛濫；一方面又得滿足生理對物質欲望的需求。

因此，荀子對經濟制度進行了完整的理論系統分析，對於物與欲的供需和社會的分工都有詳細的論述。要言之，皆不離以禮為本的方向，且秉持著儒家一貫的傳統，發揚愛民與重民的精神，足堪為先秦儒家最後一位大師。以下分就富國及議兵兩點來討論荀子對實際的經濟與國防有何具體的論述，最後並討論荀子貴民的思想，論述荀子最重視者仍是人民。

一、富國之道——以富民為基礎的經濟政策

孔孟的政論都有養民之道。孔子有「足食」、「養民以惠」之語；而孟子表彰仁義，並言「義利之辨」，猛批為富不仁，以個人利益為先之徒。〔註39〕孔孟都言養民，但是都沒有正面提到富國之語。他們之所以如此反對求強求盛，實因當時的國君與臣子視富國強兵為第一要務，置人民生計於末位，而孟子為了糾正這種本末倒置的情形，更是力倡仁義，避談功利的問題。〔註40〕而以民生問題為第一優先。〔註41〕《論語・顏淵》載有若答魯哀公之語：「百

〔註39〕孟子曾說：「今之事君者，皆曰：『我能為君辟土地，充府庫。』今之所謂良臣，古之所謂民賊也。君不鄉道，不志於仁，而求富之，是富桀也。『我能為君約與國，戰必克。』今之所謂良臣，古之所謂民賊也。君不鄉道，不志於仁，而求強戰，是輔桀也。由今之道，無變今之俗，雖與之天下，不能一朝居也。」孟子以為，只汲汲於充府庫，辟土地的事，只是富了國君，苦了百姓。亦即要求所有為政者要以民生問題為施政之優先，先照顧好人民，其他再談，並不是反對經濟之道，只是著眼於民而已。

〔註40〕《孟子》書一開頭，便記載孟子對梁惠王「亦將有以利吾國乎？」的疑問，做了一個排斥性的反詰：「王，何必曰利？亦有仁義而已矣！」可見當時國君所關心的是國家怎樣才能富足強盛，而孟子則以為以仁義治國，便能王天下，所以避談現實利益的方法。金耀基在《中國民本思想史》書中引梁任公《先秦政治思想史》：「孟子政治論最重要之部分則其經濟制度也。」一語，而謂「『養民』之說實為孟子政治哲學中之第一義，孟子之民本思想殆亦必於其經濟措劃中落實，始有真正的意義。」「養民」的確為孟子所重視，因為孟子視人民為一個家之最重要者，所以有「民貴君輕」之語。金氏續論孟子言「利益之辨」，所反對的利是個人的私利而非社會之公利。我們可再進一步說明，蓋當時國君將國家視為一己之財產，故利國的著眼點仍在擴大國君的權勢及利益，所以孟子反對這種表面為國實際為君的利，希望國君能以人民的利為利。（參見金耀基：《中國民本思想史》，臺灣商務印書館，1993月8月初版，頁64～67。）

〔註41〕《孟子》七篇中多有談論到民生經濟的問題。〈滕文公〉：「民之為道也，有恆產者有恆心，無恆產者無恆心。」；〈梁惠王〉：「是故明君制民之產，必使仰足以事父母，俯足以事妻子；樂歲終身飽，凶年免於死亡。然後驅而之善，故民之從之也輕。」都表明養民之重要，能先使人民免於飢寒之苦，然後才可以教之。

姓足，君孰與不足？百姓不足，君孰與足？」有若這幾句話，說明了百姓與國君的關係並非對立，藉此告誡國君不能忽略對百姓的照顧。孟子並不願正面斥責國君有好聲色耳目之娛，〔註42〕只不過告訴國君要以人民爲先，這是他重民思想的一大表現。荀子也不避談富國，他知道國君一心所關注者即國家如何富強，所以他就針對這個議題，發而爲〈富國〉、〈彊國〉等篇章，大談其理，然細觀之，可發現荀子富國強國的本質仍是在富民。

　　荀子說：「王者富民，霸者富士，僅存之國富大夫，亡國富筐篋，實府庫。」（〈王制〉）國庫愈是充足，就是亡國之兆。荀子一一指出王、霸、僅存之國及滅亡的國家所富者爲何，說明：民富是國富的根本。如果國君只會剝削人民，肥了自己，瘦了百姓，國家很快就會走滅亡之路。因此，只一味地追求國庫的充實，是最笨的做法，他說：

> 故田野荒而倉廩實，百姓虛而府庫滿，夫是之謂國蹶。伐其根，竭其原，而并之其末，然而主相不知惡也，則其傾覆滅亡可立而待也。以國持之而不足以容其身，夫是之謂至貧，是愚主之極也。將以求富而喪其國，將以求利而危其身，古有萬國，今有數十焉。是無他故焉？其所以失其一也。君人者，亦可以覺矣。（〈富國〉）

這段議論明白地指出：「下貧則上貧，下富則上富」（〈富國〉）。荀子並不反對國君求富，但是求富的動機及目的要認清楚，國君如果只是爲了滿足自己的野心與奢靡的享受，就不會體恤人民；而且，爲了滿足一己之私，搜刮剝削百姓，雖然國庫看起來很充實，但是民生卻日趨困苦，很快便會匱乏枯竭，使國家危亡。荀子所強調的便是羊毛出在羊身上的道理，人民是一個國家的根本，也是國家財稅的來源，不能使源頭保持源源不絕，總有沒水喝的一天。所以，荀子的富國其實仍是從人民著眼。他並不否定國家須富須強，反而藉此申論人民爲國家之本，說明民富則國富，民強則國強的道理，讓國君較能接受。這不可不說是荀子高明之處。以下分就重農與理財兩方面來談荀子論富國的經濟思想。

（一）重農思想——永續經營的方式

　　在戰國之時，農業仍是一國經濟的主力，荀子也極力主張國家必須重視

〔註42〕從孟子與齊宣王的對話中，可見孟子並不反對國君「好勇」、「好色」及「好貨」，也不排斥國君享樂，只是先決條件是要「與百姓同之」，能與百姓同樂，便能王天下。見《孟子·梁惠王》。

農業經濟的發展。茲引荀子的論述說明之。

> 君者，善群也。群道當則萬物皆得其宜，六畜皆得其長，群生皆得
> 其命。故養長時，則六畜育；殺生時，則草木殖；政令時，則百姓
> 一，賢良服。聖王之制也。(〈王制〉)

就原則來說，荀子仍然十分強調「明分使群」的觀念。萬物的生長皆有一定
的規律與時節，不管是植物或牲畜都是如此，君主的責任便是使萬物的生長
都能符合各自的時節，不會遭受破壞。而具體的作法如下：

> 草木榮華滋碩之時，則斧斤不入山林，不夭其生，不絕其長也。黿
> 鼉魚鱉鰍鱣孕別之時，罔罟毒藥不入澤，不夭其生，不絕其長也。
> 春耕夏耘，秋收冬藏，四者不失時，故五穀不絕，而百姓有餘食也。
> 汙池淵沼川澤，謹其時禁，故魚鱉優多，而百姓有餘用也。斬伐養
> 長不失其時，故山林不童，而百姓有餘材也。聖王之用也。(〈王制〉)

當草木魚蝦尚幼小的生長時期，就不要趕盡殺絕，讓萬物有成長的機會。農
耕也依四時的節氣行之，何時該種，何時該休都有一定，使地力不致於枯竭。
荀子深深地體認到自然資源並非取之不盡，用之不竭，如果過度開採，最後
受害的一定是人類自己。孟子在論「王道之始」時，也提到不使自然資源枯
竭的道理，與荀子所述有極高的同質性，﹝註43﹞足見兩人都有保育自然的觀
念。對於自然資源能「不夭其生，不絕其長」，是屬於消極的防範措施，而積
極的生產，荀子也有論述：

> 今是土之生五穀也，人善治之，則畝數盆，一歲而再獲之；然後瓜
> 桃棗李一本數以盆鼓；然後葷菜百疏以澤量；然後六畜禽獸一而剸
> 車，黿鼉魚鱉鰍鱣以時別，一而成群；然後飛鳥鳧雁若煙海；然後
> 昆蟲萬物生其間，可以相食養者不可勝數也。(〈富國〉)

對於自然界的利用，除了捕食動植物之外，還可以用農業、養殖業及畜牧業
來增加生產。好好地利用大自然，不僅資源不慮匱乏，更可以「一歲再獲」、
「一而成群」、「一而剸車」，生產量能夠提高，人民生活自然富足。

﹝註43﹞《孟子・梁惠王》云：「不違農食，穀不可勝用也；數罟不入污池，魚鱉不可
　　　勝食也；斧斤以食入林，材木不可勝用也。穀與魚鱉不可勝食，材木不可勝
　　　用，是使民養生喪死無憾也。養生喪死無憾，王道之始也。」孟子也談到順
　　　應自然的道理。能適切地利用自然，人民生活便能不慮匱乏，使養生喪死無
　　　憾。能做到這點，才是王道之始。這裡一方面透露孟子重民的思想，一方面
　　　也強調這是王者的責任。

綜觀以上論述，我們發現荀子已有今日「永續經營」的概念，這著實令人驚訝。當然，我們不是要藉此自誇中國古代有多進步的思想，其實就人與自然共生共長的觀念而言，荀子的確有過人之處。自然保育的觀念是不分古今的，地球只有一個，人類若不能善加保護，只有自取滅亡一途。古人能，今人不能？值得今日的文明人深思。

對於大自然的利用，荀子從漁獵、畜牧、養殖一路論到農耕，分明就是一個農業的進步史，可以看出荀子是多麼地重視農業。至於工商業，荀子則採取抑制的態度。他說：「工商眾則國貧」，又說：「田野縣鄙者，財之本也。」就當時的社會環境言，工商致富的速度是很可觀的，尤其是商人的財富甚至可以敵國。因爲商人經商，財富容易集中到少數人的手中，荀子有見於此，便主張重農抑商。但他也不是完全否定工商的價值，商業的作用在荀子看來是：「使財貨通而國求給」（〈王制〉）；對於工業則是：「器用巧便而財不匱」（〈王霸〉），工商業都有存在的必要，只是不能太過擴充而已。

以上是荀子論富國的經濟思想。這裡再附論荀子對強國的主張。荀子曾將國家分爲王者、霸者及強者三類，他在〈議兵〉篇中雖然稱美秦的強盛，但是也指出其不行禮義之短，儘管能強盛一時，最終仍將敗亡。故秦國只是強者，頂多是霸者，並非王者，不如禹湯之能王天下。秦國看似威強過乎湯武，然是以威勢服人，所以荀子建議秦國「節威反文」，要用禮義治國，且「益地不如益信之務」，如此才能從強者晉升爲王者。眞正的強國是不會以霸道力量服人，而是能以富民保民獲得天下人的認同，藉以服人之心。所以，荀子力勸國君不要劃地自限，短視近利，必須從根本之處來達成富國強兵之願。

（二）理財之道──開源節流

關於理財的方式，荀子提出一個最基本的原則是──開源節流。他說：「節其流，開其源，而時斟酌焉。」（〈富國〉）這個理財的原則是千古不移的。節流就是節用，開源就是裕民。

節用與裕民是荀子富國理論的主要部份。他說：

> 足國之道，節用裕民，而善臧其餘。節用以禮，裕民以政。彼裕民
> 故多餘，裕民則民富，民富則田肥以易，田肥以易，則出實百倍。
> 上以法取焉，而下以禮節用之。（〈富國〉）

「節用以禮」，是說一切行事都必須合乎禮法，不做無謂的浪費。如「上好功

則國貧，士大夫眾則國貧，工商眾則國貧，無制數度量則國貧。」（〈富國〉）除了工商一項，是重農抑商的意思，其餘三項指出：在上位者如好大喜功，便多開銷；士大夫過多，便多冗員；國家若沒有一定的制度禮法，就會造成隨意浪費的情形。禮，指的是「貴賤有等，長幼有差，貧富輕重皆有所稱者。」（〈富國〉）等差有稱都是制度綱紀，政府的行事都能有一定遵循的規則，就能夠節省開支。而對於民間的婚喪喜慶也有所規定，避免過度的浪費。因此他接著說：「故天子袾裷衣冕，諸侯亦裷衣冕，大夫裨冕，士皮弁服。德必稱位，位必稱祿，祿必稱用。由士以下則必以禮樂節之，眾庶百姓，則必以法數制之。量地而立國，計利而畜民，度人力而援事，使民必勝事，事必出利，利足以生民，皆使民衣食百用出入相揜，必時藏餘，謂之稱數。故自天子通於庶人，事無大小多少，由是推之。」所以從天子以至於庶人都必須遵守禮法，便是節用之道。

至於「裕民以政」，則指政府施行的政策能幫助人民富裕，改善人民的生活，如「輕田野之稅，平關市之征，省商賈之數，罕興力役，無奪農時，如是則國富矣，夫是之謂以政裕民。」（〈富國〉）輕賦稅，省力役，平穩市場，減少商賈等措施，都是讓人民能安心的從事農業生產，農業的產能增加了，人民的生活自然就會富足。

所以，「王者富民」，真正能王天下者，就是最能照顧人民，使人民富足的國君。荀子從這個觀點立論，促使想得天下的國君能夠盡到保民、愛民、富民的責任。他還一再強調「下富則上富」，希望國君因為想要得到財富，因此先使百姓富足，以便上下俱富。荀子藉著這種迎合國君心理的作法，來達到宣導以民為貴的目的，可謂用心良苦。

二、議兵 ── 以仁義為本的王者之兵

先秦儒家對於軍事的討論並不熱衷。春秋戰國時期戰爭頻仍，人民的生活受到極大的影響，尤其是軍隊的來源為一般平民，因此許多生離死別的慘事不斷發生。孔子與孟子對於這樣的情形，想要從根本處解決，也就是與其阻止戰爭的發生，還不如勸導國君行仁政，國與國之間也以禮相待，無征伐之心，自然就沒有戰事，沒有戰爭，就不需要軍隊。所以孔孟都儘量避談軍事方面的問題，而從政事方面為著眼點，希望藉著仁義的推行來消弭戰爭。故孔子回答子貢的問政，以「足食」、「足兵」及「民信之」三者為政事的必

備，但是要做選擇的時候，還是以去兵為先。〔註44〕孟子對於戰爭更是持反對的態度，他說：「爭地以戰，殺人盈野；爭地以戰，殺人盈城，此所謂率土地而食人肉，罪不容於死，故善戰者服上刑。」（《孟子‧離婁》）恃強好戰，為孟子所深惡痛絕。因為一旦兵戎相見，就避免不了死傷，更何況是為了爭奪土地而開戰，更是罪大惡極。所以孟子對於國君苦口婆心地反覆勸以仁政，以為仁者無敵，可勝過如秦之堅甲利兵。〔註45〕所以在孔孟的心中，只要行仁義為依歸的德政，自然能王天下，談政治時不必特別去強調軍事方面的問題，因為那是屬於枝微末節的部分。

《荀子》書中雖然有〈議兵〉一篇，但是荀子對於行仁政的觀點是與孔孟一致的，只不過荀子有鑒於當時天下混亂，戰爭不斷，故不反對兵事，而期待以王者之兵來平息天下的紛爭。而何謂王者之兵？荀子答趙孝成王之問有詳盡的解釋。茲緣引如下：

> 凡在大王，將率末事也。……君賢者其國治，君不能者其國亂。隆禮貴義者其國治，節禮賤義者其國亂。治者強，亂者弱，是強弱之本也。上足卬，則下可用也；上不足卬，則下不可用也。下可用則強，下不可用則弱，是強弱之常也。隆禮效功，上也；垂祿貴節，次也；上功賤節，下也，是強弱之凡也。好士者強，不好士者弱；愛民者強，不愛民者弱；政令信者強，政令不信者弱；民齊者強，民不齊者弱；賞重者強，賞輕者弱；刑威者強，刑侮者弱；械用兵

〔註44〕《論語‧顏淵》：「子貢問政。子曰：『足食，足兵，民信之矣。』子貢曰：『必不得已而去，於斯三者何先？』曰：『去兵』子貢曰：『必不得已不去，於斯二者何先？』曰：『去食。自古皆有死，民無信不立。』」孔子並非不重視人民的生計，但是他認為政府要能取信於民，才是一個政局的長久之計。

〔註45〕《孟子‧梁惠王》中，孟子勸梁惠王施仁政，便可以王天下。原文如下：梁惠王曰：「晉國天下莫強焉，叟之所知也，及寡人之身，東敗於齊，長子死焉；西喪地於秦七百里；南辱於楚。寡人恥之，願比死者一洒之！如之何則可？」孟子對曰：「地方百里，而可以王。王如施仁政於民；省刑罰，薄稅斂，深耕易耨；壯者以暇日修其孝悌忠信，入以事其父兄，出以事其長上，可使制梃以撻秦楚之堅甲利兵矣！彼奪其民時，使不得耕耨以養父母；父母凍餓，兄弟妻子離散。彼陷溺其民，王往而征之，夫誰與王敵？故曰：『仁者無敵』。王請勿疑。」孟子明白地指出仁義道德勝過刑罰苛政。因為用強硬的手段迫使人民就範，只是治標的方法，必需以仁義取信於民，能盡到照顧人民的責任，自然能王天下。「仁者無敵」四字，道盡孟子政治思想的精義。

革攻完便利者強，械用兵革窳楛不便利者弱；重用兵者強，輕用兵
者弱；權出一者強，權出二者弱。(〈議兵〉)

荀子申明國家的強弱存亡，取決於是否隆禮貴義。禮義為攻戰之本，本固然
後能成其末。而其中的關鍵在於國君的態度，因為國君掌握最高的決定權，
主導了一個國家的施政方向。所以荀子一開口便云：「凡在大王，將率末事也。」
非言將帥不重要，只是有先後次序而已。荀子心目中的王者之兵，非一般兵
卒，故其言王者之兵重在立本，而立本的條件在於國君能否以禮義為修政之
本。故「政修，則民親其上，樂其君，而輕為之死。」(〈議兵〉)國君能行仁
政，便能號召天下。武王伐紂，為仁義之兵，故能獲天下的歸順，而秦四世
雖兵強海內，威行諸侯，但非以仁義行之，故無法得到天下人民的認同。荀
子反覆強調禮義的重要，以為秦國雖然盛極一時，但非以仁義為之，終究是
末世之兵，不能長久。這種以政事為軍事之本的觀念，其實與孔孟重政事的
思想如出一轍。

　　當然，現實世界裡避免不了爭奪之事，荀子對戰爭並不是站在一個全盤
否定的立場，而是希望出兵的理由並非起於爭強奪取。在〈王制〉篇中，他
將戰爭分成三種：一是「王奪之人」；二是「霸奪之與」；三是「強奪之地」。
奪人心者為王，因為王者「仁眇天下，義眇天下，威眇天下」，其王天下並
非用武力強暴，而是自然而然地使天下順服，所以「不戰而勝，不攻而得，
甲兵不勞而天下服。」(〈王制〉)至於霸者與強者憑武力征服他人，或能勝
一時，但不能勝一世。所以他對於陳囂視仁義與兵不相容的疑問，做了如
此答辯：

彼仁者愛人，愛人故惡人之害者也；義者循理，循理故惡人之亂之
也。彼兵者，所以禁暴除害也，非爭奪也。故仁人之兵，所存者神，
所過者化，若時雨之降，莫不說喜。……故近者親其善，遠方慕其
德。兵不血刃，遠邇來服。德盛於此，施及四極。(〈議兵〉)

陳囂視兵為凶器，與仁義為對立。荀子則謂兵者，本身並無良善之分，之所
以王者之兵、霸者之兵與強者之兵的區別，完全在於國君為政的態度。仁者
之兵，其出發點為愛人，是為禁止惡人之害，並不是為了爭奪。所以，「用兵
攻戰之本，在乎壹民」；「善附民者，是乃善用兵者也。」(〈議兵〉)要取得勝
利，在於「壹民」；而善用兵的人，為能「附民」者，亦即取得民心實為荀子
論兵最重要者。故荀子議兵仍以仁義為樞，國君行仁政，則民干為效死，這

是發自本心的，自然能戰無不勝，攻無不克。

三、貴民——民本思想的再闡發

「民貴」之義，是先秦儒家所倡論。孟子：「民為貴，社稷次之，君為輕。」
（《孟子·盡心》）一語，向為儒家民本理論之代表。荀子身為儒家的一員，
對人民也十分重視。《荀子·大略》云：「天之生民，非為君也；天之立君，
以為民也。」與孟子「民貴君輕」的意思一模一樣，同樣是將人民擺在第一
位。而之所以會有國君這一個職位，是上天為了幫助老百姓所設立的。人君
是為了人民之需求而存在，人民的需求為生存，國君的責任就是保障人民生
存的權力。以民為貴是針對統治者而言，也就是在上位者若要執政長遠，就
必須做到養民的工夫，國君的最大任務，一切的施政原則，都是為著人民。
荀子說：「王者之法，等賦，政事，財萬物，所以養萬民也。」（〈王制〉）養
民是貴民的第一義，也是貴民的具體表現。因此，愛民便民，養欲給求，民
心自然會有所感應而歸往之。否則，人民便會背離，甚至起而革命。他說：

> 君者民之原也，原清則流清，原濁則流濁。故有社稷者，而不能愛
> 民，不能利民，而求民之親愛自己，不可得也。民不親不愛，而求
> 其為己用，為己死，不可得也。民不為己用，不為己死，而求兵之
> 勁，城之固，不可得也。兵不勁，城不固，而求敵之不至，不可得
> 也。敵至而求無危削，不滅亡，不可得也。（〈君道〉）

荀子始終認為人民是無辜的，沒有暴亂之民，只有無道的國君。人民會反抗，
一定是國君沒有盡到愛民的責任。國君不善，人民不附，政令不行，國家終
將滅亡，這是環環相扣的。於是，「愛民者強，不愛民者弱。」（〈彊國〉）愛
民與否，成了國家是否強盛的關鍵。

在荀子的心中，人民是需要被照顧的。當時國君以爭奪殺戮為重，以厚
斂奢靡為樂，對於人民只知徵稅傜役，視為一己之財產或權力擴張的工具。
這些惡行，讓荀子非常痛心，他除了反覆告誡國君要注意自己的行為，並一
再申述人民為國家的根本，如果國君不能行仁義之政，則人民最後一定會起
而推翻暴政。如果造成這種結果，一切都是國君咎由自取。他說：

> 今之世則不然，厚刀布之斂以奪之財，重田野之稅以奪之食，苛關
> 市之征以難其事，不然而已矣。有持契伺詐權謀傾覆以相顛倒，以
> 靡敝之，百姓曉然皆知其汙漫暴亂而將大危亡也。是以臣或弒其君，

　　下或弒其上，粥其城，倍其節，而不死其事者，無它故焉，人主自
　　取之也。（〈富國〉）

其實這段話含有恐嚇的成份在內，強調當時的社會混亂，甚至君臣相殘的悲
劇都是國君自己造成的。警告國君如果不能盡到照顧人民的責任，則後果一
切自負。荀子怕國君不肯裕民養民，所以藉孔子之口，抬出水能載舟亦能覆
舟的道理。〔註46〕將人民比做水的譬喻，同時也透露出荀子承認人民有革命
的權力。如果國君不能自好，人民亦能起來推翻，他說：「臣或弒其君，下或
殺其上，粥其地，倍其節，而不死事者，無他故焉，人主自取之。」（《荀子‧
富國》）明白地指出國君可以替換。亦即國君如果沒有盡責，被人民推翻是應
該的。所以荀子在〈正論〉篇中詳細辨說「桀紂有天下，湯武簒而奪之」的
說法是不對的，「天下歸之之謂王，天下去之之謂亡。故桀紂無天下，而湯武
不弒君。」桀紂暴虐，已經不適為國君，故「誅暴國之君若誅獨夫」，沒有所
謂簒弒的問題。〈議兵〉篇也說：「湯武之誅桀紂也，拱挹指麾，而彊暴之國
莫不趨使，誅桀紂若誅獨夫。」這個說法與孟子「聞誅一夫紂矣，未聞弒君
也」（〈梁惠王〉）的意思完全一樣。可見就國君更替的條件來看，孟荀的主張
是一致的。桀紂之失天下，因失其民，湯武之得天下，在於得其民。荀子說：
「湯武者，民之父母也；桀紂者，民之怨賊也。」（〈正論〉）；孟子說：「桀紂
之失天下也，失其民也；失其民者，失其心也。」（〈離婁〉）兩個人都強調民
心的歸向，決定國君是否適任。能養民、貴民，便是好國君；不能，則喪失
為君的資格，人民可反抗之。這種想法，一直支撐著中國千年來的政治思想，
一個國君的功過也往往就是否愛民一項著眼，時至今日民主時代，這個基本
觀念是始終不移的。

小　結

　　《荀子》一書中，隨處可見荀子在議論政治問題時，以禮義為準繩。從
荀子重禮這一點出發，可以看到上至國君下至平民百姓的各種職責及日常生
活的一切行為，都有一套制度來維繫。對於國君，荀子的要求特別多，我們

〔註46〕見《荀子‧哀公》，孔子答魯哀公問政之語。原文為：「君者，舟也；庶人者，
　　　　水也；水則載舟，水則覆舟。」〈王制〉篇也有同樣的話語，原文為：「庶人
　　　　安政，然後君子安位。傳曰：『君者，舟也；庶人者，水也；水則載舟，水則
　　　　覆舟。』此之謂也。」都在說明人民具有選擇統治的權力，亦是告誡國君要
　　　　以民為貴。

也不難看出先秦儒家孔、孟、荀三人在面對國君這一個職務所做的各種規範與要求，有著極高的一致性。不但國君的道德必須有極高的標準，國君統治的正當性及廢立都有嚴苛的要求，到了荀子還進一步地加上能力的要求，要國君具備處理政事的能力，而不僅僅有道德修養即可。由此也可見荀子更能著眼於現實，體認政治的客觀性。

我們發現，荀子對於政治所提出的各種理論，都能切中當時的社會問題。他很清楚地知道：國君是實際的掌權者，握有絕對的權力，自己的理論如果要得到國君的採納，就不能完全背離現實，或以高姿態說教。孟子直斥梁惠王和齊宣王，〔註47〕罵是罵的過癮，可是也沒有獲得國君的認同。他雖然周遊列國，甚至一度「后車數十乘，從者數百人，以傳食於諸侯。」(《孟子‧滕文公》)也曾被齊宣王任命為卿，但是其學說最終仍被認為「迂遠而闊於事情」，得不到各國當政者的支持，只好隱退與弟子著《孟子》七篇。〔註48〕荀子便沒有如此尖銳，他深知國君想要什麼，也知道要能順利推行自己的主張，就必須先迎合國君的心理，先獲得國君的認同，再來要說什麼都比較容易，像他幾乎不言「道德」兩字，就可以明白其中的道理。我們可以看到荀子的政治理論其實與孔孟相去未遠，也就是在大原則上堅持著儒家的理想，如：以禮樂教化，以民為本及君臣關係的社會分工等主張，都是儒家一貫的觀念，可是他也不避談富國與強兵，也強調國君應有的權力，將儒家的理想與現實政治結合。儘管在人性論的論述上與孔孟有很大的歧異，造成荀子被屏除在儒家的系統之外，〔註49〕但是，荀子在政治上的主張與儒家無異，雖然本源不一，結果殊途同歸，可以說是儒家政治理論為因應現實所做的轉化，使儒家的思想能夠更貼近現實。

〔註47〕孟子曾當面「以五十步笑百步」譏諷梁惠王對人民行虐政，(《孟子‧梁惠王》上) 面斥責齊宣王不行仁政，使得齊宣王十分尷尬，只好「顧左右而言他」。(《孟子‧梁惠王》下)

〔註48〕參見《史記‧孟荀列傳》。

〔註49〕前有言，從宋代之後，荀子便被認定非孔孟一系。當代新儒家牟宗三先生亦從人性論及認識論等方面，分判荀子為儒家的歧出。

結　論

　　儒家思想體系的完成，是孔子前承三代思想，加以整理闡揚以及經過後繼者日積月累的傳承及詮釋，才有完整的規模。孔子「述而不作，信而好古」的態度，透露出孔子在客觀上重視歷史，尊重前人的智慧，但是孔子並非一成不變地遵古，從孔子論述前代的理論中，也顯示出他在主觀上對歷史有所批評並引以為鑑，這點從孔子將堯舜道德化可以看出。至於後繼者的孟子與荀子，各自闡發了孔子思想中的「仁」與「禮」兩個部分。只不過孔子雖然也重視禮，但他更重視禮背後的精神——仁，如果禮文不是發自於內心的仁，便只是徒具形式的條文罷了，所以荀子將禮導引向規範條文的形式走去，就與孔子的本義漸行漸遠，背離了孔子「仁本禮末」的想法。而孟子著重於「仁」的闡釋，同時更進一步地指出人性本善的概念，為孔子的學說奠定了理論基礎，對於政治問題的觀點，也顯出孔孟的一致性。

　　儒家自先秦成型後，歷經了二千多年，其間有無數的士人學子加以討論闡述，並且賦予各種不同的解釋，形成了儒家龐大的思想體系。而對於原典地再詮釋工夫，本就是中國哲學的一大特色，一部接著一部的注疏與釋義，不但豐富了儒家思想的內容，也使儒家思想得以各種不同的角度加以討論。不管後世以什麼樣的態度來面對儒家，或是儒家被改造曲解成什麼模樣，唯一不變的是：儒家中心思想的「仁」，支撐著儒家整個思想體系。「仁」是一切德行的總稱，可謂儒家思想的本源，也是儒家在思考問題時的出發點。對於政治，自然也不例外，儒家理想中的政治型態便是以「仁」為貫通天子與庶人的連接線，進而形成「道德政治」，「道德」是政治能夠清明的必要條件。

　　誠然，政治行為不能完全沒有道德的要求在其中，一個有能力的強人若

缺乏道德良心，則行為的偏差極可能導致難以設想的後果，小則貪污舞弊，大則生靈塗炭。雖然現今的政治型態有法律予以規範，但是法律只能做消極的處罰，遏阻不當的行為發生，並不能從根本導正政治人物的從政心態，故政客何其多，而政治家僅鳳毛麟角。從政的目的有所偏差，只為個人的利益，自然無法做好政治之事，孔孟深明正本清源的重要性，所以一再強調個人德性的修養，並且以「愛民」為從政的目的，希望每個從政或在上位者，都能本著道德良心行事，則一個政通人和的社會，就不是一個遙不可及的夢想。

儒家的想法如果能夠達成，不啻是現實世界的烏托邦，也是每個政治哲學家嚮往的世界。只不過，儒家忽視了人性及政治在現實中黑暗的一面，政治需要道德，但是道德不是政治的全部，即道德是政治的必要條件而非充分條件，即政治是不乾淨的，甚至於它無法以乾淨的形式存在，因為政事的推動，勢必遭遇不同利益團體的阻撓與抗爭，如果沒有高明的政治手腕，政事一定滯礙難行，這就是政治必須有手段、有方法，一味地想以道德來淨化政治是行不通的。荀子較能正視政治的現實，故有諸多關於政治制度的討論，其重禮的態度，就是要將道德客觀化為實際的遵行守則，使道德不致於掛空。

孔子與孟子的主張沒能在先秦付諸實行，但是儒家學說卻從漢朝以後被定為一尊，而且與中國文化緊緊結合一起。這種現象，絕非偶然發生，只不過漢代所採行的儒家思想是否就是先秦儒家？是很有疑問的。〔註1〕自漢代以後被統治者採納而成為官方思想的儒家學說，其實混雜了許多其他的理論，統治者巧妙地轉換儒家思想的片斷，截取對政權有利者，使得儒家思想顯得雜駁而不純。儘管在政治力量之下的先秦儒家已非原貌，但是儒家思想中的「道德政治」與「內聖外王」的想法，卻依然深深地影響著中國的知識份子，特別是在統治者千方百計為鞏固統治地位及消弭反對聲浪的同時，儒家思想卻以批評監督角色維繫著中國歷史，並且在民間生根茁壯，繼續著儒家生生不息的生命力。

雖然儒家想以道德做為解決政治問題的方法並不可能完全實現，但是儒

〔註1〕 余英時指出：儒學能在秦之後得以在漢代興起，其中的關鍵在於儒學的政治性格發生了基本的變化，可稱之為「儒學的法家化」。(余英時；〈反智論與中國政治傳統〉，《歷史與思想》，聯經出版事業，1976月9月初版。) 余英時的論點確實切中了思想史中儒學發展的一個關鍵，但是與其稱「儒學法家化」，不如稱「儒法混合」。因為從漢高祖命叔孫通制訂朝儀起，漢代便已經開始節取儒家中適合為統治者服務的想法，同時以法家的治術做為統治的手段。

家立足在人性良善的基點來談論與解決人世的問題，採取一種積極入世的樂觀精神，卻也使得內聖外王的理想不完全是一個掛空的理想，還是所有讀書人堅定信心的重要指標。因為任何一種政治型態都必須尋求一個合理性的依據，而其依據的最終目標必然是超現實的烏托邦。唯有一個高懸的理想，人類才有不斷向前的原動力。我們可以引近代思想家曼海姆（Karl Mannheim）的一段話，做為結論：

> 當代思想結構最重要的變化就是烏托邦思想要素的逐漸消失。未來的世界很可能沒有任何新的事物出現，有的只是過去的一再重演，因為思想完全喪失了意識形態及烏托邦的質素。超越現實的思想要素若完全消失，將導致「實事求是」的狀況，這意味著人類意志力的衰退。但這兩種超越現實的思想有一個重要的差異性：意識形態的消失只對某些階級而言是一種危機，意識形態的揭露所獲致的客觀性對社會整體有一種澄清的作用。但是人類的思想行動如果完全喪失了烏托邦的成分，則意味著人性與人類的發展將出現一種全新的性格。烏托邦的消失導致一種全然靜止的狀態，而在其中人類和物質差不多。於是我們面了一個最大的弔詭：即人類對於存在已獲致最高程度的理性控制，但由於沒有任何理想，卻淪為衝突的奴隸。

〔註2〕

儒家對政治的設計，正是一種烏托邦的理想。然而，這樣的理想卻引領著中國走過千餘年，理想或許未能落實，但卻是我們賴以進步的原動力。這是理想與現實看似存在著對立，卻又互相依存的微妙關係，看似弔詭，卻也正是孔子為何「知其不可為而為之」的精神所在。

　　我們還可以引劉述先先生的一段話，來看看儒家思想的這種基本性格。他說：「儒家的思想顯然是有很強烈的理想化的成份，而它的力量的泉源恰正來自它對於理想的堅持。正因為它的理想對反於現實，才對於現實產生巨大的衝擊，這就是歷史的弔詭。」〔註3〕曼海姆對烏托邦的論述，恰與劉述先先生對儒家理思性的看法不謀而合。理想對於人類而言，並非只是一可望而不

〔註2〕　引自黃瑞祺：《知識社會學：曼海姆》，台北：風雲論壇，1990，頁147～148。
　　　　黃先生則譯自 Karl Mannheim, Ideology and Utopia, trans. L. Wirth and E. Shils
　　　　（New York：A Harvest/HBJ Book,1936）p.262～263.
〔註3〕　見劉述先：〈論儒家的理想與現實的互動關係〉，《理想與現實的糾結》，臺灣
　　　　學生書局，1993 年 8 月初版，頁112～113。

可及的夢想，相反的，它具有推動人類不斷向前進步的動力。我們在看待所謂的理想與現實，不能一貫地以相對立場視之。「道德政治」與「內聖外王」固然有其歷史的局限，卻也使得中國有識的讀書人有著積極入世的使命感，對於時政也起了相當重要的作用。此外，儒家與政治現實之間也有相互依存的共生關係。我們可以看到自漢武帝將儒學定為一尊之後，儒學便成為中國文化的代表性思想，在政治的扶蔭之下，得以持續生存及維持。從另一個角度來看，歷代王朝的合法性也有賴於儒者支持，王夫之對於儒學傳統與帝王之間的共生關係有極精闢的分析，他說：「儒者之統與帝王之統並行於天下，而互為興替。其合也，天下以道而治，道以天子而明；及其衰，而帝王之統絕，儒者猶保其道以孤行而無所待，以人存道，而道不可亡。」〔註4〕純學理的儒家思想與現實政治之間，確實有著互相對立，卻又相互影響依存的關係。

　　儒家生命一向重視本體精神，由個人德行直推出去，強調以自我的道德感化天下人，舊時的「內聖外王」便是立足這一點來著眼。只是，在中國古代政治機制的控制下，這個理想始終沒有充份達成，時至今日，我們面臨著與過去的中國完全不同的政治形態與世界情勢，繼續死守「內聖外王」的格局自然不符時代需要，重要的是如何保留其中道德理性的自我要求精神，再進一步地開出「新外王」。當代新儒家所努力者，便是致力以中國的內聖之學開出新外王。〔註5〕今日，民主自由已成為全世界的共同潮流，如果我們只有嘴巴裡喊著民主的口號，而統治者仍不脫舊時代君主獨大的強人政治，甚至連人民也都還存有這種觀念，那麼，中國是永遠開不出現代的民主政治。自鄧小平死後，中國可謂結束了最後一個強人統治，而客觀的環境也無法再出

────────────────────

〔註4〕　王夫之：《讀通鑑論》卷十五，台北：河洛圖書公司，1976 台景印初版。

〔註5〕　當代新儒家牟宗三先生認為以往的「外王」是不夠的，也不是現代所能採行，他在〈中國文化的特質〉一文云：「中國的文化生命向上透，其境界雖高，而自人間現實『道德理性』上說，卻是不足的。……這就表示中國以前儒者所講的『外王』是不夠的。以前儒者所講的外王是由內聖直接推出來：以為正心誠意即可直接涵外王，以為盡心盡倫盡制即可推出外王，以為聖君賢相一心妙用之神治即可涵外王之極致，此為外王之直接形態。這個直接形態的外王是不夠的。現在我們知道，積極的外王，外王之充份實現，客觀地實現，必須經過一個曲折，即前文所說的轉一個彎，而建立一個政道，一個制度，而為間接的實現：此為外王之間接形態。亦如向上透所呈露之仁智合一之心須要再向下曲折而轉出『知性』來，以備道德現性（即仁智合一心性）之更進一步地實現。經過這一曲折，亦是間接實現。」（本文收於《中國文化的危機與展望──文化傳統的重建》一書，時報文化，1982 年初版。）

現強人。大陸如此，台灣亦是。人們會選擇最適合生活的環境，一如古今中外各種思想學說能否歷久彌新或長眠於圖書館取決於這個學說有無更進一步發展的空間，或是對人類的生存是否具有合適性。在馬克思發表「共產宣言」一百五十周年的今天，共產國家相繼變質，並且紛紛走向資本主義道路，看來共產主義似乎是走到了歷史的盡頭，但是當資本主義的副作用也開始一一發作時，也有不少學者重新思考馬克思主義，企圖解決資本主義的一些負面影響。〔註6〕當然，共產主義不一定能重新抬頭，但不意味資本主義就是最好的生活方式，人們仍會不斷地尋找或創造一個最適合人類群體生活的方式。香港的回歸是歷史上的一大轉折，在民族意識與兩岸複雜的關係下，我們必須積極的設想未來的因應之道。台灣不是香港，兩岸關係也不同德國統一前的分裂，然而，台灣的政客如果一直以與權謀私、爭功委過態度從政，成為第二個香港的日子也不遠了。所以現在討論儒家思想，絕不是也不能關在象牙塔中來進行論述，傳統與現代不是對立，而是相輔相成的。

　　總結本論文的分析，我們可以進一步指出，儒家致力於以道德提昇政治的理想，在中國的歷史上一直沒有得到實現，但是儒家的努力也從未中輟。儒家「知其不可為而為之」的精神，始終支持著儒者守住正道，挑戰權威與不法。理想如果實現，從另一個角度言，便是理想的墮落。儒家重道德的精神，或許是今日道德隳壞，民心浮動，邪說四起，政治污濁的時代裡，最好的救世靈藥吧！

〔註6〕　參考〈「共產宣言」發表一五〇周年——共產主義走到歷史盡頭了嗎？〉一文，中國時報，1998月2月26日，第十版。

參考資料

一、著　作

（一）經部、子部

《尚書》

1. 《尚書今古文注疏》，清：孫星衍撰，文津出版社，1987 年 9 月。
2. 《尚書釋義》，屈萬里著，中國文化大學出版部，1980 年 8 月。

《論語》

1. 《論語正義》，清：劉寶楠撰，世界書局，1992 年 4 月八版。
2. 《論語通釋》，王熙元編著，學生書局，1981 年 2 月初版。

《孟子》

1. 《孟子正義》，清：焦循撰，北京：中華書局，1987 年 10 月第一版。

《荀子》

1. 《荀子集解》，清：王先謙撰，藝文印書館，1988 年 6 月五版。

《老子》

1. 《老子探義》，王淮注釋，臺灣商務印書館，1990 年 12 月九版。

《韓非子》

1. 《韓非子釋評（一～四）》，朱守亮著，五南圖書出版有限公司，1992 年 9 月初版。
2. 《四書章句集注》，宋：朱熹撰，大安出版社，1984 年 11 月。

（二）史 部

1. 王船山，《讀通鑑論》，漢京文化，民國 73 年。
2. 王船山，《宋論》，里仁書局，民國 74 年。
3. 司馬遷，《新校本史記三家注并附編二種》，鼎文書局，1984 年。
4. 范曄，《新校本後漢書并附編十三種》，鼎文書局，1977 年。
5. 班固，《新校本漢書并附編二種》，鼎文書局，1983 年。
6. 章學誠，《文史通義校注》，北京：中華書局，1994 年。

（三）專 著

1. 王仲孚，《中國上古史專題研究》，五南圖書出版公司，1996 年 12 月初版。
2. 王健文，《奉天承運——古代中國的「國家」概念及其正當性基礎》，東大圖書，1995 年 6 月初版。
3. 方克立、李錦全主編，《現代新儒家學案》，北京：中國社會科學出版社，1995 年 9 月初版。
4. 牟宗三，《生命的學問》，三民書局，1970 年 9 月初版。
5. 牟宗三，《心體與性體（1～4）》，正中書局，1969 年 6 月臺初版。
6. 牟宗三，《中國哲學的特質》，學生書局，1974 年 8 月再版。
7. 牟宗三，《歷史哲學》，學生書局，1977 年 8 月九版。
8. 牟宗三，《名家與荀子》，學生書局，1979 年。
9. 牟宗三，《中國哲學十九講》，學生書局，1983 年 10 月初版。
10. 牟宗三，《政道與治道》，學生書局，1991 年 4 月增訂新版。
11. 杜正勝，《古代社會與國家》，允晨文化實業出版，1992 年 10 月初版。
12. 杜正勝，《古典與現實之間》，三民書局，1996 年。
13. 余英時，《歷史與思想》，聯經出版事業，1976 年 9 月初版。
14. 余英時，《史學與傳統》，時報出版社，1982 年 1 月初版。
15. 余英時，《中國思想傳統的現代詮釋》，聯經出版事業，1987 年 3 月初版。
16. 余英時，《文化評論與中國情懷》，允晨文化實業出版，1988 年。
17. 余英時，《中國文化與現代變遷》，三民書局，1992 年 11 月初版。
18. 李明輝，《儒學與現代意識》，文津出版社，1991 年 9 月初版。
19. 林安悟，《當代新儒家哲學史論》，文海基金會出版，1996 年。
20. 林安悟，《儒學與中國傳統社會之哲學省察——「以血緣性縱貫軸」為核心的理解與詮釋》，幼獅文化事業公司，1996 年 4 月初版。
21. 林端，《儒家倫理與法律文化——社會學觀點的探索》，巨流圖書公司，

1994 年 1 月一版。

22. 金耀基,《從傳統到現代》,時報文化,1992 年 3 月三版。

23. 金耀基,《中國民本思想史》,臺灣商務印書館,1993 年 8 月初版。

24. 金觀濤、劉青峰,《興盛與危機》,風雲時代出版公司,1989 年 12 月初版。

25. 徐旭生,《中國古史的傳說時代》,北京:社會科學出版社,1960 增訂初版。

26. 徐復觀,《中國思想史論集》,學生書局,1967 年。

27. 徐復觀,《中國人性論史》,臺灣商務印書館,1969 年 1 月初版。

28. 徐復觀,《兩漢思想史》卷一,學生書局,1974 年。

29. 徐復觀,《兩漢思想史》卷二,學生書局,1976 年。

30. 徐復觀,《兩漢思想史》卷三,學生書局,1979 年。

31. 徐復觀,《儒家政治思想與民主自由人權》,學生書局,1979 年 8 月初版。

32. 徐復觀,《中國思想史論集續篇》,時報文化,1982 年。

33. 唐君毅,《中國哲學原論:原道篇》,學生書局,1986 年。

34. 唐君毅,《中國哲學原論:導論篇》,學生書局,1986 年。

35. 唐君毅,《文化意識與道德理性》,學生書局,1986 年。

36. 袁保新,《老子哲學之詮釋與重建》,文津出版社,1991 年 9 月初版。

37. 韋政通,《荀子與古代哲學》,臺灣商務印書館,1992 年 9 月二版。

38. 許倬雲,《求古編》,聯經出版事業,1982 年 6 月初版。

39. 許倬雲,《西周史》,聯經出版事業,1984 年 10 月初版。

40. 梁啟超,《先秦政治思想史》,東大圖書,1987 年 2 月再版。

41. 陳少明,《儒學的現代轉折》,瀋陽:遼寧大學出版社,1992 年。

42. 陳來,《古代宗教與倫理——儒家思想的根源》,北京:三聯書店,1996 年 3 月一版。

43. 張光直,《中國青銅時代》,聯經出版事業,1983 年 4 月初版。

44. 張光直,《中國青銅時代第二集》,聯經出版事業,1990 年 11 月初版。

45. 張榮明,《殷周政治與宗教》,五南圖書出版社,1997 年 5 月初版。

46. 馮友蘭,《中國哲學史》,藍燈文化事業,1989 年 10 月。

47. 勞思光,《新編中國哲學史(一～四)》,三民書局,1984 年 1 月增訂初版。

48. 黃仁宇,《中國大歷史》,聯經出版事業公司,1993 年 10 月初版。

49. 黃俊傑,《中國古代思維方式探索》,正中書局,1996 年 11 月臺初版。

50. 黃瑞琪,《知識社會學:曼海姆》,台北:風雲論壇,1990 年。

51. 翟志成,《當代新儒學史論》,允晨文化實業出版,1993 年 5 月初版。

52. 趙吉惠，《中國先秦思想史》，陝西：人民教育出版社，1988 年 8 月一版。

53. 蔡元培，《中國倫理學史》，上海書店，1984 年 3 月一版。

54. 蔡仁厚，《儒家的常與變》，東大出版社，1990 年 10 月初版。

55. 錢穆，《中國文化精神》，三民書局，1973 年。

56. 錢穆，《歷史與文化論叢》，東大出版社，1979 年。

57. 錢穆，《中國歷史精神》，東大出版社，1989 年 9 月修訂七版。

58. 錢穆，《國史新論》，東大出版社，1989 年 3 月初版。

59. 錢穆，《國史大綱》，臺灣商務印書館，1995 年 7 月修訂三版。

60. 劉述先，《儒家宗教哲學的現代意義》，臺北：志文出版社，1974 年。

61. 劉述先，《文化與哲學的探索》，學生書局，1986 年 7 月初版。

62. 劉述先，《理想與現實的糾結》，學生書局，1993 年 8 月初版。

63. 劉澤華主編，《中國古代政治思想史》，天津：南開大學出版社，1992 年 1 月一版。

64. 蕭公權，《中國政治思想史（上、下）》，聯經出版事業公司，1982 年 3 月初版。

65. 謝扶雅，《中國政治思想史綱》，正中書局，1954 年 1 月臺初版。

66. 瞿同祖，《中國法律與中國社會》，里仁書局，1984 年 9 月初版。

67. 薩孟武，《儒家政論衍義 —— 先秦儒家政治思想的體系及其演變》，東大出版社，1982 年 6 月初版。

二、期刊論文

1. 王邦雄，〈從中國現代化過程中看當代新儒家的精神開展〉，《鵝湖》，9：4，100，1983 年 10 月，頁 2～10。

2. 朱學勤，〈老內聖開不出新外王 —— 評新儒家之政治哲學〉，《二十一世紀》，9，1992 年 2 月，頁 116～124。

3. 朱學勤，〈成中英戰國時代的儒家思想及其發展（一）〉，《中央研究院歷史語言研究所集刊》，第四十本下冊，1969 年，頁 881-912。

4. 沈剛伯，〈從古代禮、刑的運用探討法家的來歷〉，《大陸雜誌》，47：2，1973 年 8 月，頁 1～6。

5. 杜維明，〈徐復觀先生的道德與文章〉，《當代》，86，1993 年 6 月，頁 106～119。

6. 李瑞全，〈孟子政治哲學之定位：民本與民主之論〉，《鵝湖》，16：5，185，1990 年 11 月，頁 10～17。

7. 林安悟，〈當代新儒家的實踐問題〉，《鵝湖》，15：11，179，1990 年 5 月，

頁 7～15。

8. 周予同，〈六經與孔子的關係問題〉，《歷史研究》，民國 51 年第一期。

9. 唐亦男，〈從討論「慎到之道」看徐先生的治學精神〉，徐復觀學術思想國際研討會論文，1992 年 6 月。

10. 唐亦男，〈孔學之當代意義──孟子「聖之時」一觀念之再認識〉，《成大中文學報》第一期，國立成功大學中文系所，1992 年 11 月，頁 45～64。

11. 唐亦男，〈荀子思想之一省察──會通儒道〉，《成功大學學報》第二十五卷〈人文‧社會篇〉，1991 年 3 月，頁 1-26。

12. 高柏園，〈孟子政治哲學的理論根基〉，《中國文化月刊》，92，1987 年 6 月，頁 97～112。

13. 高柏園，〈孟子政治哲學之開展與極成〉，《鵝湖》，14：4，160，1988 年 10 月，頁 18～25。

14. 陳弱水，〈「內聖外王」觀念的原始糾結與儒家政治思想的根本疑難〉，《史學評論》，3，1981 年 4 月，頁 79～116。

15. 黃俊傑，〈儒學傳統中道德政治觀念的形成與發展〉，《國立台灣大學中山學術論叢》，3，1982 年 12 月，頁 97～119。

16. 鄔昆如，〈孟子政治哲學的時代意義〉，《哲學與文化》，17：10，197，1990 年 10 月，頁 929～934。

17. 劉述先，〈關於《儒家與政治學》的討論〉，《鵝湖》，12：11，143，1987 年 5 月，頁 6～13。

18. 霍晉明，〈我所了解的「開出說」與「新儒家」：有感於余英時先生的「錢穆與新儒家」〉，《鵝湖》，18：6，210，1992 年 12 月，頁 31～41。

19. 饒宗頤，〈天神觀與道德思想〉，《中央研究院歷史語言研究所集刊》，第四十九本第一分，1978 年 6 月，頁 77～100。

三、碩博士論文

1. 王健文，《戰國諸子的古聖王傳說及其思想史意義》，台灣大學歷史研究所碩士論文，1986 年。

2. 李偉泰，《先秦典籍所述上古史料研究》，台灣大學歷史研究所碩士論文，1977 年。

3. 許素娥，《儒家聖王思想之研究》，政治大學三民主義研究所碩士論文，1989 年。

4. 詹文雄，《孔孟聖王思想之研究》，中國文化大學政治研究所碩士論文，1975 年。

5. 葉淑靜，《荀子聖王思想之研究》，中國文化大學政治研究所碩士論文，1988